NITE 国家软件与集成电路公共服务平台信息技术紧缺人才培养工程指定教材

淘宝天猫店
美工设计实操

配色、布局、修图、装修

黑马程序员 / 编著

清华大学出版社
北京

内 容 简 介

本书以提高读者实践能力为目标，以“大魔树女装店铺”的装修为主线，采用“理论+案例”的编写体例，详细介绍网店美工入门基础、设计理念、图片修饰、页面设计、店铺装修、宝贝详情页设计等相关技巧。全书既包含基础知识，也包含实例演练，更包含项目操作，让读者更好地体验设计思路、技巧和理念，快速掌握网店设计装修的整个过程。

本书附有配套的教学PPT、题库、教学视频、教学设计、教学大纲等相关资源。同时，为了帮助初学者及时解决学习过程中遇到的问题，还提供了专业的在线答疑平台。

本书既可作为高等院校相关专业的电子商务课程的教材，也可作为企业电商岗位培训教材，还可供相关从业人员参考。

图书在版编目（CIP）数据

淘宝天猫店美工设计实操：配色、布局、修图、装修 / 黑马程序员编著．—北京：清华大学出版社，2019

ISBN 978-7-302-53430-3

Ⅰ．①淘…　Ⅱ．①黑…　Ⅲ．①网店－设计　Ⅳ．① F713.361.2

中国版本图书馆 CIP 数据核字（2019）第 166172 号

责任编辑： 袁勤勇
封面设计： 韩　冬
责任校对： 徐俊伟
责任印制： 沈　露

出版发行： 清华大学出版社
网　　址： http://www.tup.com.cn, http://www.wqbook.com
地　　址： 北京清华大学学研大厦 A 座　　**邮　　编：** 100084
社 总 机： 010-62770175　　**邮　　购：** 010-62786544
投稿与读者服务： 010-62776969, c-service@tup.tsinghua.edu.cn
质量反馈： 010-62772015, zhiliang@tup.tsinghua.edu.cn
课件下载： http://www.tup.com.cn,010-62795954
印 装 者： 三河市龙大印装有限公司
经　　销： 全国新华书店
开　　本： 185mm × 260mm　　**印　张：** 19.5　　**字　　数：** 473 千字
版　　次： 2019 年 9 月第 1 版　　**印　　次：** 2019 年 9 月第 1 次印刷
定　　价： 89.00 元

产品编号：083133-01

序　言

江苏传智播客教育科技股份有限公司(简称传智播客)是一家致力于培养高素质软件开发人才的科技公司，“黑马程序员”是传智播客旗下高端 IT 教育品牌。

“黑马程序员”的学员多为大学毕业后，想从事 IT 行业，但各方面条件还不成熟的年轻人。“黑马程序员”的学员筛选制度非常严格，包括了严格的技术测试、自学能力测试，还包括性格测试、压力测试、品德测试等。百里挑一的残酷筛选制度确保学员质量，并降低企业的用人风险。

自“黑马程序员”成立以来，教学研发团队一直致力于打造精品课程资源，不断在产、学、研三个层面创新自己的执教理念与教学方针，并集中“黑马程序员”的优势力量，有针对性地出版了计算机系列教材 80 多种，制作教学视频数十套，发表各类技术文章数百篇。

“黑马程序员”不仅斥资研发 IT 系列教材，还为高校师生提供以下配套学习资源与服务。

为大学生提供的配套服务

1. 请登录“高校学习平台”http://yx.ityxb.com，免费获取海量学习资源，帮助高校学生解决学习问题。

2. 针对高校学生在学习过程中存在的压力等问题，我们还面向大学生量身打造了“IT 技术女神”——“播妞学姐”，可提供教材配套源码和习题答案，以及更多 IT 学习资源，同学们快来关注“播妞学姐”的微信公众号：boniu1024。

“播妞学姐”微信公众号

为教师提供的配套服务

针对高校教学，“黑马程序员”为 IT 系列教材精心设计了“教案 + 授课资源 + 考试系统 + 题库 + 教学辅助案例”的系列教学资源，高校老师请登录“高校教辅平台”http://

yx.ityxb.com 或关注码大牛老师微信 /QQ: 2011168841，获取教材配套资源，也可以扫描下方二维码，加入专为 IT 教师打造的师资服务平台——“教学好助手”，获取最新教师教学辅助资源的相关动态。

传智人

2019年6月

前　言

随着电子商务的发展，网络购物已经成为人们生活的一部分，导致网上店铺蓬勃发展起来。面对竞争激烈的电商市场，如何通过图片与文字的恰当搭配与编排，让自家店铺的商品在众多竞争对手中脱颖而出，吸引顾客点击、浏览并下单购买，是每家网店进行店铺装修时都必须考虑的问题。由此就衍生了“网店美工”这个职业。

为什么要学习这本书

目前，国内许多高校开设了电子商务专业，一些经济管理类、信息类专业也开设了电子商务相关课程。但是，从电子商务课程内容来看，已开设的课程更倾向于电子商务基础理论知识，鲜有实操类课程，使学生的实践操作能力难以提升。因此，我们为广大初学者量身打造了本书，旨在为初学者、基础薄弱的从业者提供实用、专业的网店美工实操指导。

如何使用本书

本书采用“理论＋案例”的编写体例，从网店美工入门基础讲起，详细介绍网店美工基础、图片修饰、页面设计、店铺装修等相关技巧。全书以“大魔树女装店铺”的装修为主线，结合实例演练和项目操作，让读者更好地体验设计思路、技巧和理念。

全书共分 9 章，按照“基础＋实例＋项目”的结构，由浅入深，循序渐进。在内容选择、结构安排上更加符合提高从业人员职业技能水平的需要，帮助读者全面、快速地吸收知识。各章内容如下：

- 第 1 章：主要介绍网店美工基础、图像处理软件 Photoshop、矢量图制作软件 Illustrator、Dreamweaver 工具，使读者基本认识网店美工，了解网店美工的常用软件，为学习后面的知识奠定基础。
- 第 2 章：主要讲解网店美工设计的基本理念，包括设计的主要元素、色彩基础与搭配技巧、文字排版设计、视觉构图方法等。
- 第 3 章：主要讲解商品图片的修复与修饰，包括商品图片的多样裁剪、调整商品图片的色调、美化精修图片、商品图片的特殊处理、轻松学会抠图换背景、为商品图片添加文字等。

- 第 4 章：主要讲解商品图片的切片与管理，包括图片的切片与优化、网店图片管理。
- 第 5 章：主要讲解网店装修元素的设计与制作，包括店铺 Logo 的设计、店标的设计、店铺背景的制作等。
- 第 6 章：主要讲解快速制作店铺首页的相关知识，包括 PC 端首页规划方案、PC 端首页设计与制作、无线端首页设计与装修等。
- 第 7 章：主要讲解商品详情页的设计，包括宝贝详情页简介、PC 端宝贝详情页设计与制作、无线端宝贝详情页设计与制作等。
- 第 8 章：主要讲解店铺推广图设计的相关知识，包括高点击率的主图制作、直通车推广图片设计、钻石展位推广图设计、店铺二维码的制作、淘宝视频的制作等。
- 第 9 章：主要介绍店铺装修及上传方法，包括店铺装修工具介绍、PC 端店铺装修、无线端店铺装修等。

上述 9 章中，第 1 章为网店美工入门基础，能够让读者对网店美工有一个初步的了解；第 2 ~ 4 章是对网店美工设计技巧的讲解，能为读者后续的设计与制作奠定基础；第 5 ~ 8 章讲解如何设计与制作店铺和店铺推广中使用的图片；第 9 章讲解如何将所有设计的图片装修上传至淘宝店铺首页。

通过对本书的系统学习，读者可以对网店美工有全面的认识，了解网店基础理论知识，掌握网店美工的技术，具备网店的相关应用能力，成为市场需求的既懂理论、又懂技术的应用型网店美工专业人才。

致谢

本教材的编写和整理工作由传智播客教育科技有限公司研究院内容与资源组完成，主要参与人员有吕春林、王哲、张鑫、孟方思，全体人员在近一年的编写过程中付出了很多辛勤的汗水，在此一并表示衷心的感谢。

意见反馈

尽管我们尽了最大的努力，但本教材中难免会有不妥之处，欢迎各界专家和读者朋友来函给予宝贵意见，我们将不胜感激。您在阅读本书时，如发现任何问题或有不认同之处可以通过电子邮件与我们取得联系。

电子邮件请发送至 itcast_book@vip.sina.com 。

黑马程序员
2019年1月于北京

目　录

1 第1章 网店美工入门基础

2 第2章 网店美工设计的基本理念

3 第3章 商品图片的修复与修饰

6 第6章 快速制作店铺首页

7 第7章 宝贝详情页的设计

8 第8章 店铺推广图设计

9 第9章 店铺装修及上传方法

第1章

网店美工入门基础

学习目标

知识目标	• 认识网店美工及其必备技能 • 认识图像处理软件Photoshop • 认识矢量图制作软件Illustrator
技能目标	• 掌握Photoshop软件中常用工具的操作技巧 • 掌握Illustrator软件中常用工具的操作技巧

随着互联网的发展，网络购物已经成为消费者的首选，面对形形色色的网络商品，消费者既看不见，也摸不到，展示的页面和图片成了消费者了解商品的唯一渠道，因此如何把店铺做得精致、美观、便捷已经成为商家的首要需求。面对这种需求，网店美工应运而生。然而什么是网店美工？网店美工的职责是什么？很多初学者依然不明就里。本章针对网店美工的工作内容及网店美工常用的软件进行介绍，让读者对网店美工有一个初步的了解。

1.1 网店美工概述

在现实生活中，装修精美的门店更容易吸引消费者进店消费，而竞争越来越激烈的网上店铺同样需要精美的页面来吸引买家点击及购买。网店美工是网店的装饰者，他们从视觉角度快速提高店铺形象和商品质感，以吸引更多顾客浏览和购买。本节将对网店美工这一岗位进行简单介绍。

1.1.1 认识网店美工

很多人是第一次接触网店美工岗位，对该岗位并不熟悉，下面将对网店美工的概念、重要性和必备技能等进行介绍。

1. 什么是网店美工

传统的美工是指对平面、色彩、基调、创意等进行加工和创作的技术人才，分为平面美工、网页美工和三维美工。而随着电子商务的迅速发展，网店美工这一新兴职业也快速兴起。网店美工是淘宝、天猫、京东等一系列网店页面设计美化人员的统称，这些设计人员除了需要熟练掌握各种制图软件，如 Photoshop、Illustrator 和 Dreamweaver 等软件的操作技巧外，还需熟悉网店页面布局，了解产品特点，并能够准确判断目标用户的需求，根据用户需求设计吸引眼球的图片。

总而言之，网店美工不仅要有很好的技术能力，还需要有良好的理解能力，能够洞悉策划方案的意图，并加入自己的创意，设计出符合商业需求的图片。

2. 网店美工的重要性

通过网店美工设计和装修精美的店铺不仅可以提高店铺的形象和品质，还能提升顾客的信任感，提高商品的成交量。

❶ 提升店铺形象与品质

装修精美的店铺，能够让买家产生愉悦的心情，使买家长时间浏览也不会感到视觉疲劳。一个装修精美的网店，是艺术和技术的完美结合，它展示的不仅是商品，更是店铺卖家的经营理念和店铺形象。如图 1-1 所示，图（a）是按照装修后台的默认模板进行装修的，给人一种杂乱无章的感觉，缺乏吸引力；图（b）是经过后期精心装修的，看起来更具品质感，更吸引人。

(a) 用默认模板装修的效果

(b) 精心装修的效果

图1-1 包包店铺首页对比

② 提高顾客的信任感和宝贝成交量

淘宝买家在网上购物，都是通过文字和图片去了解商品的，美观的商品陈列和专业的页面设计不但可以提升顾客对买家的信任感，并且还可以提高商品附加值、店铺浏览量和成交量。因此，装修精美且专业的店铺更容易让人产生购买的欲望。如果一个店铺的用色杂乱，或整个店铺空荡荡，是无法引起买家购买欲望的。因此，装修好店铺页面是为了让买家有更好的购物体验。

1.1.2 网店美工的工作职责

网店美工的工作范畴包括店铺页面设计与美化、网店促销海报制作、宝贝详情页设计、图片美化、网页切片等。下面对网店美工的工作范畴与设计要求进行介绍。

- **掌握店铺特色：**优秀的网店能给人留下良好的第一印象。目前网店中同一类型的店铺繁多，若想在众多的店铺中脱颖而出，独具特色就显得尤为重要。只有展示出自己店铺的特色，才能吸引更多的买家关注，从而引导顾客购买，带来转化。所以，美工在美化商品的过程中，创造出属于自己的店铺特色是成功的第一步。

- **商品的美化**：使用相机拍摄出的商品一般不会直接上传至网店，为了体现商品的效果，商家通常会对商品图片进行美化和修饰。但需要注意的是，网店美工不是单纯地做设计，怎么吸引顾客才是最重要的。因此在处理时需要根据对此产品的拍摄原图进行美化，并适当添加文字和创意来体现产品特色。
- **店铺的装修与设计**：美工不只是将图片处理完成后将图片上传至不同的模块。一个好的美工不但需要掌握基本的技术方法，还要将方法应用到店铺装修中，抓住卖点，促使顾客继续看下去，并通过与代码的结合使用，使店铺花最少的成本取得最好的效果。
- **活动页面的设计**：在网店平台中，会不定期举行各种促销活动。为了在众多店铺中脱颖而出，活动的策划就变得尤为重要。这时，优秀的店铺美工更需要透彻理解活动意图，通过设计与装修店铺将活动意图传递给买家，让买家了解活动内容、优惠力度，从而促进销量的提升。美工在设计时要保证契合活动主题、页面美观。
- **推广的了解与运用**：推广就是将自己的产品、服务和技术等内容通过各种渠道让更多的用户了解、接受，从而达到宣传的目的。对网店美工来说，推广主要是通过图片将网店的产品、品牌和服务等信息传达给买家，加深店铺在买家心中的印象，从而使买家产生对店铺的认同感。由于推广活动、推广手段的不同，网店推广使用的图片规格大小不一，有时文件大小也有很多限制，这就对网店美工人员提出了更多要求，不仅要在既定的图片规格内向买家表达出设计意图，还要体现出产品的价值，文案的编写也要做到让顾客快速理解，并产生深刻印象。

1.1.3 网店美工需要掌握的图像常识

网店美工在设计过程中需要使用的图片种类有很多，并且装修店铺时不同的模块对图片均有不同的规格要求，因此区分不同的图像格式和适用范围也成为网店美工必须掌握的重点技能。网店装修中常见的图片格式包括 PSD、JPEG、GIF 和 PNG，下面分别对这些格式的使用方法和范围进行介绍。

1. PSD格式

PSD 格式是 Photoshop 工具的默认保存格式，也是唯一支持所有图像模式的文件格式。它可以保存图像中的图层、通道、辅助线和路径等信息。

2. JPEG格式

JPEG 格式是一种有损压缩的图像格式，不支持 Alpha 通道，也不支持透明。最大的特点是文件比较小，可以进行高倍率的压缩，因而在注重文件大小的领域应用广泛。例如，网页制作过程中的图像，如横幅广告（banner）、商品图片、较大的插图等都可以保存为 JPEG 格式。

3. GIF格式

GIF格式是一种通用的图像格式。它不仅是一种无损压缩格式，而且支持透明和动画。另外，GIF格式保存的文件不会占用太多的磁盘空间，非常适合网络传输，是网页中常用的图像格式。

4. PNG格式

PNG格式是一种无损压缩的图像格式。它结合GIF和JPEG格式的优点，不仅无损压缩，体积较小，而且支持透明和Alpha通道。由于PNG格式不完全适用于所有浏览器（例如旧版本的IE浏览器），所以在网页中比GIF和JPEG格式使用得少。但随着网络的发展和因特网传输速度的改善，PNG格式将是网页中使用的一种标准图像格式。

1.1.4 网店美工需要注意的问题

网店美工不仅需要掌握基本的软件操作，还需熟知产品信息、卖点、注意事项、优劣势等。能够做到将产品劣势变成优势，突出产品卖点扬长避短。下面对网店美工的注意事项进行简单介绍。

- 思路清晰：网店美工在装修和处理图片之前，需要有一个清晰的思路，也就是确定一个整体框架，在框架内设计出店铺的主要卖点以及产品特点，以及如何将店铺装修的美观又引人注意。
- 装修时间的把握：在装修店铺过程中，还要把握店铺装修时间，如"双十一""年中大促""元旦促销"等，网店美工应抓住活动的时机对店铺进行装修，需要提前1～2个月进行活动准备。因此在活动前期应对活动文案、图片进行制作，在活动来临之前完成促销信息的整理以及店铺的设计装修，以便促进产品的销量。
- 店铺风格的统一：店铺装修不但要有合理的色彩搭配，还有统一店铺和详情页的风格，因此设计店铺分类导航、店铺公告等模块时，统一风格就变得尤为重要。
- 突出主次：工作过程中，网店美工切忌为了追求美观的效果，而对店铺进行过度的美化，使商品图片不突出，掩盖店铺风格和商品的卖点，这样将会适得其反。

1.2 | 图像处理软件Photoshop介绍

Photoshop是Adobe公司旗下最为出名的图像处理软件之一。它提供了灵活便捷的图像制作工具、强大的像素编辑功能，被广泛应用于数码照片后期处理、平面设计、网页设计以及UI设计等领域，是网店美工必须掌握的设计软件。本节将以Photoshop CS6为例对Photoshop软件做简单介绍。

1.2.1 Photoshop CS6工作界面简介

启动 Photoshop CS6 软件，选择“文件”→“打开”命令，选择一张图片即可进入软件操作界面，如图 1-2 所示。

图1-2 Photoshop工作界面

图 1-2 所示界面是 Photoshop CS6 的基础工作界面，包含了菜单栏、选项栏、工具箱、图像编辑区域、控制面板等模块，具体介绍如下。

1. 菜单栏

菜单栏用于对 Photoshop 所有的操作进行分类，包括“文件”“编辑”“图像”“图层”“文字”“选择”“滤镜”“3D”“视图”“窗口”及“帮助”等菜单，如图 1-3 所示。

Ps 文件(F) 编辑(E) 图像(I) 图层(L) 文字(Y) 选择(S) 滤镜(T) 3D(D) 视图(V) 窗口(W) 帮助(H)

图1-3 菜单栏

其中各菜单的具体说明如下。

- **“文件”菜单：**包含各种操作文件的命令。
- **“编辑”菜单：**包含各种编辑文件的操作命令。
- **“图像”菜单：**包含各种改变图像的大小、颜色等的操作命令。
- **“图层”菜单：**包含各种调整图像中图层的操作命令。
- **“文字”菜单：**包含各种对文字的编辑和调整功能。
- **“选择”菜单：**包含各种关于选区的操作命令。
- **“滤镜”菜单：**包含各种添加滤镜效果的操作命令。
- **“3D”菜单：**用于实现 3D 图层效果。

- “视图”菜单：包含各种对视图进行设置的操作命令。
- “窗口”菜单：包含各种显示或隐藏控制面板的命令。
- “帮助”菜单：包含各种帮助信息。

2. 选项栏

选项栏是工具箱中各个工具的功能扩展，可以通过选项栏对工具进行进一步的设置。当选择某个工具后，Photoshop CS6 工作界面的上方将出现相应的工具选项栏。例如，选择“魔棒工具”时，其选项栏如图 1-4 所示，通过其中的各个选项可以对“魔棒工具”做进一步设置。

图1-4　选项栏

1.2.2　Photoshop CS6初始化设置

为了使初学者更好地认识 Photoshop 工具，需要对 Photoshop 进行初始化设置，初始化设置的具体介绍如下。

1. 工作区布局设置

Photoshop 工具的工作区布局主要分为“基本功能”“绘画”“摄影”“排版规则”等类别。其中“基本功能”是 Photoshop 默认的工作区布局，作为网店美工可以直接使用这一工作布局。如果需要更改布局，可以选择菜单栏中的“窗口”→“工作区”命令，会弹出如图 1-5 所示的菜单，选择其中的选项，即可完成工作区布局的更改。

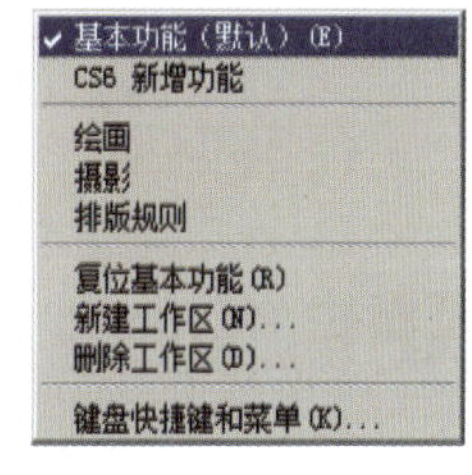

图1-5　工作区布局菜单栏

在图 1-5 所示的工作区布局菜单中还可以对工作区进行复位、新建、删除等操作。

2. 单位设置

在 Photoshop 工具中，默认的单位是厘米(cm)，就是说我们在 Photoshop 中使用的图片，其宽度、高度都是以厘米为单位的，如图 1-6 所示。

但网店美工的工作主要是数码图像的制作，这就会用到一种计量单位——像素。像素(pixel)的全称为图像元素，缩写为 px，是用来计算数码图像的一种单位。如同摄影的相片一样，数码影像也具有连续性的浓淡阶调，若把影像放大数倍，会发现这些连续色调其实是由许多色彩相近的小方点组成，这些小方点就是构成影像的最小单位像素，如图 1-7 所示。

图1-6　图像单位

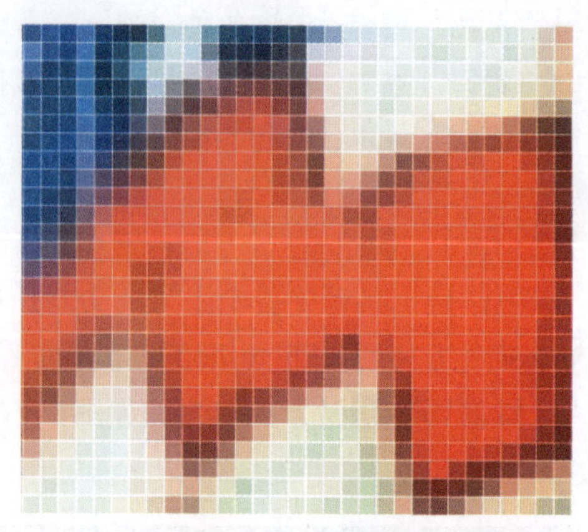
图1-7　像素展示

网店美工在使用 Photoshop 工具时，首先应该设置单位。选择菜单栏中的“编辑”→“首选项”→“单位与标尺”命令，打开“首选项”对话框，设置标尺单位为“像素”，如图 1-8 所示。

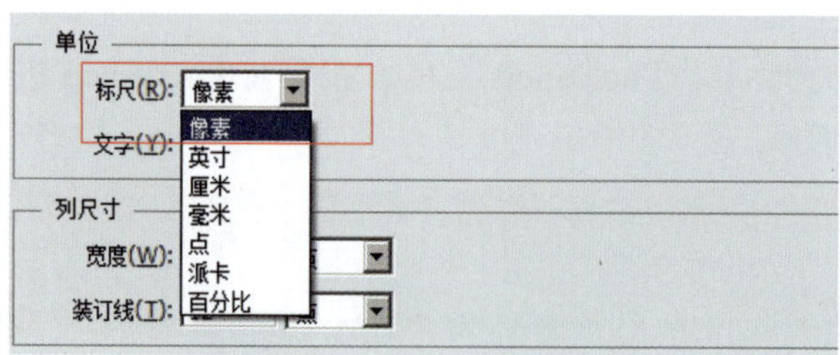

图1-8　设置标尺单位

3. 工具栏

工具箱是 Photoshop 工作界面的重要组成部分，Photoshop CS6 的工具箱主要包括选择工具、绘图工具、填充工具、编辑工具、快速蒙版工具等。

4. 图像编辑区域

图像编辑区域是指 Photoshop 中编辑和处理图片的工作区，也是 Photoshop 的“工作台”。

5. 控制面板

控制面板是 Photoshop 处理图像时不可或缺的部分，它可以完成对图像的处理操作和相关参数的设置，如显示信息、选择颜色、图层编辑等。

1.2.3　认识Photoshop CS6的常用工具

在 Photoshop CS6 中制作或处理图像过程中经常需要使用一些工具，主要包括规则选框工具组、套索工具组、魔棒工具组、裁剪与切片工具组、图像修复工具组等，如图 1-9

所示。

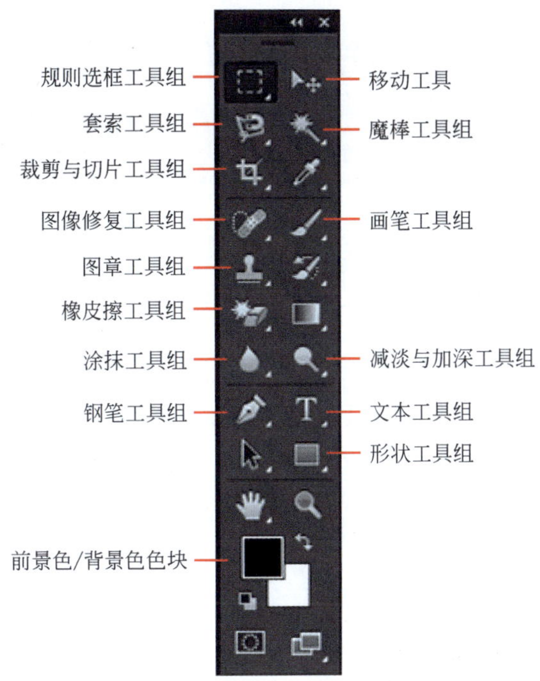

图1-9　工具箱

- **规则选框工具组：**包括矩形选框工具、椭圆选框工具、单行选框工具、单列选框工具。主要用于在文件中创建各种类型的选框，创建后，操作只在选框内进行，选框外不受影响。
- **套索工具组：**包括套索工具、多边形套索工具、磁性套索工具，主要用于建立复杂形状选区。
- **魔棒工具组：**包括快速选择工具和魔棒工具，主要用于通过图像中相邻像素的颜色近似程度来创建选区，适用于选取图像中颜色相近或有大色块单色区域的图像。
- **橡皮擦工具组：**包括普通橡皮擦工具、背景橡皮擦工具、魔术橡皮擦工具，用于擦除图像中不需要的图像区域。
- **移动工具：**用于移动选区内容、辅助线或图层中的内容，也可以将内容置入其他文档中。
- **钢笔工具组：**包括钢笔工具、自由钢笔工具、转换点工具、添加锚点工具、删除锚点工具，用于绘制与编辑路径。
- **形状工具组：**包括矩形工具、圆角矩形工具、椭圆工具、多边形工具、直线工具、自定义形状工具等，用于绘制标准的集合矩形图形，也可以绘制自定义图形。
- **裁剪与切片工具组：**包括透视裁剪工具、切片工具、切片选择工具，用于将图像裁剪成需要的大小或将图像切割成多个部分的图像保存。
- **画笔工具组：**包括画笔工具、铅笔工具、颜色替换工具、混合器画笔工具，用于绘制各种图形、图案或为选区上色、描边。

- **图像修复工具组：** 包括修复画笔工具、污点修复工具、修补工具、红眼工具，用于去除商品图片中的污点或修补图像。
- **图章工具组：** 包括仿制图章工具、图案图章工具，用于吸取图像中的一部分或图像中的图案修补图像其他部分。
- **减淡与加深工具组：** 包括加深工具、减淡工具、海绵工具，可以使涂抹过的区域颜色变深、变暗或减淡、变亮。
- **涂抹工具组：** 包括模糊工具、涂抹工具、锐化工具，分别用于涂抹图像中的颜色，模糊部分图像，或提高部分图像的饱和度。
- **文本工具组：** 包括横排文字工具、直排文字工具、横排文字蒙版工具、直排文字蒙版工具，用于输入横排、竖排文字、文字选区、段落文本。
- **前景色 / 背景色色块：** 前景色是插入、绘制图形的颜色，背景色是需要处理的图片底色，默认的是白色。按 Ctrl+Delete 组合键可以用背景色填充当前图形，按 Alt+Delete 组合键可以用前景色填充当前图形。单击对应的色块可打开颜色设置对话框，在其中选择颜色。

1.2.4 认识Photoshop CS6的图层面板

Photoshop 软件中的图层就像是一张透明的纸，多个图层就是多张透明的纸重叠。在编辑当前图层的对象时，该操作不会影响其他图层，因此在制作设计时应多建图层，方便后期修改，图 1-10 即为图层面板。

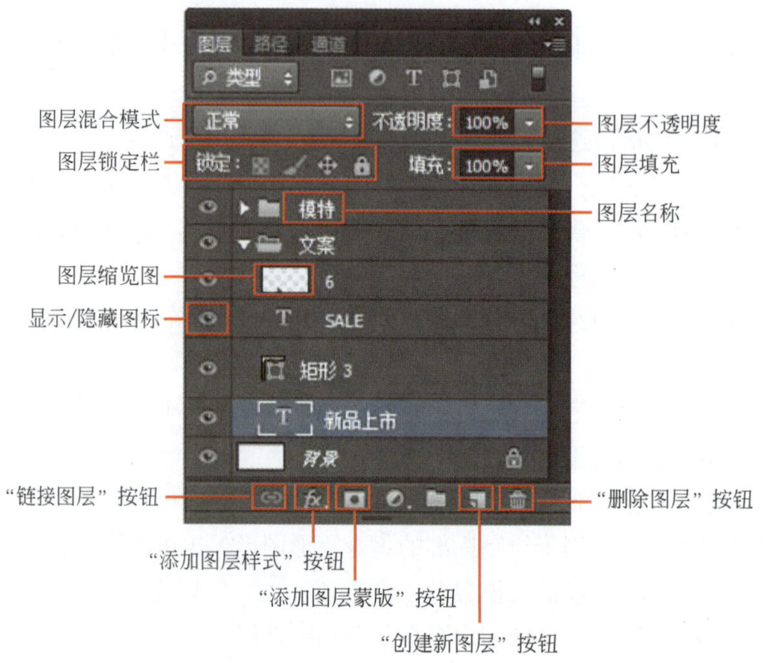

图1-10 图层面板

- **图层混合模式**：图层混合模式主要用于创建图层的各种特殊效果，包括溶解、变暗、正片叠底、颜色加深、线性加深、叠加、柔光、亮光、强光。
- **图层不透明度、图层填充**：图层填充针对的是图层上的填充颜色，对图层上添加的一些描边、投影、斜面浮雕等特效不起作用；图层透明度则针对整个图层，包括图层特效。
- **图层锁定栏**：用于设置选择图层的锁定方式，其中包括"锁定透明像素"按钮、"锁定图像像素"按钮、"锁定位置"按钮、"锁定全部"按钮。不能对锁定的对象进行编辑。
- **图层名称**：图层名称主要是对每个图层进行命名，以便在很多图层中快速找到相应图层，双击该图层即可修改图层名称。
- **显示/隐藏图标**：单击即可切换显示和隐藏图层，若按住 Alt 键单击该图标，可以切换显示或隐藏其他图层。
- **"链接图层"按钮**：用于链接两个或两个以上的图层，方便同时进行缩放或透视等操作。
- **"添加图层样式"按钮**：用于选择和设置图层的样式。
- **"添加图层蒙版"按钮**：单击该按钮，可以为图层添加蒙版。
- **"创建新图层"按钮**：用于创建一个新的空白图层。
- **"删除图层"按钮**：用于删除选择的图层。

1.2.5 认识Photoshop CS6图像编辑区

在 Photoshop CS6 窗口中打开一个图像，会自动创建一个图像编辑窗口。如果打开了多个图像，则它们会停放到选项卡栏中，如图 1-11 所示。单击一个文档的名称，即可将其设置为当前操作的窗口，如图 1-12 所示。另外，按 Ctrl+Tab 组合键，可以按照前后顺序切换窗口；按 Ctrl+Shift+Tab 组合键，可以按照相反的顺序切换窗口。

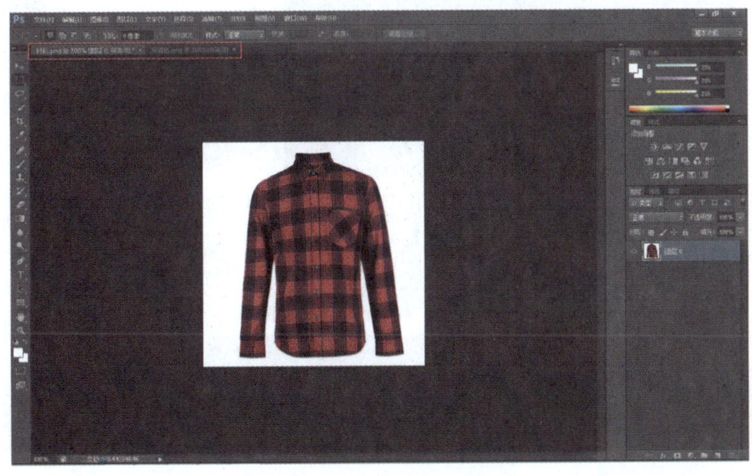

图1-11 打开多个图像

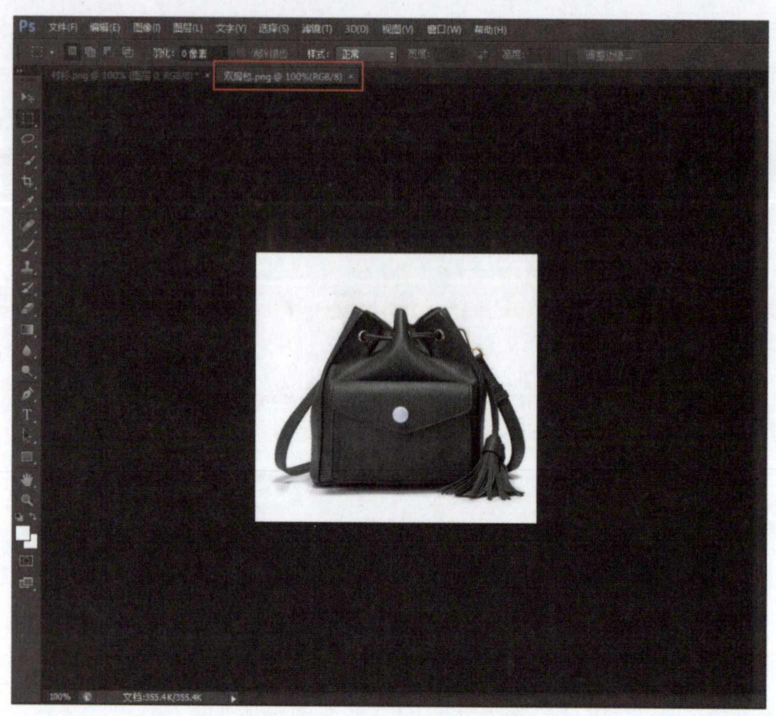

图1-12 当前操作窗口

选中一个窗口的名称选项卡标签，按住鼠标左键不放将其从选项卡标签栏中拖出，即可变成一个在任意移动位置的浮动面板，如图 1-13 所示。拖动浮动面板的一角，可以调整面板窗口的大小，如图 1-14 所示。另外，将一个浮动面板的标题栏拖动到选项卡标签栏中，当图像编辑区出现蓝色方框时释放鼠标，可以将窗口重新停放到选项卡标签栏中。

图1-13 浮动窗口

图1-14 调整窗口大小

1.3 | Photoshop CS6中的常用组合键

在使用 Photoshop 处理商品图片或设计广告图片过程中，使用相应的组合键可以比选择命令菜单更便捷，表 1-1 中列举了一些网店美工常用的组合键。

表 1-1 Photoshop 常用组合键

文件操作	图层操作	图像操作	选择与画笔操作
新建文件 Ctrl+N	新建图层 Ctrl+Shift+N	调整色阶 Ctrl+L	全选 Ctrl+A
保存文件 Ctrl+S	复制图层 Ctrl+J	调整曲线 Ctrl+M	取消选择 Ctrl+D
打开文件 Ctrl+O	与前一图层编组 Ctrl+G	调整色彩平衡 Ctrl+B	反选 Ctrl+Shift+I
关闭当前文件 Ctrl+W	取消编组 Ctrl+Shift+G	调整色相/饱和度 Ctrl+U	羽化 Shift+F6
显示网格 Ctrl+Alt+'	合并图层 Ctrl+E	去色 Ctrl+Shift+U	缩小画笔 Shift+［
显示标尺 Ctrl+R	盖印图层 Ctrl+Alt+E	反向 Ctrl+I	放大画笔 Shift+］
放大视图 Ctrl++	盖印加可见图层 Shift+Ctrl+Alt+E	液化 Ctrl+Shift+X	
缩小视图 Ctrl+-	删除图层 Delete	自由变换 Ctrl+T	
		再次变换 Ctrl+Shift+T	

1.4　矢量图制作软件Illustrator介绍

Illustrator是由Adobe公司开发的一款矢量图绘制图形软件，该软件提供了多种形状、颜色、复杂效果和丰富的排版，方便设计师尝试各种创意。同时它的兼容性很强，可以和Photoshop搭配使用，是设计师的必备工具。本节将以Illustrator CS6为例对Illustrator软件进行简单介绍。

1.4.1　认识Illustrator CS6

Illustrator是矢量图绘制软件，主要用于图形的制作，如印刷品的输出（书籍、包装、彩页等）、企业VI手册设计（包括企业形象识别系统）、企业LOGO设计、矢量插画等。图1-15所示的插画就是使用Illustrator绘制的。虽然Illustrator是绘制矢量图的利器，但是它在处理图像（如抠图、色彩融合）的功能上略逊于Photoshop。

图1-15　矢量图

1.4.2　Illustrator CS6工作界面简介

启动Illustrator CS6后，即可看到基本的工作界面，如图1-16所示。Illustrator CS6的基本工作界面主要包括菜单栏、工具箱、绘图工作区和面板组四个部分。

下面详细介绍Illustrator CS6工作界面各部分的功能。

图1-16 Illustrator CS6的工作界面

1. 菜单栏

Illustrator 菜单栏主要包括“文件”“编辑”“对象”“文字”等 9 个菜单，具体介绍如下：

- “文件”菜单：包含文档、模板等对象的相关命令，如“新建”“保存”等。
- “编辑”菜单：包含文档处理中使用较多的编辑操作类命令，如“复制”“粘贴”等。
- “对象”菜单：包含与对象元素相关的常用操作命令，如“变换”“排列”等。
- “文字”菜单：包含与文字相关的命令，如“字体”“字形”等。
- “选择”菜单：包含各种选择对象的命令。
- “效果”菜单：包含 Illustrator 效果和 Photoshop 效果两部分，用于制作特殊的图形图像效果。
- “视图”菜单：包含当前文档显示内容的相关命令，如“预览”“显示边缘”等。
- “窗口”菜单：包含显示或隐藏面板以及相关面板排列的命令。
- “帮助”菜单：包含各类帮助内容和软件信息。

需要注意的是，虽然这些菜单命令数量很多，但是实际常用的命令并不多，并且大多数都可以在面板中或配合快捷键使用。用户在使用时，应根据实际情况灵活运用。

2. 工具箱

在 Illustrator 中，所有的工具都集中在工具箱中，熟练掌握它们的用法，能加快操作速度，提高工作效率。

❶ 移动工具箱

在默认情况下，工具箱位于窗口左侧。将鼠标放在工具箱顶部，单击并向右拖动，可以将工具箱拖出，放在窗口中的任意位置。

❷ 显示工具快捷键

要了解每个工具的具体名称，可以将鼠标指针放置在相应工具的上方，此时会出现一个浅黄色的图标，上面会显示该工具的具体名称，如图 1-17 所示。工具名称后面括号中的字母，代表选择此工具的快捷键，只要在键盘上按下快捷键代表的字母，即可快速切换到相应的工具上。

❸ 显示并隐藏的工具

在 Illustrator 中，同类的工具会被编为一组置于工具箱中，其典型的特征就是在该工具图标的右下方有一个白色小三角图标，如图 1-18 所示。

当选择其中某个工具时，该组的其他工具就被暂时隐藏起来。选中当前工具图标，按住鼠标左键不放，就会显示该工具组中的所有图标。如图 1-19 所示，将鼠标指针移至矩形工具即会弹出“形状”工具组中的所有形状工具。

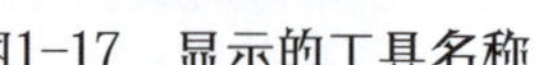

图1-17　显示的工具名称

图1-18　工具组

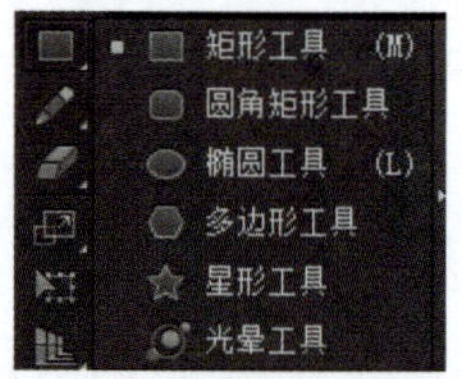

图1-19　显示工具组中的工具

3. 绘图工作区

该区域用于“新建”文档时放置新建的画布。当画布建好后，可以在此区域内自由编辑绘制图像。

4. 面板组

面板可以设置数值和调节功能，在 Illustrator 中使用频率非常高。面板默认状态下是折叠的，可根据实际需要对其进行展开、分离或组合。

- **展开面板**：单击面板顶部的“展开”按钮◀◀，即可展开面板组。
- **分离面板组**：将鼠标指针放在面板的工具图标上，单击并向右拖动，即可将面板拖出，放在窗口中的任意位置。

1.4.3　Illustrator CS6初始化设置

为了使初学者更好地认识 Illustrator 工具，需要对 Illustrator 进行初始化设置，具体如下。

1. 工作区布局

Illustrator 工具的工作区布局主要分为“基本功能”“排版版面”“描摹”等类别。其中“基本功能”是 Illustrator 默认的工作区布局，作为网店美工可以直接使用这一工作布局。如果需要更改布局，可以选择菜单栏中的“窗口”→“工作区”命令，会弹出如图 1-20 所示的菜单，选择其中的选项，即可完成工作区布局的更改。

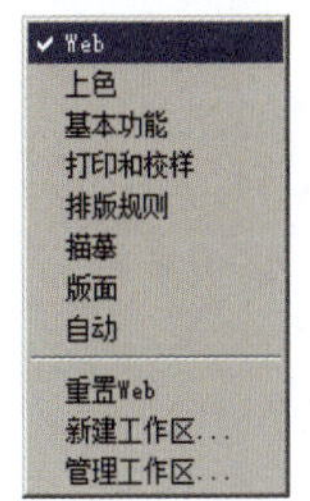

图1-20 工作区布局菜单栏

并且在图 1-20 所示的 Illustrator 工作区布局菜单栏中同样可以对工作区进行重置、新建、管理等操作。

2. 单位设置

在 Illustrator 工具中，默认的单位是毫米（mm），也就是说，我们在 Illustrator 中绘制图形，其宽度、高度都是以毫米为单位的，如图 1-21 所示。

但网店美工使用 Illustrator 时同样需要以像素为单位。因此在新建文档时，需要将毫米换成像素，以方便计量图形尺寸。打开 Illustrator 工具，按 Ctrl+N 组合键，在弹出的“新建文档”对话框中设置单位为“像素”，如图 1-22 所示。然后单击“确定”按钮，创建新文档。此时，我们在文档中绘制图形就会以像素（px）为单位。

图1-21 图像单位

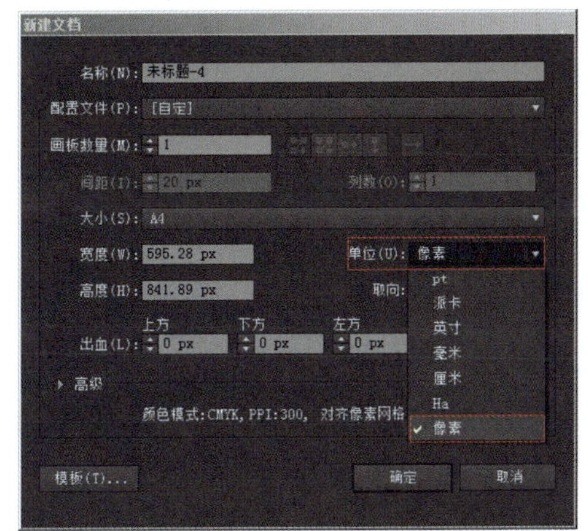

图1-22 “新建文档”对话框

1.4.4 Illustrator CS6的常用工具

Illustrator 软件与 Photoshop 的工具箱中有一些相似工具，但这些工具制作出的效果却不同。下面介绍一些常用的基本工具，如图 1-23 所示，包括“选择”工具、“直接选择”工具组、“钢笔”工具组、“文字”工具组、“形状”工具组、“渐变”工具等。

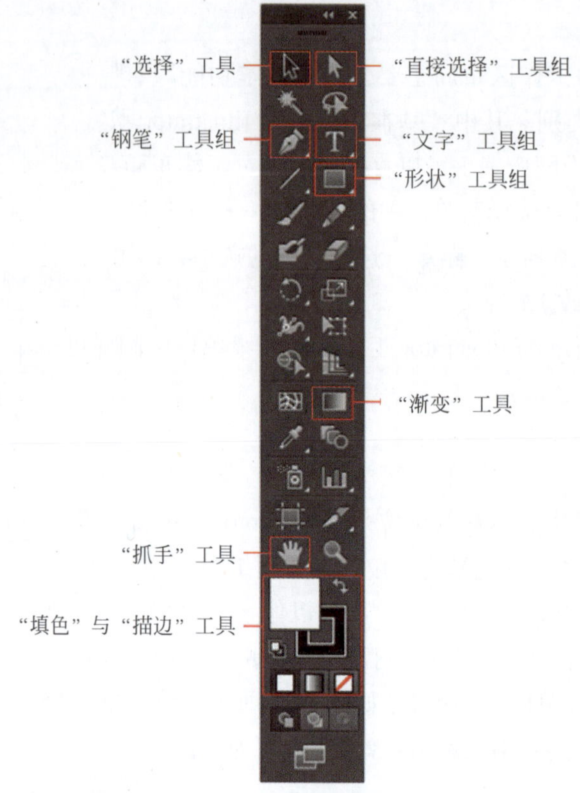

图1-23　工具箱

- **“选择”工具：**在 Illustrator 中，如果要编辑一个对象，首先要选中这个对象，Illustrator 提供了多个图形选择工具，其中最常用的是“选择工具”。“选择”工具可以选择当前文档中包含的各个图形对象。
- **“直接选择”工具组：**“直接选择”工具组包括“直接选择”工具、“编辑选择”工具，是用来选择和编辑路径上的锚点的。使用“直接选择”工具可以拖动锚点改变其位置，还可以改变其曲线状态。
- **“钢笔”工具组：**“钢笔”工具组包括“钢笔”工具、“添加锚点”工具、“删除锚点”工具和“转换锚点”工具。“钢笔”工具是最重要的绘图工具，主要用来绘制直线和曲线；“添加锚点”工具主要用来增加路径上的控制点；“删除锚点”工具主要用来减少路径上的控制点；“转化锚点”工具主要用来实现“平滑点”和“角点”之间的互相转换。
- **“文字”工具组：**“文字”工具组包括“文字”工具、“区域文字”工具、“路径文字”工具、“直排文字”工具、“直排区域文字”工具、“直排路径文字”工具。
- **“形状”工具组：**“形状”工具组包括“矩形”工具、“圆角矩形”工具、“椭圆”工具、“多边形”工具、“星形”工具和“光晕”工具，该组工具包主要用来绘制一些几何图形。
- **“渐变”工具：**在 Illustrator 中，可以通过“渐变”工具为选定的对象设置渐变颜色。
- **“抓手”工具：**“抓手”工具主要用于移动画布。

- **“填色”与“描边”工具：**“填色”与“描边”工具可以为指定对象设置填充颜色和描边颜色。

1.5 Dreamweaver工具介绍

Dreamweaver 软件是业界领先的可视化网页开发工具，使用该软件可以快速地创建网店页面，极大地简化网页代码编辑。它完全能满足网店对网页的编辑需求，是零基础卖家首选的网页制作软件。本节将介绍 Dreamweaver 软件在创建网店时用到的各种编辑工具。

1.5.1 Dreamweaver CS6工作界面简介

本书使用的版本是 Adobe Dreamweaver CS6，关于软件的安装在此就不介绍，我们直接讲解软件安装后如何使用。

双击运行桌面上的软件图标，进入软件界面。为了统一，建议大家选择菜单栏中的“窗口”→“工作区布局”→“经典”命令，如图 1-24 所示。

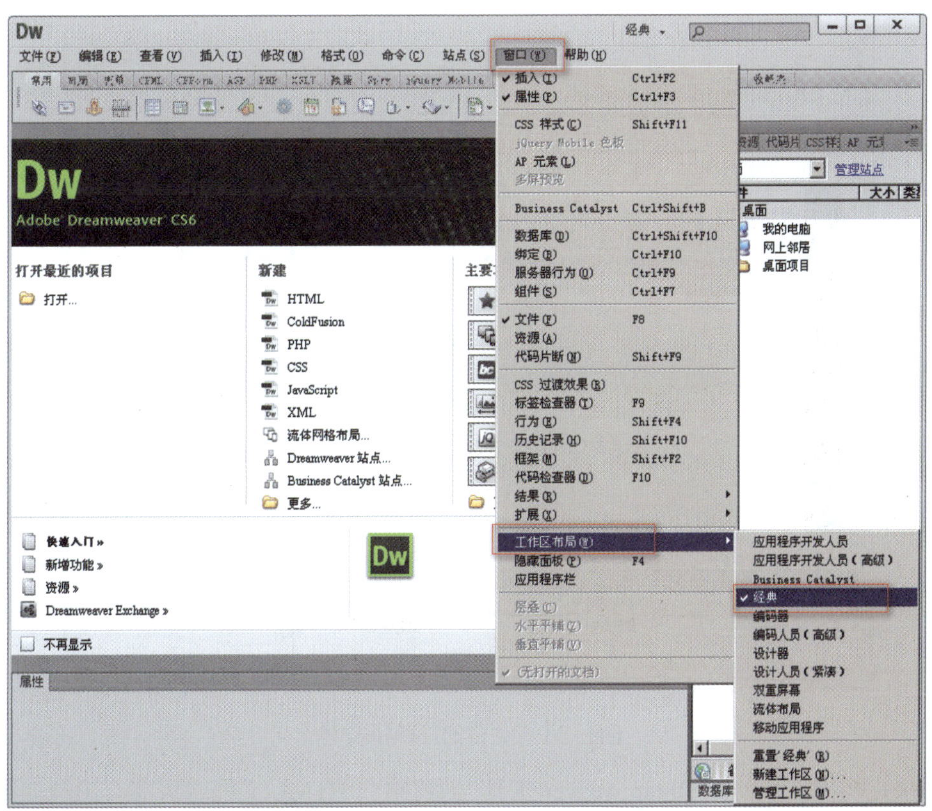

图1-24 Dreamweaver软件打开界面

接下来，选择菜单栏中的“文件”→“新建”命令，会出现“新建文档”窗口。这时，在“文档类型”下拉框中选择 XHTML 1.0 Transitional，单击“创建”按钮，如图 1-25 所示，即可创建一个空白的 HTML 文档，如图 1-26 所示。

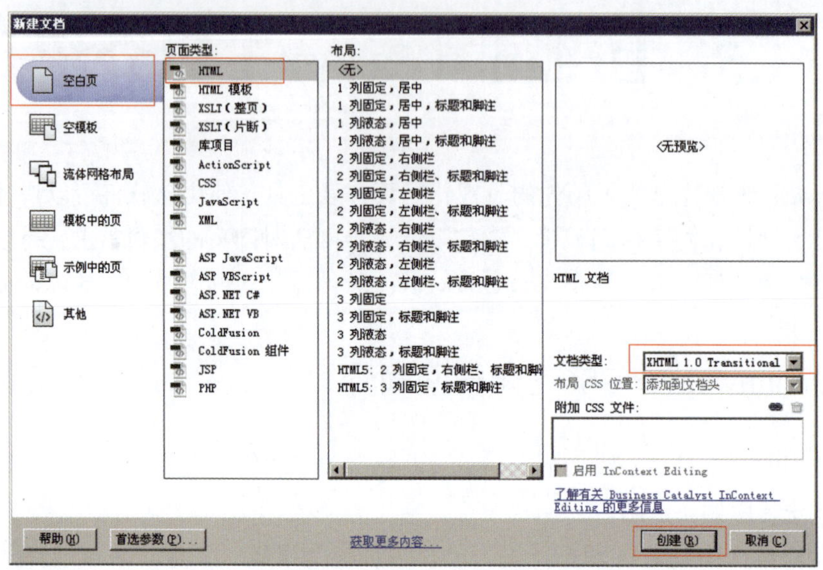

图1-25 “新建文档”窗口

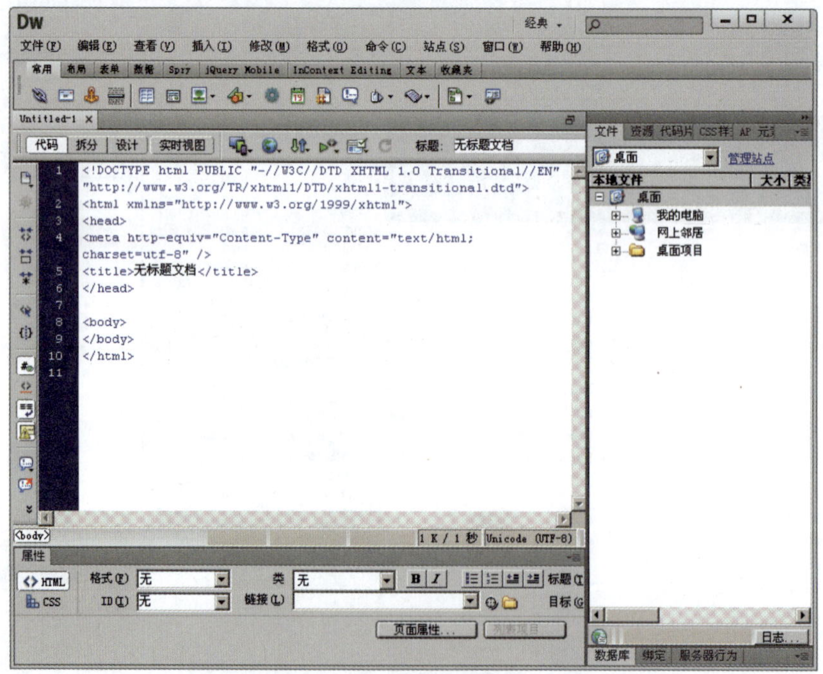

图1-26 空白的HTML文档

如果是初次安装使用 Dreamweaver 工具，创建空白 HTML 文档时可能会出现如图 1-27 所示的界面，这时单击“代码”选项即可出现图 1-26 所示的界面效果。

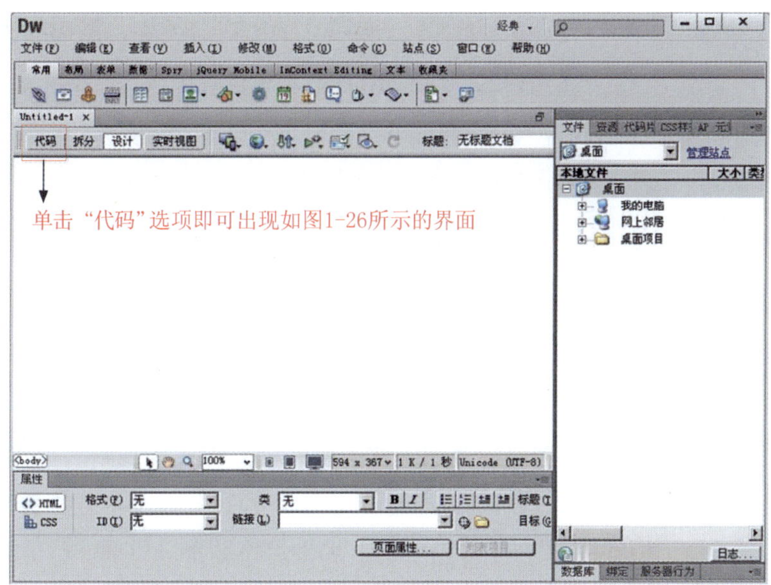

图1-27 初次使用Dreamweaver新建HTML文档

图 1-28 即为软件的操作界面，主要由 6 部分组成，包括菜单栏、插入栏、文档工具栏、文档窗口、属性面板及其他常用面板，每个部分的具体位置如图 1-28 所示。

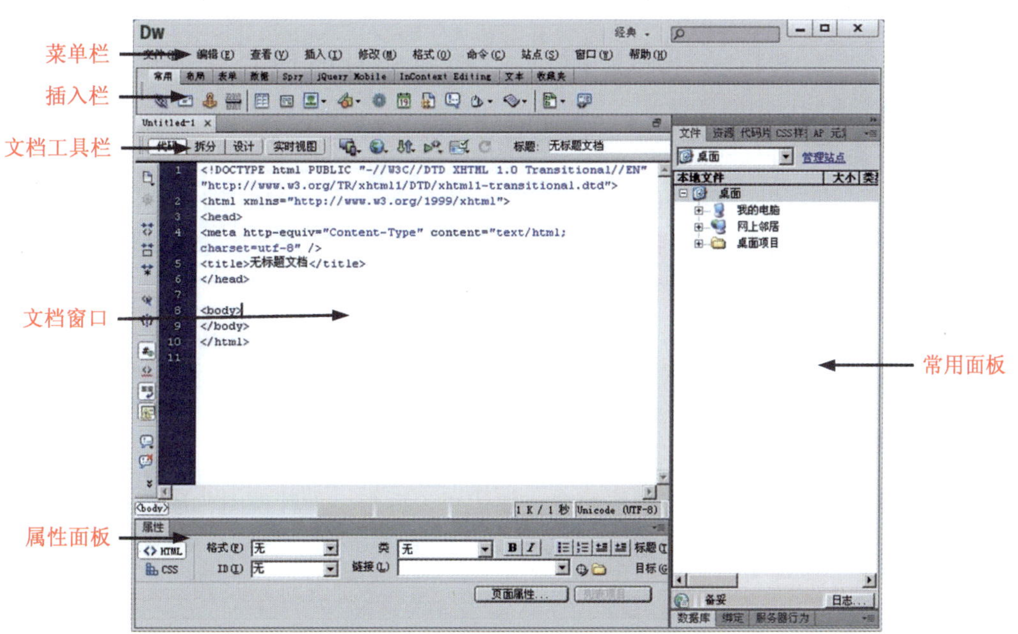

图1-28 Dreamweaver操作界面

接下来将对图 1-28 所示的每个部分进行详细讲解，具体如下。

1. 菜单栏

Dreamweaver 菜单栏包括“文件”“编辑”“查看”“插入”“修改”“格式”“命令”“站点”“窗口”“帮助”10 个菜单项，如图 1-29 所示。

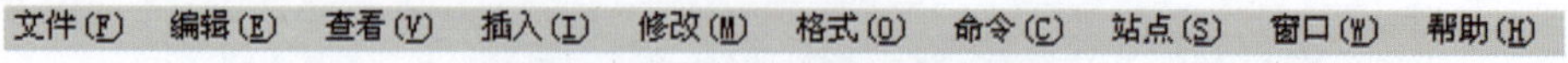

文件(F) 编辑(E) 查看(V) 插入(I) 修改(M) 格式(O) 命令(C) 站点(S) 窗口(W) 帮助(H)

图1-29　Dreamweaver菜单栏

各个菜单项的简单介绍如下。

- **“文件”菜单：**包含文件操作的标准菜单项，如“新建”“打开”“保存”等。“文件”菜单还包含各种其他选项，用于查看当前文档或对当前文档执行操作，如“在浏览器中预览”等。
- **“编辑”菜单：**包含文件编辑的标准菜单项，如“剪切”“拷贝”和“粘贴”等。还包括选择和查找选项，并且提供对软件快捷键编辑器、标签库编辑器和首选参数编辑器的访问。
- **“查看”菜单：**用于选择文档的视图方式（设计视图和代码视图），并且可以用于显示或隐藏不同类型的页面元素和工具。
- **“插入”菜单：**用于将各个对象插入文档，例如插入图像、Flash 等。
- **“修改”菜单：**用于更改选定页面元素或项的属性，使用此菜单，可以编辑标签属性，更改表格和表格元素，并且为库和模板执行不同的操作。
- **“格式”菜单：**用于设置文本的各种格式和样式。
- **“命令”菜单：**提供对各种命令的访问，包括根据格式参数选择设置代码格式的命令，以及优化图像、排序表格等命令。
- **“站点”菜单：**包括站点操作菜单项，这些菜单项可用于创建、打开和编辑站点，以及管理当前站点中的文件。
- **“窗口”菜单：**提供对 Dreamweaver 中的所有面板、检查器和窗口的访问。
- **“帮助”菜单：**提供对 Dreamweaver 帮助文档的访问，包括用于使用 Dreamweaver 以及创建对 Dreamweaver 的扩展的帮助系统，包括各种语言的参考材料。

2. 插入栏

插入栏集成了多种网元元素，包括超链接、图像、表格、多媒体等。

3. 文档工具栏

文档工具栏提供了各种文档视图窗口，如代码、拆分、设计视图，还提供了各种查看选项和一些常用操作，如图 1-30 所示。

Untitled-1*
代码
拆分
设计
实时视图
标题：无标题文档

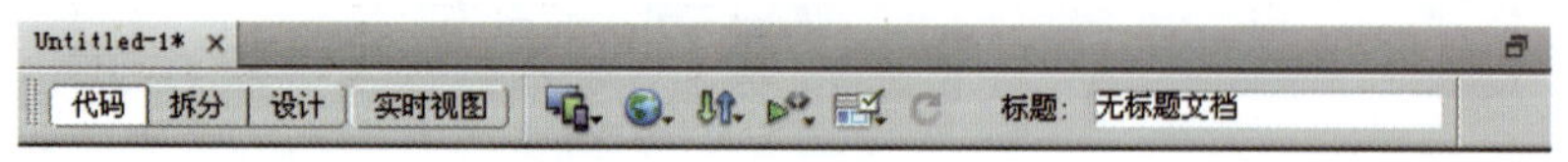

图1-30　文档工具栏

如果要显示或隐藏文档工具栏，可以选择“查看”→“工具栏”→“文档”命令。接下来介绍其中几个常用的按钮，它们的功能如下。

- 代码 **“显示代码视图”按钮：**单击该按钮，文档窗口中将只留下代码视图，收起设计视图。

- 拆分 **“显示代码和设计视图”按钮：**单击该按钮，文档窗口中将同时显示代码视图和设计视图，以一条间隔线分开，拖动间隔线可以改变二者所占屏幕的比例。
- 设计 **“显示设计视图”按钮：**单击该按钮，文档窗口中收起代码视图只留下设计视图。
- 标题：无标题文档 **“标题”文本框：**此处可以修改文档的标题，它将修改源代码头部 <title> 标记中的内容，默认为“无标题文档”。
- **“在浏览器中预览 / 调试”按钮：**单击可选择浏览器对网页进行预览或调试。
- **“刷新”按钮：**在代码视图中进行更改后，单击该按钮可刷新文档的设计视图。

4. 文档窗口

文档窗口是 Dreamweaver 最常用的区域之一，此处会显示所有打开的文档。单击文档工具栏里的“代码”“拆分”“设计”三个选择按钮可变换区域的显示状态。图 1-31 显示的为“拆分”状态下的结构，左侧是代码区，右侧是视图区。

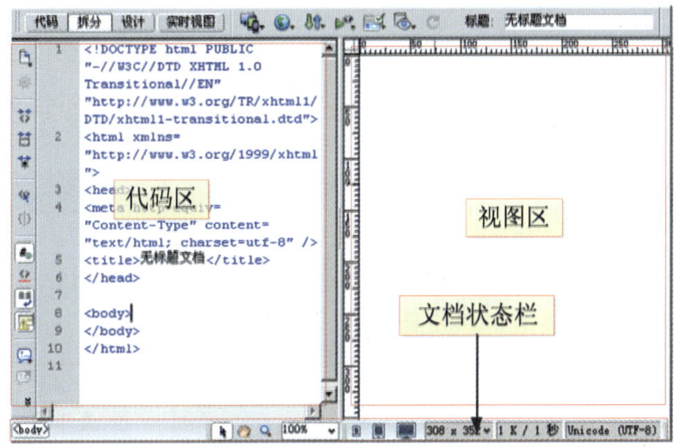

图1-31　文档窗口

5. 属性面板

属性面板主要用于显示在文档窗口中所选中元素的属性，Dreamweaver 允许用户在属性面板中直接对元素的属性进行修改。选中的元素不同，属性面板中内容也不一样。图 1-32 和图 1-33 分别为表格和图像的属性面板。

图1-32　表格属性面板

图1-33　图像属性面板

单击属性面板右上角的▾≡图标，可以打开选项菜单。如果属性面板不显示，可以从菜单栏中选择“窗口”→“属性”命令，或者按 Ctrl+F3 组合键直接调出。

6. 其他常用面板

其他常用面板中集合了网站编辑与建设过程中一些常用的工具。

1.5.2 Dreamweaver CS6初始化设置

为了使初学者更好地认识 Dreamweaver 工具，希望大家按照本书要求对 Dreamweaver 进行初始化设置，具体如下。

1. 工作区布局设置

打开 Dreamweaver 工具界面，选择菜单栏中的“窗口”→“工作区布局”→“经典”命令。

2. 必备面板

设置为“经典”模式后，需要把常用的三个面板调出来，也就是分别选择菜单栏“窗口”菜单项下的“插入”“属性”“文件”三个选项，如图 1-34 所示。

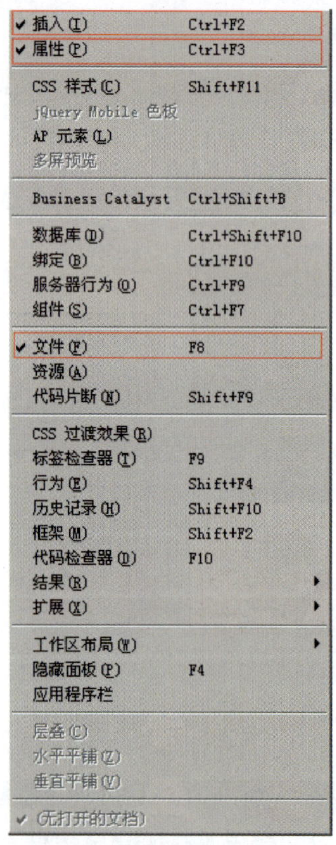

图1-34　工作区布局模式

3. 新建默认文档设置

选择菜单栏中的“编辑”→“首选参数”命令，组合键为 Ctrl+U，选中左侧分类中的“新建文档”菜单，右边就会出现对应的设置，如图 1-35 所示，选择目前最常用的 HTML 文档类型和编码类型。

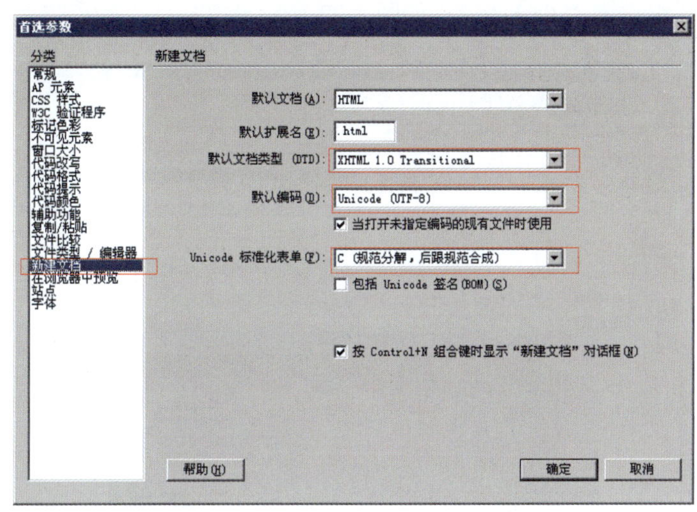

图1-35　新建HTML默认文档的设置

设置好新建文档的首选参数后，再新建 HTML 文档时，Dreamweaver 就会按照默认设置直接生成所需要的代码。

4. 代码提示

Dreamweaver 有强大的代码提示功能，可以提高书写代码的速度。在“首选参数”对话框中可设置代码提示，选择“代码提示”菜单项，然后选中“结束标签”选项中的第二项，单击“确定”按钮即可，如图 1-36 所示。

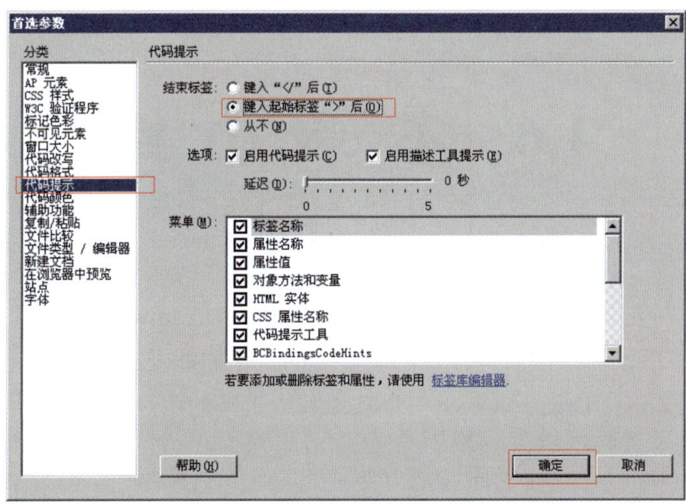

图1-36　Dreamweaver代码提示设置

5. 浏览器设置

对于初学者来说，计算机上必备的三大浏览器分别是火狐浏览器（firefox）、IE 浏览器和谷歌浏览器 (chrome)。建议将 Dreamweaver 的默认预览浏览器设置为“火狐浏览器”，也就是主浏览器，使用主浏览器预览网页的快捷键是 F12，一般把 IE 浏览器或谷歌浏览器设为次浏览器，组合键为 Ctrl+F12，如图 1-37 所示。

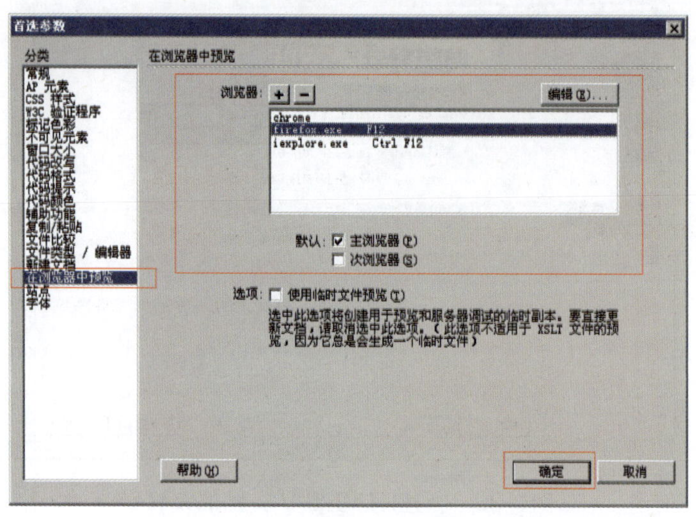

图1-37　网页预览浏览器设置

希望大家统一按照本书要求对 Dreamweaver 进行初始化设置，从一开始就养成良好的操作习惯。

> **注　意**
>
> Dreamweaver“设计”视图中的显示效果只能作为参考，以最终浏览器中的效果为准。

1.6　本章小结

本章主要介绍了网店美工入门的基础知识，包括网店美工概述、图像处理软件 Photoshop 的介绍、矢量图制作软件 Illustrator 介绍以及 Dreamweaver 工具介绍。

通过本章内容的学习，读者应该对网店美工的工作职能及工作技能有基本认识，掌握 Photoshop、Illustrator 和 Dreamweaver 三个软件基本工具的用途。

第2章

网店美工设计的基本理念

学习目标

知识目标	● 了解设计的主要元素中点、线、面的应用 ● 了解色彩的基本原理及分类 ● 了解店铺装修中的常用字体 ● 了解视觉构图的常用方法
技能目标	● 掌握色彩的搭配技巧，能够挑选适合的店铺色系搭配 ● 掌握字体风格搭配技巧与字体排版技巧

一个装修精美的店铺需要从设计元素、色彩、文字、构图等各个方面进行综合考量，只有合理运用这些元素，才能保证店铺的装修效果。作为店铺视觉效果的设计者，网店美工也应具备基本的设计理念，让店铺装修效果更出众。本章将从设计元素、色彩、文字、构图等方面详细讲解网店美工设计的基本理念。

2.1 了解设计的主要元素

点、线、面是构成平面设计的三大基本元素。在网店设计中，将三大元素进行组合可以制作出丰富的视觉页面效果，设计师只有对构图元素的点、线、面进行恰到好处的把握，才能够用这些元素引导消费者的目标，使买家更准确地理解内容，促进信息的传达。

2.1.1 点的应用

在设计中，点的作用就是与周围元素形成对比，点缀活跃画面，烘托氛围。和周围元素有强烈反差的点，能够在视觉上与整个画面形成强烈的对比，在第一时间吸引浏览者的视觉焦点。点在画面中常见的表现元素有花瓣（如图 2-1 所示）、绿叶（如图 2-2 所示）、玻璃（如图 2-3 所示）、火花（如图 2-4 所示）、几何色块（如图 2-5 所示）、碎石等，添加点元素的时候注意近实远虚、近大远小以及疏密的对比等。

图2-1 店铺海报中的花瓣元素

图2-2 店铺海报中的绿叶元素

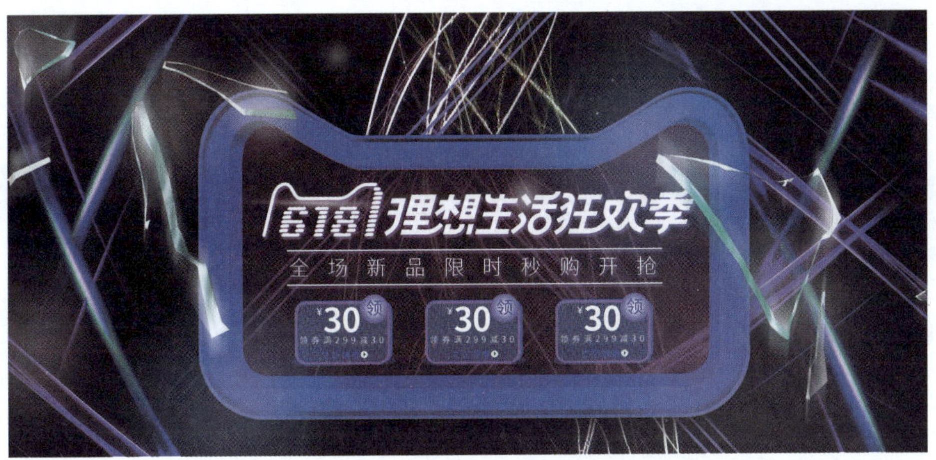

图2-3 店铺海报中的玻璃元素

图2-4 店铺海报中的火花元素

图2-5 店铺海报中的几何色块

2.1.2 线的应用

在设计中，线的作用在于引导或分隔画面元素以及串联画面中的元素，其形态可以表现为长度、宽度、位置和方向等。在设计中常见的有直线、曲线、斜线（一种视觉效果不同的直线）等形态，不同形态的线表达的情感也各不相同，直线单纯、大气、明确，如图 2-6 所示；曲线柔和流畅、优雅灵动，如图 2-7 所示；斜线具有很强的视觉冲击，可以展现活力四射，如图 2-8 所示。

图2-6　直线的应用

图2-7　曲线的应用

图2-8　斜线的应用

线条在文案中配合色块可以起到分隔画面信息的作用，让文案更有条理。就整个画面而言，画面中的文案可以理解为“线”，例如汉字下面的几行英文小字，它们的存在可以增加画面的节奏感，如图 2-9 所示。线条在画面中还有引导、指向、串联信息的作用，如图 2-10 所示。

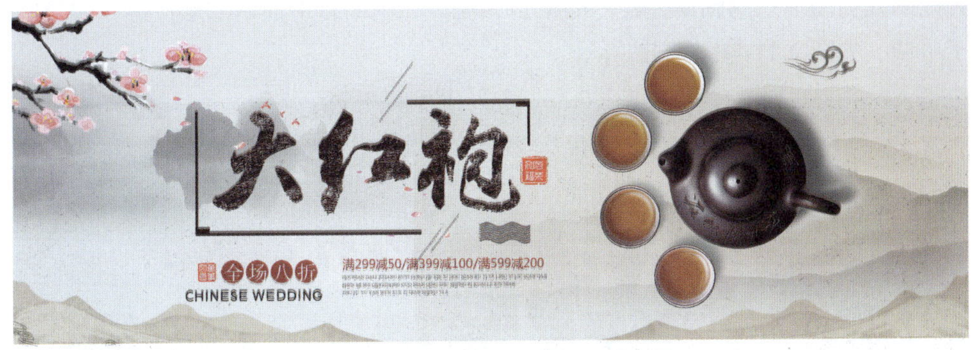

图2-9　英文的应用

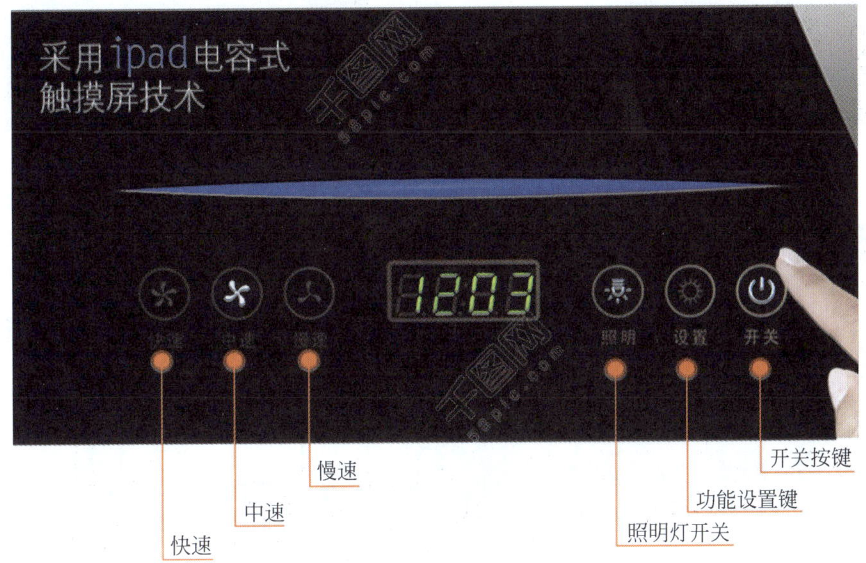

图2-10　具有引导作用的线条

2.1.3　面的应用

在设计中，面的主要作用在于承载元素、衬托点和线。由于面的形态是多样的，不同形态的面在视觉上有不同的作用和特征。例如，形状或排列规则的面给人简洁、明了、安定和秩序的感觉；形状或排列自有的面具有柔软、轻松、生动的感觉。在设计中，常见的面的形态有几何形与自由形，具体介绍如下。

1. 几何形

几何形的面是指有规律的，容易被人们识别、理解和记忆的图形，包括矩形、圆形、三角形、菱形、多边形等，以及线条组成的不规则的几何元素。形状不同的几何图形传递的设计情感也各不相同。例如，矩形可以给人一种规矩、稳重的感觉；圆形给人柔和、轻松的感觉；正三角给人以坚实、稳定的感觉；不规则图形给人时尚活力的感觉，若背景采用不规则的几何图形切割画面，与产品配合，可以为画面营造前后的层次感，避免画面背景过于单调，如图 2-11 与图 2-12 所示。

图2-11　不规则几何元素的应用（1）

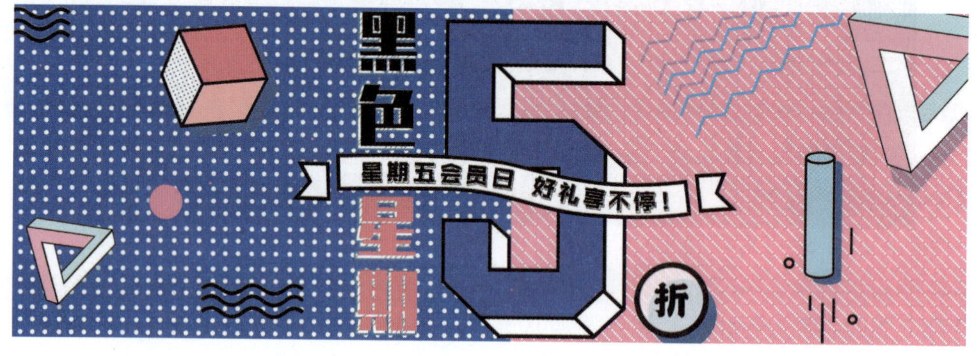

图2-12　不规则几何元素的应用（2）

2. 自由形

自由形是指自然衍生（例如果实、鹅卵石）或人为创造的形态面（如汽车造型、电器外形等），往往是由曲线、直线等自由结合或分隔而形成的面。自由形不具有几何形的次序感，较为自由流畅，一般具有优雅、自然的感觉。

除了产品之外的面，在设计中面元素还经常起到组合信息、分隔画面的作用，如图 2-13 所示。在面的构图设计时，要善于把严谨的几何图形与活泼的自由图形结合起来，取长补短，求得变化与统一，使设计的画面图形既具有几何图形的明确简洁又有自由形的活泼与大胆。

图2-13　画面分隔

2.2　色彩基础认识与搭配技巧

店铺的装修风格与色彩是紧密相连的，浏览者进入店铺首先感受到的就是店铺的色彩和风格。好的色彩搭配不仅可以打动人心，让人产生共鸣，而且还能提升店铺访问量。因此店铺装修中的色彩搭配就显得尤为重要。本节将对色彩的基础知识和搭配技巧做具体讲解。

2.2.1　色彩的属性

说到色彩，就不得不提到色彩的属性，因为任何一种色彩都具有色相、明度和纯度三种性质。对色彩三要素的理解和掌握，是学习色彩构成的基础。下面对色彩的三个属性进行具体介绍。

1. 色相

色相是指各种色彩的名称，是色彩最基本的特征，也是一种色彩区别于另一种色彩的最主要因素。例如紫色、绿色、黄色等都代表了不同的色相。

在色彩中最基本的颜色为红色、黄色和蓝色，也就是美术学中的三原色，三原色两两混合得到橙色、绿色、紫色，这三种颜色也被称为间色，将一种原色和一种间色混合可以得出新的颜色，这些颜色被称为复色（包括黄橙、红橙、红紫、蓝紫、蓝绿、黄绿）。根据颜色组合变化的规律，将各种颜色进行排列，可以制出 12 种基本色相，如图 2-14 所示。

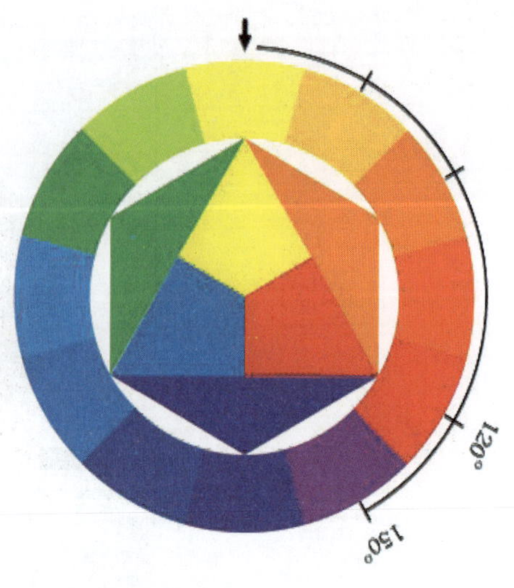

图2-14　色相

2. 饱和度

饱和度是指色彩的鲜艳程度，也称色彩的纯度。饱和度取决于该色中含色成分和消色成分（灰色）的比例。饱和度越高，色彩越鲜艳；饱和度越低，色彩越暗淡。纯的颜色都是高度饱和的，如鲜红、鲜绿。混杂上白色、灰色或其他色调的颜色，是不饱和的颜色，如绛紫、粉红、黄褐等。完全不饱和的颜色根本没有色调，如黑白之间的各种灰色。图 2-15 所示即为同一张图片低饱和度与高饱和度的对比。

(a) 低饱和度

(b) 高饱和度

图2-15　低饱和度与高饱和度

3. 明度

明度简单地说就是颜色的明亮程度，不同的颜色具有不同的明度，明度越大，颜色越亮，例如黄色的明度就比蓝色的明度高，在一个画面中可以通过协调不同明度的颜色来表达画面的感情，如天空明度比地面低，则会产生压抑的感觉。任何色彩都存在明暗变化，其中黄色明度最高，紫色明度最低。绿、红、蓝、橙的明度相近，为中间明度。另外，在同一色相的颜色明度也有从明到暗的变化，如同色相的红色就存在着从淡红、粉红到大红等明度变化。图 2-16 所示即为同一张图片低明度与高明度的对比。

(a) 低明度

(b) 高明度

图2-16 低明度与高明度

2.2.2 色彩的分类

色彩千变万化，种类繁多，如果这些色彩笼统归类，可以分为白、灰、黑等的无彩色系，以及红、黄、蓝等的有彩色系，对它们的具体介绍如下。

1. 无彩色系

无彩色系是指除彩色以外的其他颜色，常见的有黑色、白色和灰色，它们没有明显的色相偏差，因此也称为“中性色”。无彩色系的颜色只有明度的变化，这里所说的灰色可以理解为由黑色与白色混合的各种明暗层次的灰色。无彩色系中的任何一种颜色都可以用来调和有彩色系之间的搭配，能让彩色之间过渡更自然。把所有无彩色系的颜色概括起来可以得到按比例变化的 9 个明度层次的颜色，从明度最亮的白色开始，按逆时针方向依次可命名为白、亮灰、浅灰、亮中灰、中灰、灰、暗灰、黑灰和黑等颜色，如图 2-17 所示。

明度	色阶
最高	95 白 W
高	85 浅灰 ltGy
	75 浅灰 ltGy
略高	65 中灰 mGy
中	55 中灰 mGy
略低	45 暗灰 akGy
低	暗灰 akGy
最低	黑 Bk

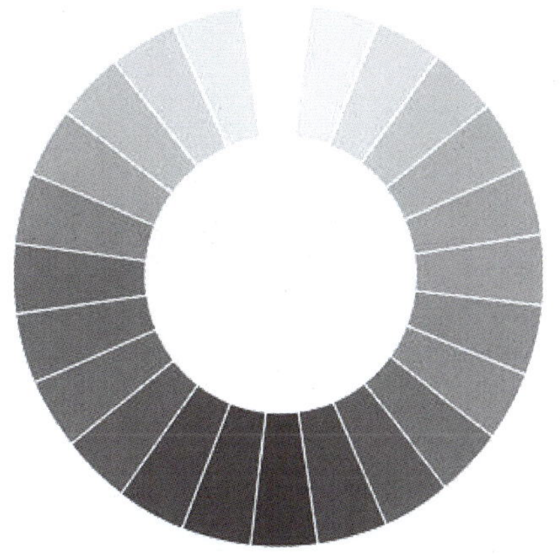

图2-17 无彩色系

2. 有彩色系

有彩色是指带有某一种标准色倾向的颜色，光谱中的全部色彩都属于有彩色。有彩色是无数的，它是以红、绿、蓝三原色为基础色组成的颜色。图 2-18 所示即为一个原色、间色、复色组成的 12 色色相环。

图2-18 有彩色系的基本颜色

有彩色系的颜色种类繁多，人的眼睛可以分辨出几十万种以上。不论是平面广告设计，还是页面效果设计，搭配的色调基本上都以有彩色系为主，因为有彩色系能传达更多强烈与丰富的视觉感受，如图 2-19 所示。

图2-19 有彩色系

2.2.3 色彩的搭配

人们对色彩的敏感度是非常强的，如装修网店首页的色彩处理得恰到好处，会使店铺装修效果更好。在店铺装修前，应该先了解色彩的搭配规则，然后根据店铺的行业或产品特征去选择适合的色调。下面列出几点色彩搭配的技巧。

1. 利用单色系营造整洁感

进行店铺装修时既要避免使用过多的颜色，让人眼花缭乱；也要避免使用单一的色彩，以免产生单调的感觉。

新店装修时，如果很难选择出适合的颜色，整个页面可以使用单一的色彩，然后通过调整色彩的饱和度和透明度使其产生变化，这样设计出的页面不但不会单调，而且看起来更整洁清爽，给人留下深刻印象，如图 2-20 所示。

2. 利用冷暖色调提升页面质感

不同的颜色可以带给人不同的感受，这取决于颜色的“色温”。色彩学上根据心理感受，把颜色分为冷色调和暖色调，冷色调色彩的亮度越高，给人的感觉越温暖；暖色调色彩的亮度越高，给人的感觉越冷。冷暖系色调表现，如图 2-21 所示。

图2-20　单色调页面

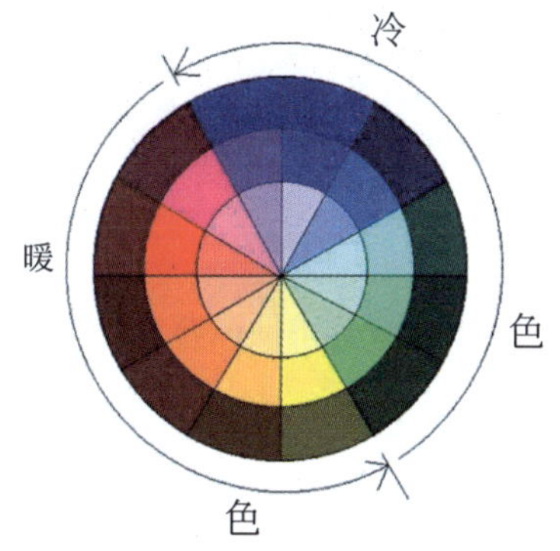

图2-21　冷暖色环

❶ 冷色调

冷色调通常是指由青色、蓝色等颜色构成的色调，在视觉上有收缩的作用，能给人以理智、冷静及科技感和品质感。在店铺装修中，冷色调一般适用于数码类产品店铺或一些季节性活动（如夏季促销）。图 2-22 所示为某护肤品海报，该海报就属于冷色调。

图2-22 冷色调海报

② 暖色调

暖色调是通常由给人以温暖感觉的红、橙、黄等颜色构成的色调，暖色调的颜色能给人温暖、活泼、积极及健康的品质感。在店铺装修中，暖色调一般适用于食品、儿童用品类店铺或秋季、冬季等一些季节性活动。例如，图 2-23 所示就是一个暖色调的秋装 banner（旗标）。

图2-23 暖色调banner

3. 利用邻近色营造统一感

在十二色相环上任选一色，与其相距 30° 的颜色被称邻近色，如图 2-24 所示。邻近色之间往往是你中有我，我中有你。例如，朱红与橘黄，朱红以红为主，里面略有少量黄色；橘黄以黄为主，里面有少许红色，虽然它们在色相上有很大差别，但在视觉上却比较接近。

店铺装修中，使用邻近色进行搭配使用，可以给人舒适、自然的感觉，因此这种色彩搭配的使用率也很高，如图 2-25 所示。

图2-24 邻近色划分（按色彩三原色划分）

图2-25　邻近色海报

4. 利用互补色突出主次感

在色环上任选一个颜色，与其相距 180° 的颜色即为互补色，如图 2-26 所示。例如红色与绿色互补，蓝色与橙色互补，紫色与黄色互补。

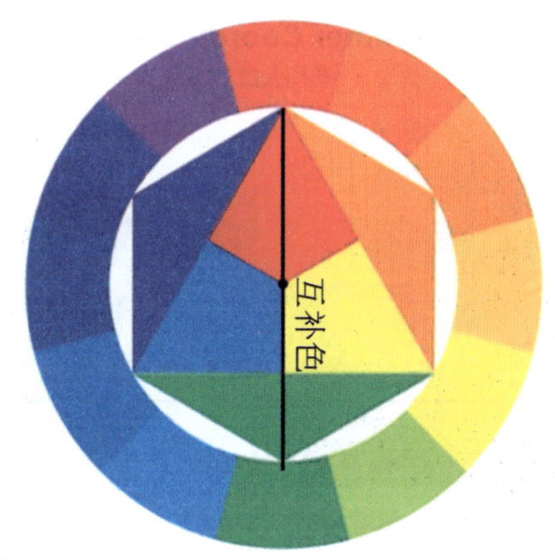

图2-26　互补色划分(按色彩三原色划分)

在店铺装修中，使用互补色进行搭配使用，可以使商品主次一目了然。在一般设计使用中互补色中的两色占用面积比例不同，其中做主色调的颜色面积更大，另一个颜色则作为点缀使用，如图 2-27 所示。

图2-27　互补色海报

2.2.4 挑选适合店铺的色系搭配

想要对店铺进行整体装修，色彩搭配是必须要做的，灵活运用搭配技巧能让网店的装修风格更具感染力和亲和力，想要使用颜色的搭配准确表达店铺意向并不是一件难事，因为色彩搭配是有规则可遵循的。

1. 白色系

白色是全部可见光均匀混合而成的，称为全光色，是光明的象征色。在网店设计中，白色具有高级、科技的意象，一般需要和其他色彩调配使用，也会用作页面背景色，如图 2-28 所示。纯白色会带给人寒冷、严峻的感觉，所以在运用白色时，都会掺一些其他的色彩，如象牙白、米白、乳白、苹果白等。如果在一个包含多种色彩的页面中，白色和黑色可以说是最显眼的色彩。在网店描绘中，当白色与暖色（赤色、黄色、橘赤色）调配时能够添加富丽的感受；与冷色(蓝色、紫色)调配能够传达清新、轻快的感受。

图2-28　白色系页面

2. 红色系

红色是强有力、喜庆的色彩，具有刺激效果，容易使人产生冲动，给人一种愤怒、热情、活力的感觉。在网店大多数情况下，红色都用于突出颜色，因为鲜明的红色极容易吸引人们的目光。

淘宝网店在制作活动页面或海报时，红色是页面设计中使用频率最高的一个颜色。但是在设计过程中，需要把握好红色的使用度，如果用色过度，容易造成视觉疲劳和紧张感。在配色时，可以适当加入橙色、黄色、白色和黑色等颜色进行点缀，这样可以使页面视觉过渡更自然。

在店铺页面的色彩搭配中，红色和黄色向来是中国传统的喜庆色彩搭配，这种传统而色调浓烈的色彩能让买家联想到节日庆典，给人的促销感会更强烈，因此在大型网络购物节日中，经常会使用这种色彩搭配，如图 2-29 所示。

图2-29　红色系页面

3. 橙色系

橙色通常会给人一种朝气活泼的感觉，但没有红色那么强烈的刺激感。橙色象征收获、富足和快乐。布满活力的橙色会给人健康的感觉，同时也是一种容易引起食欲的色彩。所以橙色常用于食物、卡通玩偶、家居用品等类别的网店，该色彩能营造出积极、活力及美味等氛围，如图 2-30 所示。

图2-30　橙色系页面

4. 绿色系

绿色介于黄色和蓝色之间，既能表现出大自然的生机勃勃感，更能传达出健康的感觉，因此常常用于与自然、健康相关的网店。绿色系配色方案主要适用于护肤品、儿童用品、保健品、特产等类目的网店，如图 2-31 所示。

5. 蓝色系

蓝色是一种能表现冷静和理性的色彩。高彩度的蓝色会营造出一种整洁轻快的映像；低彩度的蓝色会给人一种都市现代派的映像。

在店铺色彩的应用中，蓝色若与黄色、红色、橙色等暖色进行搭配，页面的跳跃感会比较强，这种强烈的跳跃感容易感染买家的购买情绪；如果蓝色和白色搭配，可以使网店显得干净而简洁，给人庄重、充实的印象。

蓝色能让人联想到科技、智慧及自然方面的事物，主要适用于数码产品、家用电器、清洁用品、汽车用品、医药品和旅游类等行业的网店，如图 2-32 所示。

图2-31　绿色系页面

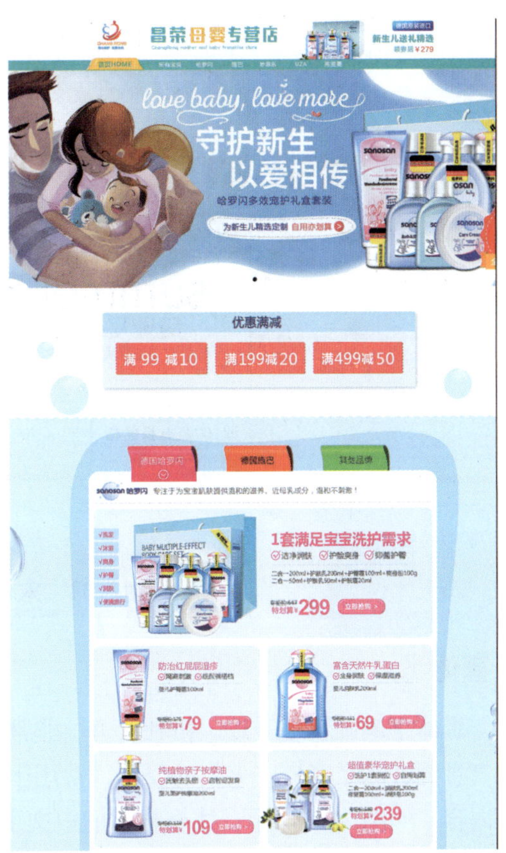

图2-32　蓝色系页面

2.3　文字排版设计

文字是网店装修设计中不可缺少的部分，正确地运用字体可以有效地将店铺信息传递给买家，从而激发买家的购买欲望。本节将对文字的排版及设计进行介绍。

2.3.1　常用字体介绍

字体就是文字的风格样式，不同的字体给人的感觉是不同的，如黑体时尚、厚重抢眼，具有强调的效果；仿宋较古板，会给人一种权威的感觉。下面将对一些常用字体进行介绍。

1. 宋体

宋体是店铺页面中使用最广泛的字体，其外形端庄秀美、具有浓厚的文艺气息，适用于标题设计。系统默认的宋体笔画比较纤细，但作为标题分量不足，而方正大标宋不仅具有宋体的秀美，还具备黑体的醒目性，因此经常被用于女性产品网店的设计。此外，方正大标宋、大宋、书宋、中宋、仿宋等也属于常用宋体。如图 2-33 为宋体在女装海报中的应用效果。

图2-33　宋体字的应用效果

2. 黑体

黑体字笔画粗细一致、粗壮有力、非常醒目，具有强调的视觉感。同时，其强烈的商业气息能够满足客户“大”的要求，常用于广告、导航以及商品详情页等大面积使用的文字内容，如图 2-34 所示，线框标示的中文字体就是使用了黑体。

图2-34　黑体字的应用效果

3. 书法体

书法体包括篆书体、隶书体、行书体、草书体和楷书体 5 种。书法体的形式自由多变，顿挫有力，在力量中融入了文化气息，常用于书籍类等具有古典气息的店铺中，图 2-35 为应用书法体的页面效果。在店铺装修中，书法体一般适用于一些具有中国特色的商品店铺，如茶叶、毛笔、唐装等。

图2-35　书法体的应用效果

4. 美术体

美术体指一些特殊的印刷用字体，一般是为了美化排版而使用。美术体的笔画和结构一般都进行了一些形象化处理，常用于海报制作或模板设计的标题部分，若应用得当会有提升艺术品位的效果。常用的美术字体包括娃娃体、金梅体、汉鼎和文鼎等，图 2-36 所示即为美术体的应用效果。

图2-36　美术体的应用效果

2.3.2　字体风格的搭配

字体风格是指通过文字的视觉体现产生不同的视觉联想，选择合适的字体风格不仅可以渲染版面氛围，还能便于受众对主题的理解与消化。下面对淘宝、天猫常用的字体等进行介绍。

1. 男性字体

网店中剃须刀、竞技游戏、足球等商品的消费人群主要为男性，所以设计这些产品的页面时一般使用笔画粗的字体或带棱角的字体。常用的男性字体有方正粗谭黑简体、造字工坊劲黑、汉仪菱心体简等。图 2-37 所示的墨镜海报和图 2-38 所示的剃须刀海报中使用的字体就能很好地展现男性的硬朗、粗狂、力量、大气等特点。

图2-37　男性字体搭配效果（1）

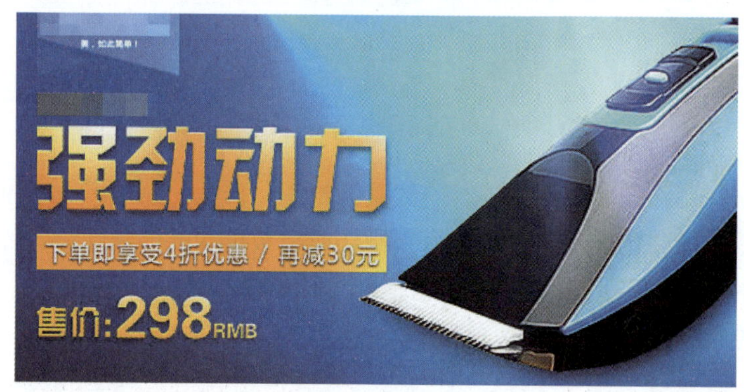

图2-38　男性字体搭配效果（2）

2. 女性字体

在鲜花类、珠宝配饰类、女性用品、护肤品、化妆品等以女性为消费者主体的网店设计中，一般采用纤细秀美、时尚、线条流畅，字形有粗细变化的字体，如宋体、方正纤黑简体、方正兰亭黑简体等。图 2-39 和图 2-40 分别展示了护肤品海报与女装海报中的字体设计效果。

图2-39　女性字体搭配效果（1）

图2-40　女性字体搭配效果（2）

3. 儿童字体

在零食、玩具、童装、卡通漫画等以儿童为消费主体的网店设计中，一般采用活泼、可爱、呆萌、肥圆、调皮的字体，如汉仪娃娃篆简、方正胖娃简体、方正少儿简体等。图 2-41 所示的海报中，字体圆润逗趣，很符合卡通、可爱、调皮的特点。

图2-41　儿童字体搭配效果

4. 促销型字体

促销文案涉及多个行业，重点在于突出促销信息，因此一般采用粗、大、醒目的字体，并配合适当的倾斜、文字变形等特效增加促销效果。一般选择笔画较粗的字体，如黑体、方正粗黑、方正粗谭黑简体等。图 2-42 为促销型字体的应用效果。

图2-42 促销型字体搭配效果

2.3.3 字体的排版技巧

在淘宝天猫的视觉设计中，文字除了具有传达促销信息的作用外，还是一种重要的视觉元素，字体的排版在画面空间、结构上都是很重要的因素。下面对淘宝、天猫视觉设计中常用的排版技巧进行介绍。

- **文字的统一：** 在进行文字编辑时，需要把握文字的统一性，即文字的字体、粗细、大小与颜色在搭配组合上让买家有一种关联的感觉，这样文字组合才不会显得松散杂乱。
- **字体的选用与变化：** 对广告文案进行排版时，可以选择 2 ~ 3 种匹配度较高的字体，这样的字体搭配可以产生最佳的视觉效果。否则，字体过多会产生零乱的感觉，容易分散买家的注意力，使买家产生视觉疲劳。在选择字体时，可考虑加粗、变细、拉长、压扁或调整行间距来改变字体大小，产生丰富多彩的视觉效果。
- **文字的层次布局：** 在淘宝视觉营销设计中，文案的显示并非就是简单的堆砌，而是有层次的，通常是按重要程度设置文本的显示级别，引导买家浏览文案的顺序，首先映入买家眼帘的应该是作品强调的重点。在进行文字的编排时，可利用字体、粗细、大小与颜色的对比来设计文本的显示级别。

2.4 视觉构图方法

在店铺进行视觉营销设计时，需要根据商品与主题的要求，将要表现的信息合理地组织起来，构成一个协调的画面。良好的视觉构图能让店铺更出彩，下面对常见的构图方法进行介绍。

1. 中心构图

在画面中心位置安排元素，如商品或促销文案。这种构图方式给人稳定、端庄的感觉，可产生中心透视感，如图 2-43 所示。在使用该构图方式时，为了避免画面呆板，通常会使用小面积的形状、线条或装饰元素进行灵活搭配，增强画面的灵动感。

图2-43 中心构图

2. 九宫格构图

九宫格构图是指将画面平均分成 9 个格子，在 4 个交叉点中，选择一个点或者两个点作为画面的主物体位置，同时其他点还应适当考虑平衡与对比等因素。该构图方式具有变化与动感，是常用的构图方式，如图 2-44 所示。

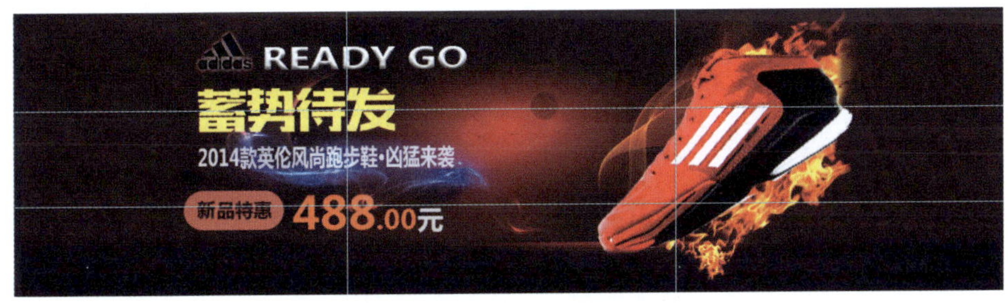

图2-44 九宫格构图

3. 对角线构图

对角线构图是指画面主题居于画面的斜对角位置，能够更好呈现主题的立体效果，表现出立体效果。与中心点构图方式相比，该构图方式打破了平衡，具有活泼生动的特点。图 2-45 所示的钢笔采用了对角线构图的方式，让钢笔突破画面，更具立体感。

图2-45 对角线构图

4. 三角形构图

三角形构图就是以 3 个视觉中心为元素的主要位置，形成一个稳定的三角形。该三角形可以是正三角形，也可以是斜三角形或倒三角形，其中斜三角较为常用，也较为灵活。三角形构图具有安定、均衡但不失灵活的特点。图 2-46 所示的罐装商品与薏米及红豆构成了三角形，给人强烈的视觉感，便于受众记忆。

图2-46 三角形构图

5. 黄金分割构图

黄金分割构图是指将画面一分为二，其中比较大的部分与较小的部分之比等于整体与较大部分之比，其比值为 1 ： 0.618。0.618 是公认的最具美学价值的比例，具有艺术性与和谐性。图 2-47 所示的图片中，荔枝与文字的布局符合黄金分割构图。

图2-47 黄割分割构图

2.5 本章小结

本章主要介绍了网店美工设计的基本理念，包括了解设计的主要元素、色彩基础与搭配技巧、文字排版设计以及视觉构图方法。

通过本章内容的学习，读者应该了解设计的主要元素，掌握色彩的搭配技巧与文字的排版技巧，能对网店的整体搭配与布局进行设计。

第3章

商品图片的修复与修饰

学习目标

知识目标	• 了解商品图片的尺寸要求 • 熟悉商品文字的常用效果
技能目标	• 掌握图片的裁剪方法及技巧 • 掌握商品图片色调调整的方法 • 掌握商品图层样式及滤镜的使用方法 • 掌握商品图片抠图及换背景的方法 • 掌握商品图片文字添加方法

网店中的图片是网店的灵魂，要想将网店做好，就一定要处理好网店的图片，好的图片可以提高店铺成交量。商品图片不但受拍摄水平的影响，还与后期的上传要求及美化处理息息相关，本章将介绍如何通过Photoshop软件对图片进行处理。

3.1 商品图片的多样裁剪

淘宝中的不同模块对图片尺寸有不同的要求，拍摄的商品图片或因为尺寸不合适无法添加到对应的模块中，或无法在模块中正常显示，此时，就需要对商品图片进行裁剪、旋转、矫正等操作。本节将介绍如何调整淘宝主图与商品细节图的尺寸。

3.1.1 根据需求裁剪图片

当商品图片的尺寸及构图不符合实际需求或者需要商品某部分细节图时，可以对商品图片进行裁剪操作。常见的裁剪方式有裁剪为正方形、按既定尺寸裁剪和裁剪商品细节图等，下面分别进行介绍。

1. 裁剪正方形商品图片

顾客在网店中购买商品时，第一眼看到的商品图片即为正方形尺寸的，而拍摄出的商品图片不一定都符合设计师的要求，此时需要通过裁剪工具将商品图片裁剪为正方形再进行上传。图 3-1 展示了某手表主图裁剪前后的对比，该主图经过裁剪后才成功上传至店铺后台。其具体裁剪方法介绍如下。

(a) 裁剪前

(b) 裁剪后

图3-1 商品主图裁剪前后对比

Step1. 使用 Photoshop CS6 软件打开素材文件“手表主图 .jpg”，如图 3-2 所示。从该图中可以看到拍摄的商品图片为长方形，不符合店铺商品主图的要求。

Step2. 选择“裁剪工具”，按住 Shift 键的同时按住鼠标左键在图像中拖曳出一个裁剪区域，松开鼠标即可绘制正方形裁剪框，如图 3-3 所示。

Step3. 确定裁剪区域后按 Enter 键完成正方形裁剪，效果图如图 3-4 所示。

图3-2 手表主图素材

图3-3 裁剪正方形图像

图3-4 正方形裁剪效果

2. 按需求尺寸裁剪图片

上传商品图片时，一些图片需要满足固定尺寸要求才可以上传，此时需要将商品图片按既定尺寸进行裁剪。本案例根据 750 像素 ×750 像素进行演示，对比图如图 3-5 所示。其操作方式如下。

(a) 更改前

(b) 更改后

图3-5 更改画布大小对比图

Step1. 使用 Photoshop CS6 软件打开素材文件"月饼 .jpg"，如图 3-6 所示。按 Ctrl+J 组合键复制背景图层。

图3-6　素材文件

Step2. 选择“图像”→“画布大小”命令，打开“画布大小”对话框，设置“高度”与“宽度”均为750像素，如图3-7所示，单击“确定”按钮。

图3-7　更改图像大小

Step3. 选择“移动工具”移动素材图至如图3-5（b）所示位置。按Ctrl+S组合键保存文件。

3. 裁剪商品细节图

网店中的商品图片往往更容易吸引消费者关注，而商品的细节图片是影响消费者下单的要素之一。大量的细节图片是全面展现商品外观的最好方法，细节图可以直接使用拍摄的图片进行裁剪，但是这种方法只适用于高质量的清晰图片。

图3-8　某款包包商品细节图

图3-8所示即一款包包的商品图片，其右上角的商品细节图可以清晰地展示商品

纹路，将商品的优点很好地展现给消费者。该商品细节图具体操作制作方法如下。

Step1. 使用 Photoshop CS6 软件打开素材文件“手提包高清图 .jpg”，如图 3-9 所示。按 Ctrl+J 组合键复制图层。

Step2. 选择“椭圆框选工具” ，按住 Shift 键在如图 3-10 所示的位置绘制一个圆形选区，按 Ctrl+J 组合键复制选区框选的部分图像。

图3-9　素材文件

图3-10　框选细节图区域

Step3. 选择“文件”→“新建”命令，在弹出的“新建”面板中填写画布名称并设置画布大小，具体参数如图 3-11 所示。单击“确定”按钮完成创建。

Step4. 将“手提包高清图”文档中的素材图片添加至“手提包细节图”画布，按 Ctrl+T 组合键，调出变形选框，调整图片位置及大小，如图 3-12 所示。按 Enter 键确定操作，效果图如图 3-13 所示。

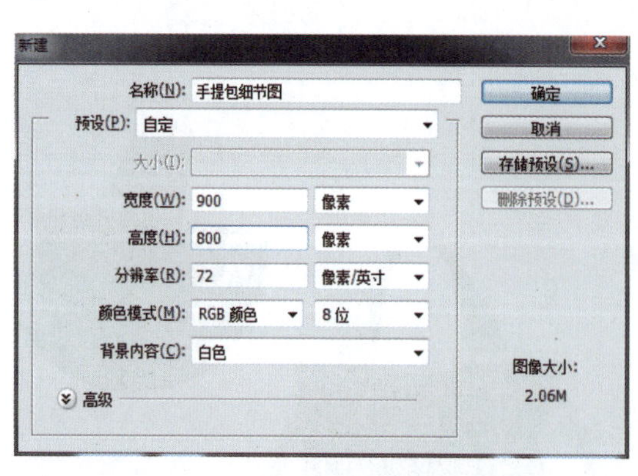

图3-11　新建画布

图3-12　调整素材大小

Step5. 按照 Step4 的方法将细节图片添加至该画布中，效果如图 3-14 所示。

图3-13 效果图

图3-14 调整图片大小及位置

Step6. 选中细节图所在的图层，选择“图层”→“图层样式”→“描边”命令设置描边，具体参数设置如图 3-15 所示，设置完成后单击“确定”按钮。效果图如图 3-8 所示。按 Ctrl+S 组合键保存图片。

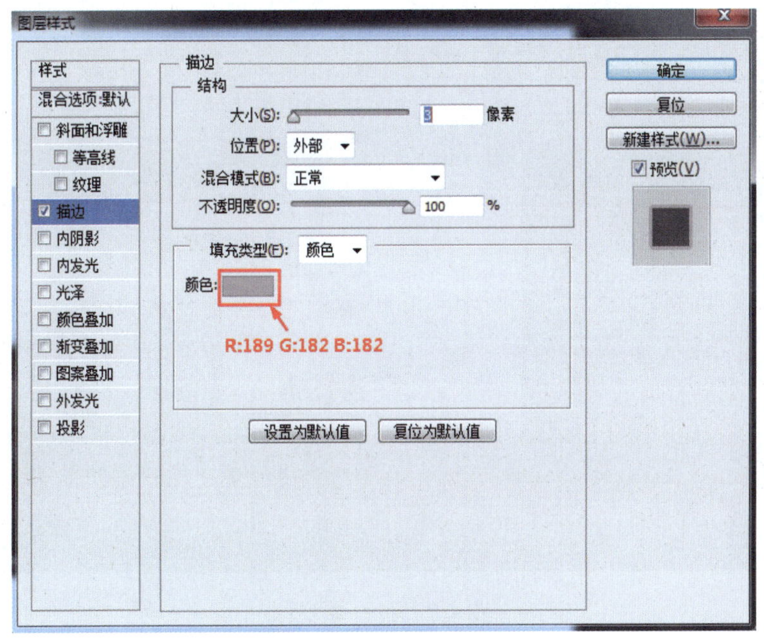

图3-15 设置描边参数

3.1.2 裁剪矫正倾斜的图片

拍摄一些商品图片时，为了拍摄方便可能会将相机倾斜拍摄，因此拍摄的图片可能出现倾斜的问题，这时即可通过“拉直”或者旋转的方式将倾斜的图片调整到正确的位置。

1. 使用“拉直”按钮调整倾斜图片

“拉直”是 Photoshop 中用于调整倾斜图片的常用方法之一，图 3-16 展示了一瓶矿泉水的商品图片矫正前后的对比。矫正倾斜图片的具体操作制作方法如下。

(a) 矫正前

(b) 矫正后

图3-16　矫正前后对比图

Step1. 使用 Photoshop CS6 软件打开素材文件“矿泉水 .jpg”，如图 3-17 所示。

图3-17　打开素材图

Step2. 选择“裁剪工具”，图片中会自动显示出裁剪区域，在选项栏中单击“拉直”按钮，如图 3-18 所示。

图3-18　单击“拉直”按钮

Step3. 在如图 3-19 所示的位置，沿箭头标注方向拖动鼠标，调整倾斜角度。按 Enter 键确定操作，效果图如图 3-16（b）所示。

图3-19 调整倾斜位置

2. 使用旋转工具调整倾斜图片

裁剪工具中的旋转工具也是矫正倾斜图片的常用方法之一，图 3-20 即一款杯子的商品图片调整前后的对比，具体操作方法如下。

Step1. 使用 Photoshop CS6 软件打开素材文件“杯子 .png”，如图 3-21 所示。从该图中可以看出，这个杯子有明显的倾斜。

(a) 调整前

(b) 调整后

图3-20 倾斜图片调整前后

图3-21 杯子素材

Step2. 选择“裁剪工具”，将鼠标放置在裁剪框外，当指针变为如图 3-22 所示红框框选的箭头时，拖曳鼠标旋转图像，如图 3-23 所示。按 Enter 键完成倾斜调整，效果图如图 3-20（b）所示。

图3-22　调整倾斜的图像

图3-23　旋转图像

3.2　调整商品图片的色调

色彩在淘宝图片中有着至关重要的作用，合适的色彩不仅可以提升商品图片的画质还可以起到情绪渲染的作用。但在商品图片拍摄过程中，摄影器材、环境等的限制，可能导致拍摄的商品图片的色彩并不理想，此时就需要进行调色。如图 3-24 所示，原片的画面色彩饱和度过低，整体画面因为色彩不强的原因显得灰蒙蒙，缺乏生机，而通过调色后则变得焕然一新。本节将讲述一下调整商品图片色调的技巧。

(a) 调色前

(b) 调色后

图3-24　图片调色前后的效果

3.2.1 提高图片的亮度与鲜艳度

提高图片的亮度和鲜艳度可以使商品得到更好的表现，从而增加画面美感度。在Photoshop中，调整图片亮度与鲜艳度的方法有多种，例如调整图片的亮度和对比度、调整图片曝光度、调整图片的色阶、调整图片曲线、调整图片色相/饱和度等。下面将用不同示例对这些调色方法逐一介绍。

1. 调整图片亮度和对比度

由于天气、拍摄技术等外界因素影响，拍摄的宝贝图片往往会出现偏暗或偏亮的情况，此时就可以对图片的亮度和对比度进行调整。以图3-25所示的运动鞋图片为例，图中的运动鞋亮度不够，整体比较灰暗，此时，需要调整图片的亮度、对比度。在Photoshop CS6中选择“图像”→“调整”→“亮度/对比度”命令，打开“亮度/对比度”对话框，设置如图3-26所示的参数。单击“确定”按钮，效果图如图3-27所示。

图3-25 素材图片

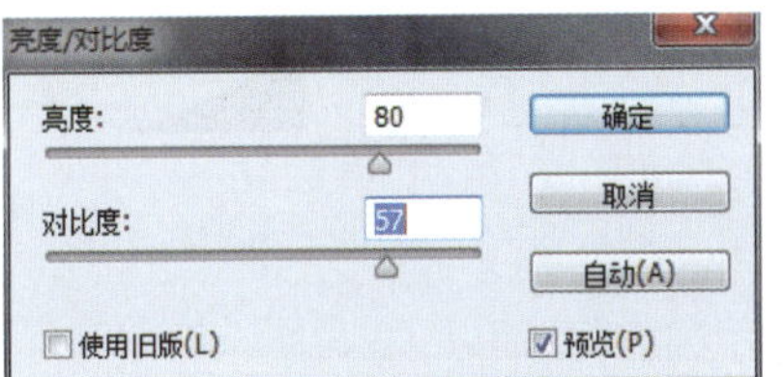

图3-26 设置亮度/对比度参数

图3-27 效果图

2. 调整图片曝光度

拍照时曝光不足或者曝光过度可能会引起照片过暗或者过亮。以图3-28所示的珠宝图片为例，图中的珠宝由于曝光不足导致画面灰暗，此时，需要调整图片的曝光度。在Photoshop CS6中选择“图像”→“调整”→“曝光度”命令，打开“曝光度”对话框，设置如图3-29所示的参数。单击“确定”按钮，效果图如图3-30所示。

图3-28 素材文件

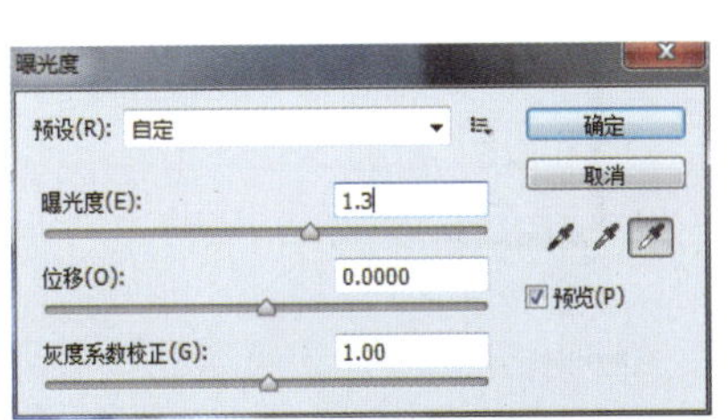

图3-29 设置曝光度参数

图3-30 效果图

3. 调整图片色阶

处理图像色调还有一种常用的方法即为调整“色阶”。以图 3-31 所示的帽子图片为例，图片中的帽子作为商品图片过于灰暗，此时，可以用色阶来调整图片的亮度。在 Photoshop CS6 中选择“图像”→“调整”→“色阶”命令，打开“色阶”对话框，设置如图 3-32 所示的参数。单击“确定”按钮，效果图如图 3-33 所示。

图3-31　素材文件

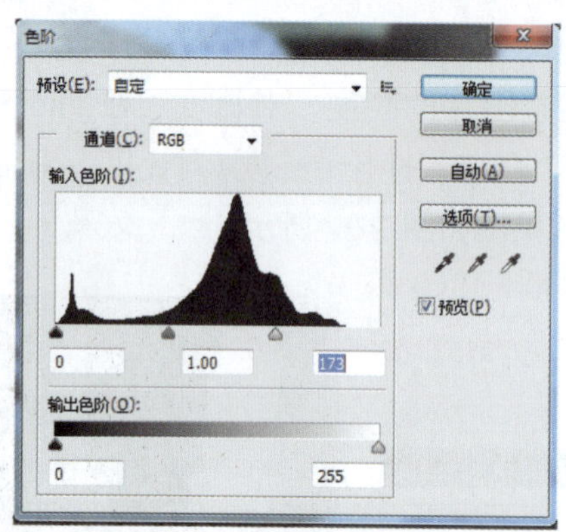

图3-32　设置色阶参数

图3-33　效果图

4. 调整图片曲线

“曲线”命令可对图片的色彩、亮度和对比度等进行调整，使图片颜色更加美观，是调整网店商品图片色彩时最常用的一种操作。以图 3-34 所示的嘴唇图片为例，图片中嘴唇的颜色不够鲜艳、整体画面灰暗，不足以吸引消费者。此时需要用曲线来调整图片的色彩和亮度等。在 Photoshop CS6 中选择“图像”→“调整”→“曲线”命令，打开“曲线”对话框，设置如图 3-35 所示的参数。单击“确定”按钮，效果图如图 3-36 所示。

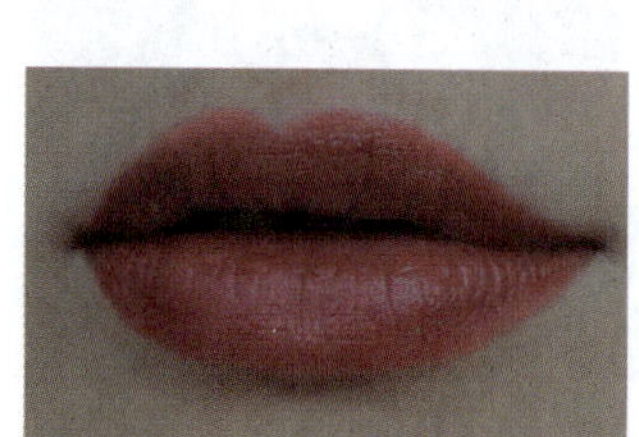

图3-34　素材图片

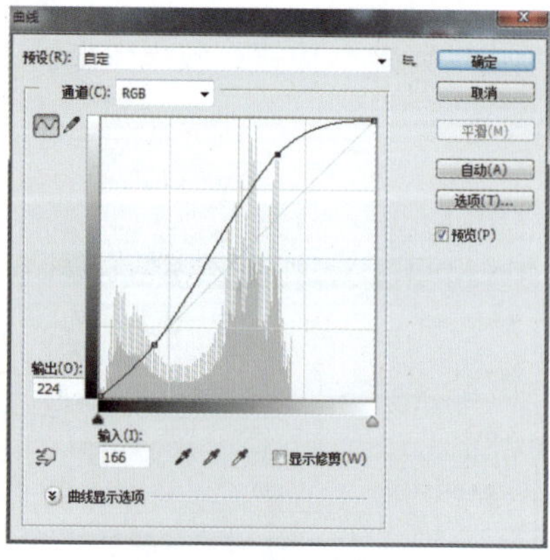

图3-35　设置曲线参数

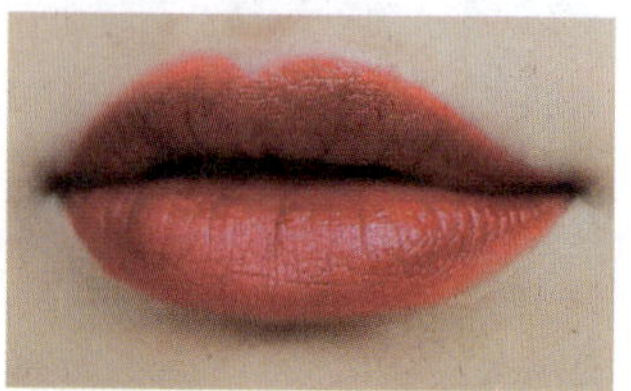

图3-36　效果图

5. 调整图片色相/饱和度

使用“色相 / 饱和度”命令可以调整图片全图或者单个颜色的色相、饱和度和明度，常用于处理图片中不协调的单一颜色。以图 3-37 的化妆品图片为例，图中商品的饱和度明显不够，此时需要用“色相 / 饱和度”命令来调整图片的色相和饱和度。在 Photoshop CS6 中选择“图像”→“调整”→“色相 / 饱和度”命令，打开“色相 / 饱和度”对话框，设置如图 3-38 所示的参数。单击“确定”按钮，效果图如图 3-39 所示。

图3-37 素材图片

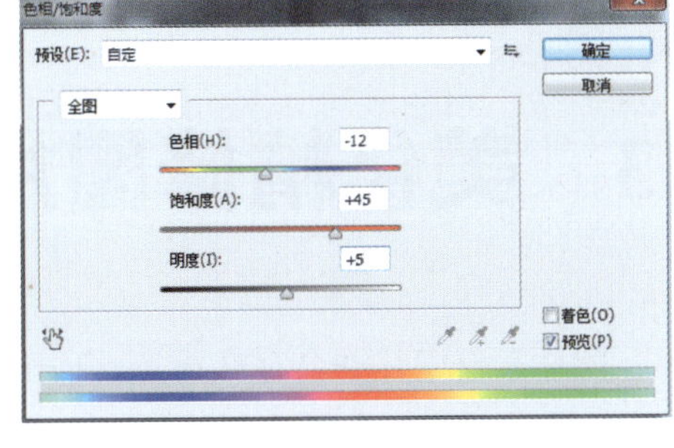

图3-38 设置色相/饱和度参数

图3-39 效果图

3.2.2 处理偏色的图片

偏色指正常的色彩在显示时出现不正确的颜色，如偏红、偏绿等。在拍摄的过程中，由于光线或角度的问题，拍摄的照片有可能存在偏色的情况。这时就需要使用 Photoshop 软件对图像进行处理，图 3-40 所示即为樱桃商品图片处理偏色前后的对比图，处理后的图片颜色更鲜艳。其具体处理方法介绍如下。

(a) 处理前

(b) 处理后

图3-40 处理偏色图片前后对比

Step1. 使用 Photoshop CS6 软件打开素材文件“偏黄的樱桃 .png”，如图 3-41 所示。

Step2. 选择“图像”→“调整”→“色彩平衡”命令，打开“色彩平衡”对话框，具体参数设置如图 3-42 所示。单击“确定”按钮完成操作，效果图如图 3-40（b）所示。

图3-41　偏黄的樱桃

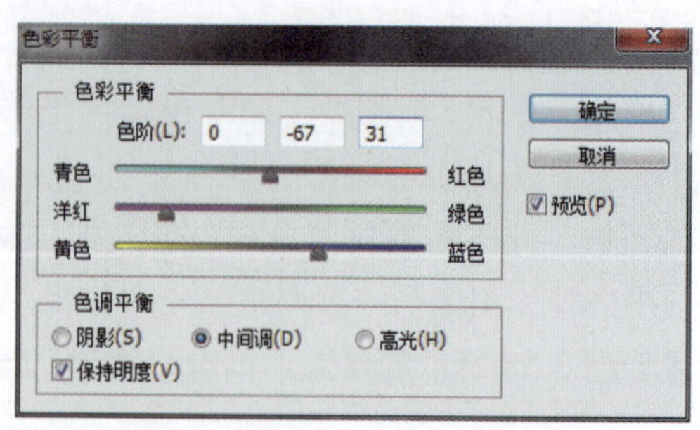

图3-42　色彩平衡参数设置

3.3　美化精修图片

在选取商品图片素材时，图片素材中往往会存在污点、瑕疵以及商品主体不突出的问题，这时就需要利用 Photoshop 提供的修饰工具将其消除。本节将针对修饰工具的相关内容进行讲解。

3.3.1　快速修复商品中的细小瑕疵

修复商品细小瑕疵的方法有很多种，如污点修复画笔工具、修复画笔工具、修补工具、仿制图章工具等，下面通过不同案例对常用的图像修饰工具的操作方法进行逐一介绍。

1. 用“污点修复画笔工具”修复瑕疵

“修复污点画笔工具”主要用于快速修复图像中的斑点或者小块杂物等。如图 3-43 所示，陶瓷罐经过修复后，表面的污点都被修复干净。具体修复方法如下。

(a) 修复前

(b) 修复前

图3-43　污点修复前后对比

Step1. 使用 Photoshop CS6 软件打开素材文件“脏脏的陶瓷罐 .jpg”，如图 3-44 所示。

Step2. 选择“污点修复画笔工具”，根据污点大小按［和］键调整画笔大小，在需要处理的污点上进行涂抹，如图 3-45 所示，污点即刻消失。

Step3. 按照 Step2 的方法清除其余污点。污点去除后的效果如图 3-46 所示。

图3-44 脏脏的陶瓷罐

图3-45 去除污点

图3-46 污点修复后的效果

2. 使用修复画笔工具修复瑕疵

修复画笔工具主要是利用图像取样来绘画，并将样本的纹理光照、透明度和阴影等与所修复的像素匹配，从而去除照片中的污点和划痕。其具体操作方法如下：使用 Photoshop CS6 软件打开素材文件“黑点盘子 .jpg”，选择“修复画笔工具”，按住 Alt 键在污点周围单击进行取样，如图 3-47 所示，松开鼠标，在有污点处涂抹。效果图如图 3-48 所示。

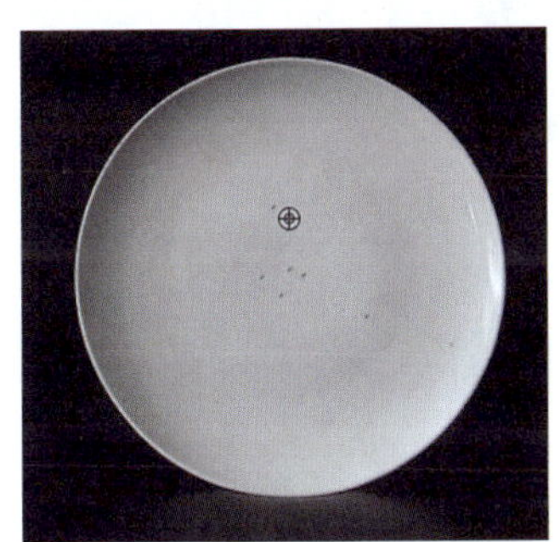

图3-47 素材文件

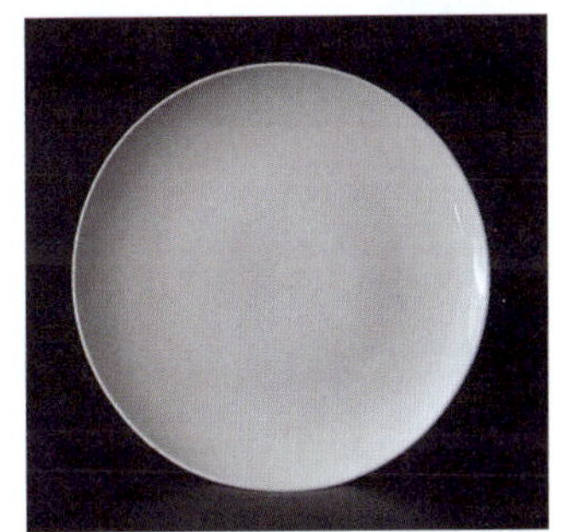

图3-48 修复后效果图

3. 使用修补工具修复商品瑕疵

修补工具是使用最频繁的修复工具之一，其工作原理与修复工具相同。图 3-49 所示即带有瑕疵的商品图使用修补工具修复前后的对比图，修补后的商品已经完全看不出痕迹。其修复的具体方法如下。

Step1. 使用 Photoshop CS6 软件打开素材文件“脏脏包 .png”，如图 3-50 所示，红框内即为要消除的污渍。

Step2. 选择“修补工具”，按住鼠标左键并在污渍上面绘制选区，如图 3-51 所示。

Step3. 将鼠标放置在选框区域，按住鼠标左键并拖动选区，如图 3-52 所示。松开鼠标即可完成商品瑕疵修复，效果图如图 3-49（b）所示。

(a) 修复前

(b) 修复后

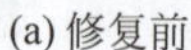

图3-49 商品图修复前后对比

图3-50 素材图片

图3-51 框选瑕疵部分

图3-52 拖动选区

4. 仿制图章工具修复商品瑕疵

仿制图章工具可以从图像中复制信息，将其应用到其他区域或其他图像中。以图 3-53 所示带有污点的花瓶图片为例，通过仿制图章工具将污点部分修复，效果图如图 3-54 所示。具体操作如下。

图3-53 素材图片

图3-54 瑕疵修补完效果图

Step1. 使用 Photoshop CS6 软件打开素材文件“脏脏的花瓶 .jpg”，如图 3-55 所示，红框内即为要消除的瑕疵部分。

Step2. 选择“仿制图章工具”，将鼠标放置在花瓶中污点右侧，按住 Alt 键，当光标变为圆形十字图标时（如图 3-56 所示）单击进行取样。然后松开 Alt 键在瑕疵处涂抹，反复重复此操作，效果图如图 3-54 所示。

图3-55　带瑕疵的商品图

图3-56　取样

3.3.2　使图片中的商品更突出

拍摄商品图片时会带有一个背景，但这些背景可能会使商品不够突出，这时即可使用模糊工具弱化背景，或使用锐化工具突出主体的方法，使图片中要表达的商品更清晰更突出。

1. 使用模糊工具弱化背景

模糊工具是通过降低图像中相邻像素之间的对比度，从而使图像产生模糊的效果，图 3-57 所示即一款茶叶的商品图经过模糊处理前后的对比图。通过对比图可以看出，经过模糊的商品图片主次关系更明显。其具体操作方法如下。

(a) 模糊处理前

(b) 模糊处理后

图3-57　商品图片模糊前后的对比

Step1. 使用 Photoshop CS6 软件打开素材文件“茶 .png”，如图 3-57（a）所示。

Step2. 选择“模糊工具”，在选项栏设置“笔刷大小”为 200、“硬度”为 0、“强度”为 50%，在如图 3-58 所示的红框内对需要弱化的部分进行涂抹，使商品主体更加突出，模糊后的效果如图 3-57（b）所示。

图3-58 需要弱化

2. 使用锐化工具突出商品

锐化工具的作用正好与模糊工具相反，它能使模糊的图片变清晰，常用于增强商品的细节，但并不是进行模糊操作的图像再经过锐化处理就能恢复到原始状态。我们继续用图片“茶”举例，如图 3-59 所示的即为锐化前后的对比图。

(a) 锐化前　　(b) 锐化后

图3-59 锐化前后对比图

3.4 商品图片的特殊处理

商品图片不仅要进行简单的色调调整，还需要通过对图片进行特殊处理使其更加美观。常见的商品图片特殊处理方法包括图层混合模式、图层样式和滤镜，本节将对这些设置方法进行介绍。

3.4.1 使用擦除法拼合图片

在制作商品主图或者设计轮播图时，一张图片很难满足设计需求，往往需要几张素材图片拼合而成，这时就需要使用擦除工具将素材融合。如图 3-60 所示的海报，其背景即是运用擦除的方法将多张图片拼合而成的效果。下面将用不同示例对“橡皮擦工具”“背景橡皮擦工具”和“魔术橡皮擦工具”进行介绍。

图3-60　图片拼接的海报

1. 使用橡皮擦工具使素材拼合

橡皮擦工具主要用来擦除图像，以图 3-61 所示的戴耳机狗狗图片为例，耳机和狗狗没有融在一起，此时需要用橡皮擦工具擦除耳机的多余部分。其操作方法如下：选择“橡皮擦工具”，在选项栏设置笔刷的大小及形状，在图像中拖曳鼠标进行擦除，效果图如图 3-62 所示。

图3-61　狗狗和耳机

图3-62　效果图

2. 使用背景橡皮擦工具使素材和背景拼合

背景橡皮擦工具的操作方法与橡皮擦工具的操作方法类似，但背景橡皮擦是一种智能橡皮擦，它可以自动采集画笔中心的色样，同时删除在画笔内出现的这种颜色，使擦除区域变成透明区域。简单地说背景橡皮擦工具可以将图像背景擦至透明色，并可用于擦掉指定颜色。

以图 3-63 所示的插花瓶图片为例，在 Photoshop CS6 中选择“背景橡皮擦工具”，在选项栏中设置“笔刷大小”为 175 像素、“笔刷硬度”为 0%、“限制”选择为不连续、“容差”为 30%，在背景上按住鼠标左键进行拖曳，插花瓶的背景即擦除完成，效果图如图 3-64 所示。

图3-63　擦除前

图3-64　擦出后

3. 使用魔术橡皮擦工具使素材和背景拼合

魔术橡皮擦工具可以自动分析图像的边缘，根据像素颜色擦除图像。用魔术橡皮擦工具在图像中需要擦除的任一区域单击，所有相似的颜色区域将会被擦除并变成透明区域。以图 3-65 所示的图片为例，在 Photoshop CS6 中选择“魔术橡皮擦工具”，设置“容差”为 32，勾选“连续”，在背景上单击，则擦除背景，效果如图 3-66 所示。

图3-65　擦除前

图3-66　擦除后

3.4.2　使用图层混合模式拼合图片

图层混合模式决定了当前图层的图像与其下面图层的图像以何种模式进行混合。它是 Photoshop 中最核心的功能之一，也是在图像处理中最为常用的一种技术手段。

以如图 3-67 的水杯素材和小老鼠素材为例，如果想要两个素材衔接融合得当，则需要使用混合模式中的“正片叠底”效果。操作方法如下：在 Photoshop CS6 软件中打开素材文件“保温杯 .jpg”，再将“小老鼠 .jpg”置入其中并调整大小，单击图层上方的 正常 按钮，在弹出的下拉菜单中选择“正片叠底”选项。进行正片叠底操作后的效果如图 3-68 所示。

图3-67　使用正片叠底模式前

图3-68　使用正片叠底模式后

3.4.3　添加图层样式美化商品图片

图层样式可以为图层中的图像内容添加投影、发光、浮雕、描边等效果，创建具有真实质感的特效，兼具非常强的灵活性。下面将通过一个示例来介绍如何用图层样式美化图片。在 Photoshop CS6 软件中打开素材文件“行李箱海报 .psd”，选中文本图层，单击图层下方的“图层样式”按钮 fx ,在打开的下拉列表中选择一种图层样式即可打开“图层样式”对话框，如图 3-69 所示。图 3-70 和图 3-71 所示即为使用图层样式前后的对比。

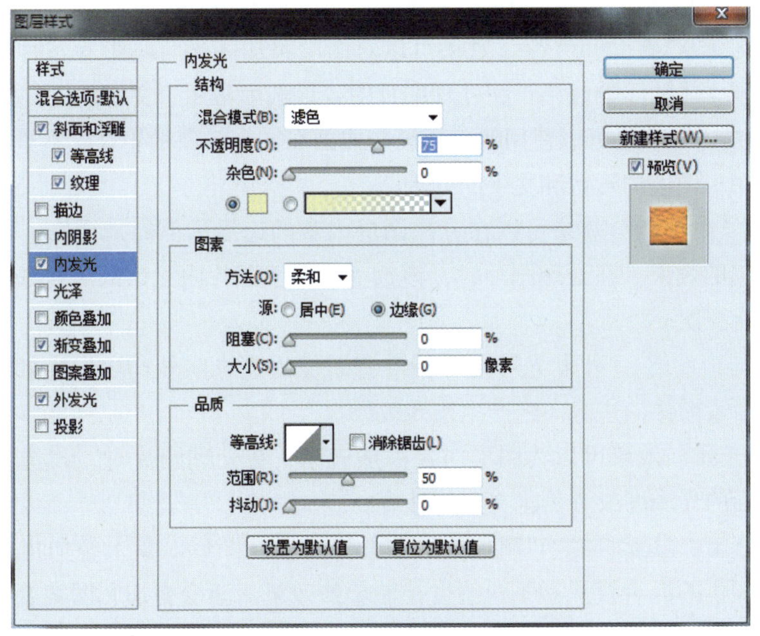

图3-69　图层样式面板

图3-70　使用图层样式前

图3-71　使用图层样式前

下面对“图层样式”对话框中的常见的应用效果进行介绍：

- **斜面和浮雕：**“斜面和浮雕”效果可以对图层添加高光与阴影等各种组合，使图层内容呈现立体的浮雕效果。在处理图片中，该选项常用于文字的美化操作。
- **描边：**“描边”效果可以使用颜色、渐变或图案描画对象的轮廓。在处理图片时，该选项常用于硬边的形状和文字的处理。
- **内阴影：**“内阴影”效果可以在紧靠图层内容的边缘内侧添加阴影，使图层的图像产生凹陷的效果。在处理图片时，该选项常用于图片内元素的深度处理，让图片看起来更有层次。
- **外发光与内发光：**“外发光”主要指沿着图像的边缘向外产生发光效果；“内发光”主要指沿着图像的边缘向内产生发光效果。
- **光泽：**“光泽”效果可以为图形对象添加光泽，在处理图片时，该选项常用于创建金属表面的光泽度或者美化文字的外观。
- **颜色、渐变、图案叠加：**“颜色叠加”效果可以在图形对象上叠加指定的颜色，通过设置颜色的混合模式和不透明度控制叠加效果。渐变叠加和图案叠加的目的与颜色叠加相同，只是最后的效果不同。
- **投影：**“投影”效果是在图形对象背后添加阴影，使其产生立体感。在处理图片时，该图层样式常常使用，可以增加图片的层次感，效果比较自然。

3.4.4 滤镜在美化商品图片中的应用

滤镜主要是用来实现图像的各种特殊效果。在处理商品图片时，滤镜是常用的工具，它可以使商品图片更加直观、醒目，从而吸引消费者。Photoshop 中提供了多种滤镜效果，下面用不同示例介绍几种常用的滤镜添加方法。

1. 使用液化滤镜调整商品图片

液化滤镜效果可以对图像的任何部分进行变形处理，包括收缩、膨胀或旋转。例如，对商品图片中的模特身材进行修饰时即可使用该工具。图像液化处理的具体操作方法如下：使用 Photoshop CS6 软件打开素材文件“女模特 .jpg”，选择“滤镜”→“液化”命令或按 Ctrl+Shift+X 组合键调出该命令面板，在弹出的对话框中设置相关参数，如图 3-72 所示。设置参数后即可在左侧画布中进行拖曳变形，变形前后的对比如图 3-73 所示。

图3-72　液化操作面板

(a) 液化前

(b) 液化后

图3-73　液化效果前后对比

2. 使用模糊处理商品图片

滤镜中的“模糊”的原理和“模糊工具”大体相似，只不过滤镜中的模糊可以将模糊的区域、力度设置得更为准确。同时，在滤镜中的模糊效果分类更多，常见的模糊有“高斯模糊”“动感模糊”“径向模糊”等。选择菜单栏中的“滤镜”→“模糊”命令，打开如图 3-74 所示的“模糊”菜单，从中选取相应的模糊滤镜。图 3-75 ~ 图 3-77 分别为“高斯模糊”“动感模糊”“径向模糊”的效果图。

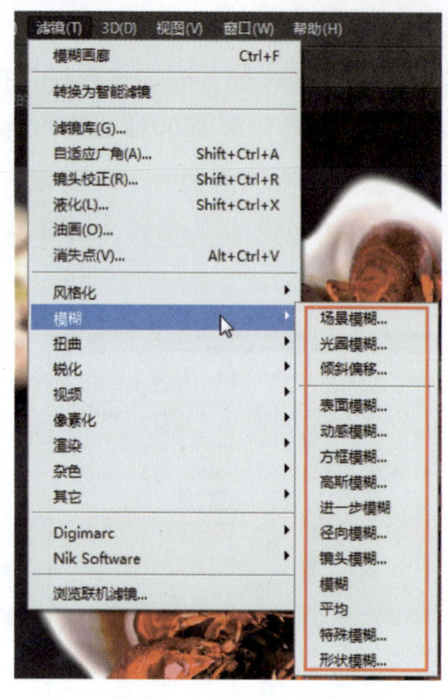

图3-74　菜单栏中的所有模糊效果

图3-75　高斯模糊

图3-76　动感模糊

图3-77　径向模糊

3. 使用锐化滤镜优化商品图片

滤镜中“锐化”的原理和“锐化工具”大体相似，只不过滤镜中的锐化只能针对整个图像或者选区内图像整体调整。在滤镜中的锐化效果分类更多，常见的锐化有“USM 锐化”“进一步锐化”“锐化边缘”等。选择菜单栏中的“滤镜”→“锐化”命令，即可打开如图 3-78 所示的“锐化”菜单，从中选取相应的锐化滤镜。以图 3-79 的鲜花图片为例，锐化后的效果如图 3-80 所示。

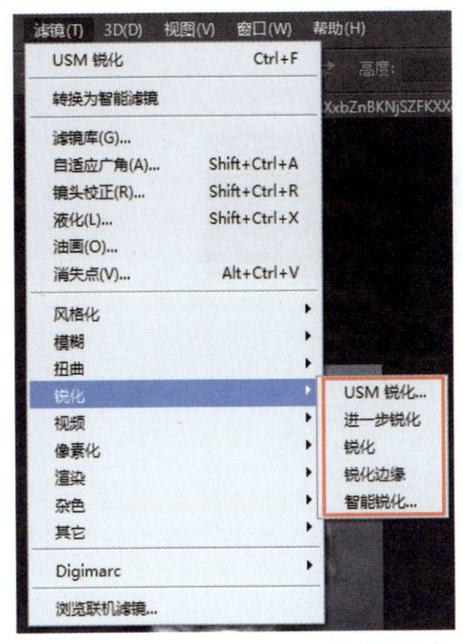

图3-78 菜单栏中的所有锐化效果

图3-79 锐化前

图3-80 锐化后

3.5 轻松学会抠图换背景

抠图主要是为了将商品图片从拍摄的照片中抠取出来，可以更方便地对商品图片进行进一步处理。在 Photoshop 中，抠取商品图片的方法有很多，这些方法分别用于不同形状及背景，本节将对有规则的图形的抠取、从简单背景中抠图、复杂图形的抠取、毛发物体的抠图等方法进行逐一介绍。

3.5.1 从背景中抠取有规则的图形

从背景中抠取有规则的图形时可以使用磁性套索工具，该工具适用于为图像边缘与背景颜色反差较大的图片建立选区，图 3-81 即一款钱包商品图抠图前后对比。具体操作方法如下。

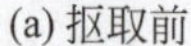

(a) 抠取前

(b) 抠取后

图3-81　钱包抠取前后对比

Step1. 使用 Photoshop CS6 软件打开素材文件“钱包 .jpg”，选择“磁性套索工具”，在选项栏设置“频率”为 100，如图 3-82 所示。

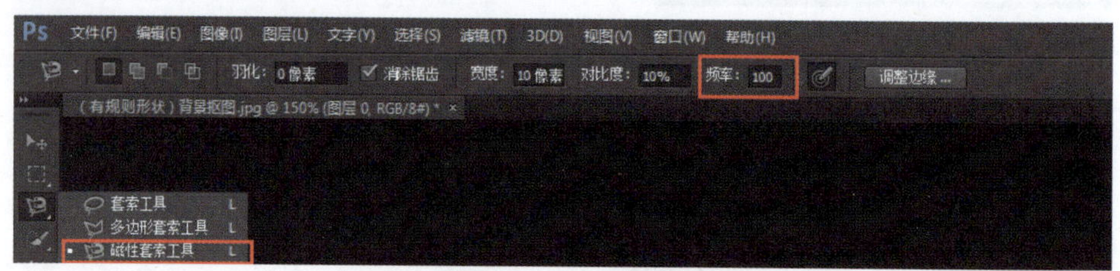

图3-82　工具选择及属性设置

Step2. 在钱包边缘单击以确定一个起点，然后沿着钱包边缘拖动鼠标，如图 3-83 所示，最终回到起点再次单击，即可得到对应的选区，如图 3-84 所示。

图3-83　套索工具抠图

图3-84　选区

Step3. 选择“多边形套索工具”，按住 Alt 键，当磁性套索工具变成带减号的图标时，沿着钱包边缘对多余选区进行减选，如图 3-85 所示。

Step4. 按 Ctrl+J 组合键对该选区内内容进行复制，单击背景图层前方的“隐藏”按钮如图 3-81（b）所示（透底图）。按 Ctrl+Shift+S 组合键将其另存为 PNG 格式的文件至指定文件夹内。

图3-85　多边形套索工具绘制选区

3.5.2　从简单背景中抠图

从简单背景中抠图可以使用魔棒工具和快速选择工具进行操作。魔棒工具可以抠出背景色单纯、物体边界清晰的图像，如纯色背景。快速选择工具可以对色差较大的图片进行抠图，快速选择想选择的区。下面将以玉镯商品图为例，将玉镯背景制作成透明色，如图 3-86 所示。

(a) 抠取前

(b) 抠取后

图3-86　玉镯抠取前后对比

Step1. 使用 Photoshop CS6 软件打开素材文件“玉镯 .jpg”，并按 Ctrl+J 组合键复制图层，如图 3-87 所示。然后将背景图层隐藏。

Step2. 选择“魔棒工具”，在选项栏中设置“容差”为 30 。

Step3. 在背景上单击载入选区，如图 3-88 所示，按住 Shift 键，当出现图中框选区域的带加号的魔棒工具时，单击手镯中间增加选区，如图 3-89 所示。按 Delete 键删除选区内背景。

Step4. 选择“快速选择工具”，在手镯的阴影部分单击进行加选或减选（Shift 和 Alt 切换加选和减选），如图 3-90 所示，效果图如图 3-86（b）所示。

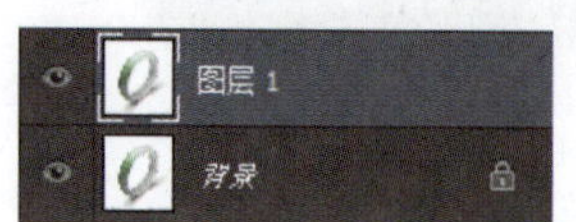

图3-87　复制图层

图3-88　载入选区

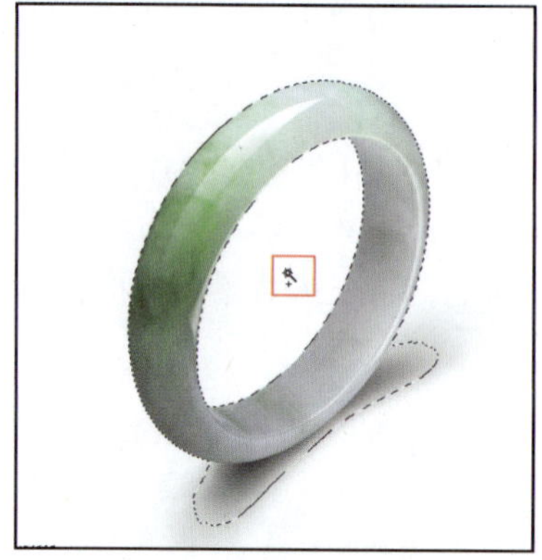

图3-89　增加选区

图3-90　添加选区

3.5.3　从背景中抠取复杂图形

从背景中抠取复杂图形可以使用路径抠图的方式进行抠图，路径抠图属于抠图工具中的常用工具，适用于物体边界有长弧线的物体。路径抠图是使用钢笔工具进行的，下面将使用钢笔进行抠图，将其换为更具中国风风格的背景，换背景前后对比如图 3-91 和图 3-92 所示。具体操作如下。

图3-91　换背景前

图3-92　换背景后

Step1. 使用 Photoshop CS6 软件打开素材文件“花瓶”，按 Ctrl+J 组合键复制图层，如图 3-93 所示。然后隐藏背景图层。

图3-93　素材文件“花瓶”

Step2. 选择钢笔工具或者按 P 调出“钢笔工具”，将工具选项栏中的工具模式设置为“路径”，在陶瓷的边缘处单击确定路径起点，如图 3-94 所示。

Step3. 沿着陶瓷的边缘再次单击确定另一个锚点，这时不要松开鼠标，而是一直按着直到描绘出弧线，如图 3-95 所示。

Step4. 用 Step3 的方法继续沿着花瓶边缘绘制路径，当发现路径不够圆润时及时按 Ctrl+Z 组合键撤销操作，若描绘完毕发现路径不够圆润可以通过“添加锚点工具”、“删除锚点工具”和移动锚点的方法对锚点进行调整，使其与花瓶贴合。最终绘制整个路径，如图 3-96 所示。

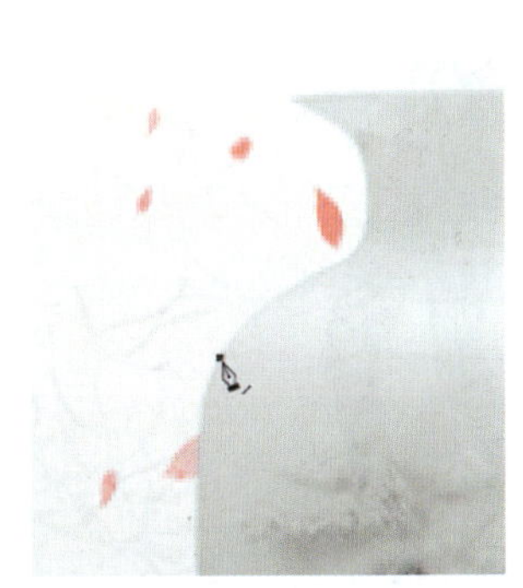

图3-94　设置路径起点

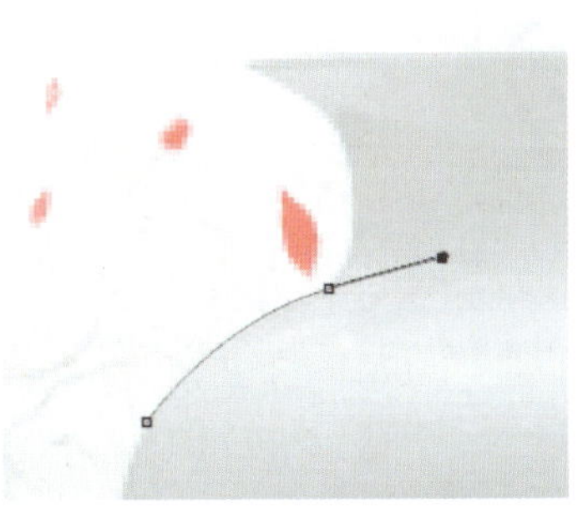

图3-95　绘制弧线

图3-96　绘制选区

Step5. 将鼠标放置在花瓶上右击，在弹出的快捷菜单中选择“建立选区”选项，按 Ctrl+Shift+I 组合键对选区进行反向选择，再按 Delete 键删除现有背景，效果如图 3-97 所示。

图3-97　删除背景

Step6. 使用 Photoshop CS6 软件打开背景素材文件“花瓶背景 .jpg”。将“花瓶”文档中选中的“背景 副本”图层放置到“花瓶背景 .jpg”文件中，调整位置及大小，效果如图 3-92 所示。

3.5.4　从背景中抠取毛发物体图形

商品图中模特发丝的抠取是抠图过程中的难点。而通道抠图专门为抠毛发而生，而且抠出来的发丝自然美观。如图 3-98 所示的模特图片所示，要求将模特背景更换为纯白色，抠取人物且更换背景后该图片模特部分仍保持完整，如图 3-99 所示。具体操作方法介绍如下。

图3-98　抠图前

图3-99　抠图后

Step1. 使用 Photoshop CS6 软件打开素材文件“模特 .jpg”，如图 3-98 所示。复制背景图层。

Step2. 选择“图像”→“计算”命令，打开“计算”对话框以新建通道，具体参数设置及效果如图 3-100 所示。

图3-100 新建通道

Step3. 切换到通道面板，选中“Alpha 1 副本”，右击选择复制通道，如图 3-101 所示。

Step4. 按 Ctrl+L 组合键调整通道色阶，具体参数设置及对应效果如图 3-102 所示。

Step5. 按 Ctrl+M 组合键调整通道“曲线”，具体参数设置及对应效果如图 3-103 所示。

Step6. 按 Ctrl+I 组合键对图像进行反相操作，如图 3-104 所示。

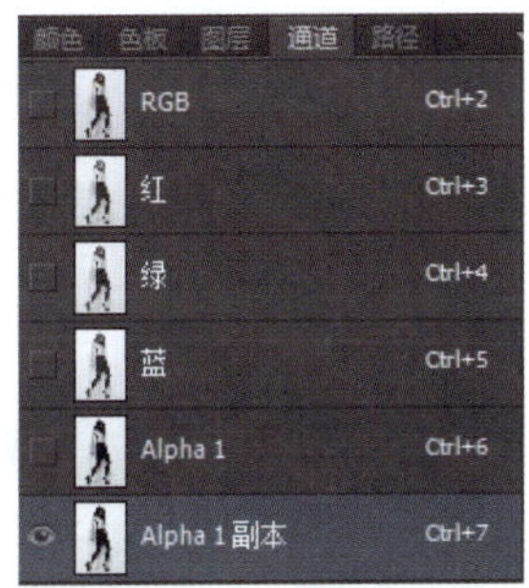

图3-101 复制通道

Step7. 选择“画笔工具”，将前景色改为白色，在沿着模特的内边缘进行涂抹，根据需要涂抹的区域按 [键缩小笔刷大小、按] 键增大笔刷大小，涂抹完成的效果如图 3-105 所示。

Step8. 按照 Step7 的方法，沿着模特外侧，将背景处偏灰白的区域涂抹成黑色，涂抹后的效果图如图 3-106 所示。

Step9. 将鼠标放置在复制的通道上，按住 Ctrl 键，当鼠标箭头变为如图 3-107 所示的图标时单击，载入选区，如图 3-108 所示。

Step10. 选中“RGB”通道，然后切换到图层面板，按 Ctrl+Shift+I 组合键对选区进行反向选择，按 Delete 键删除，如图 3-109 所示。按 Ctrl+D 组合键取消选择。

Step11. 在“图层 1”下方新建图层，并将其填充为白色，最终效果图如图 3-99 所示。

图3-102　调整色阶

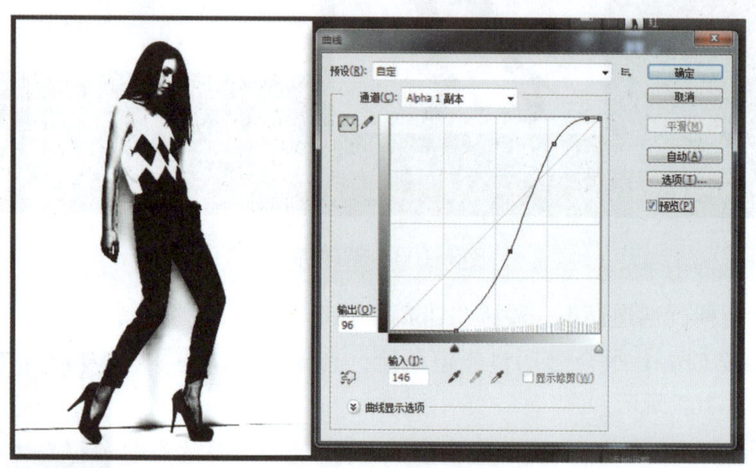

图3-103　曲线调整

图3-104　图像反相

图3-105　涂抹模特部分

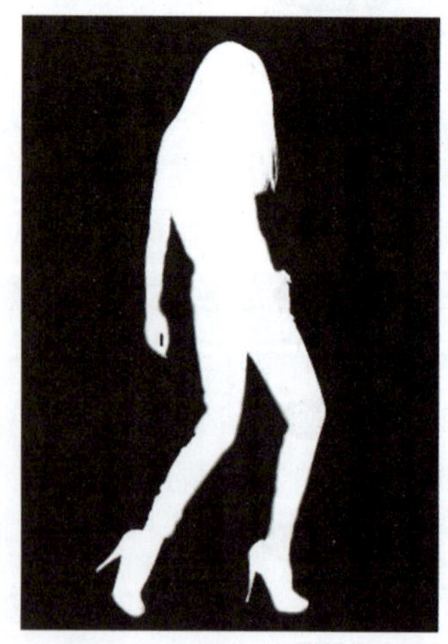

图3-106　涂抹背景部分

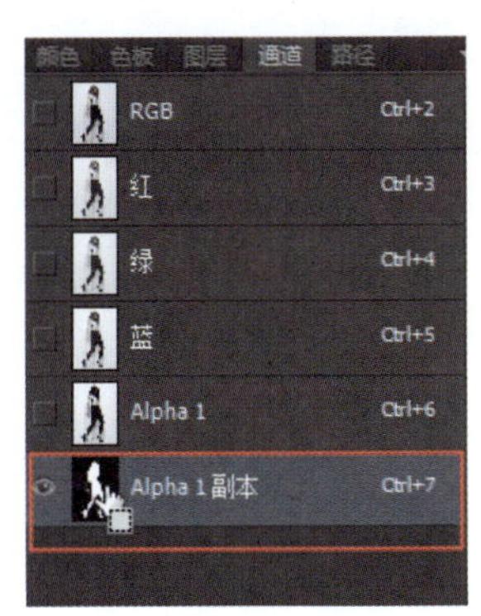

图3-107　载入选区

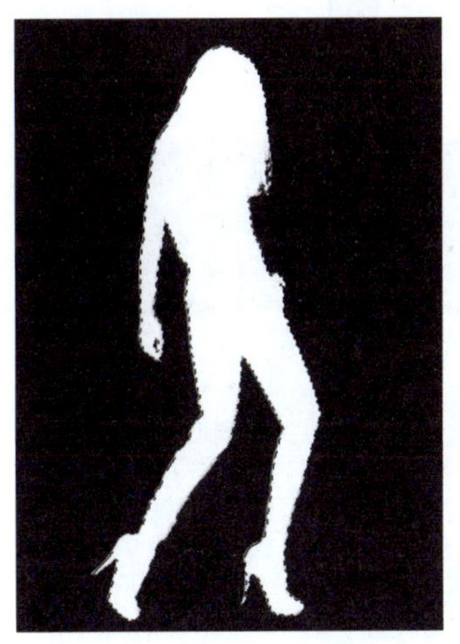

图3-108　载入选区效果

图3-109　删除背景

3.6　为商品图片添加文字

文字作为商品图片的重点，不但能传递产品信息，还能促进消费，可读性强、搭配合理的文本能直观地向买家倾诉商品的详细信息，因此文本也是店铺装修需要设计的重要元素。本节将对文字工具的相关知识进行讲解。

3.6.1　添加多种文字效果

1. 添加横排文字

横排是最常见的文字排列方式，网店中常用于店招、海报以及主页中横排文字不但大气美观，还能更直观地表现文字内容。横排文字的添加方法如下。

Step1. 使用 Photoshop CS6 软件打开素材文件“大红樱桃 .psd”，如图 3-110 所示。

图3-110　素材文件

Step2. 选择“横排文字工具” T，选择“窗口”→“字符”命令，在“字符”面板中设置参数，具体参数设置如图 3-111 所示。

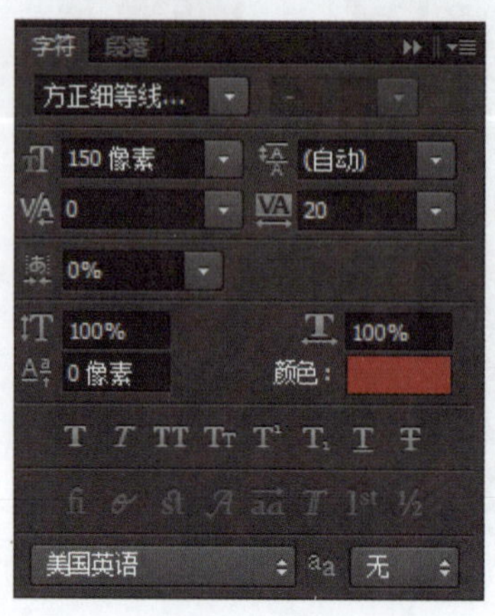

图3-111　设置参数

Step3. 在图中输入“香甜”文本，按 Ctrl+Enter 组合键结束文本输入，将其放置在合适位置。按此方法再分别输入“·”和“樱桃”，摆放位置如图 3-112 所示。

图3-112　输入文字

Step4. 选中“樱桃”图层，单击“字符”面板中的“加粗”按钮 T 对字体进行加粗处理，效果如图 3-113 所示。

图3-113　设置字体样式

Step5. 按照 Step2 ~ Step3 的方法输入相关文本。字体、颜色、大小及摆放位置如图 3-114 所示。

图3-114 效果图

2. 添加竖排文字

竖排也是较常见的文字排列手法，常用于较突出的区域。通过竖排文字可以将横排的内容进行简单的区分，突出重点。竖排文字的操作方法和横排文字相同，图 3-115 所示为竖排文字的效果。

图3-115 竖排文字效果

3. 添加蒙版文字

蒙版文字在网店中主要为了突出文字，图 3-116 所示图片中的“味道”两个字即添加了蒙版文字效果。添加蒙版文字的具体方法介绍如下。

图3-116 添加蒙版文字效果

Step1. 使用 Photoshop CS6 软件打开素材文件“舌尖上的味道 .jpg”，如图 3-117 所示。

图3-117　舌尖上的味道

Step2. 在图像上单击输入“味道”，设置文本参数如图 3-118 所示，并调整文本位置。

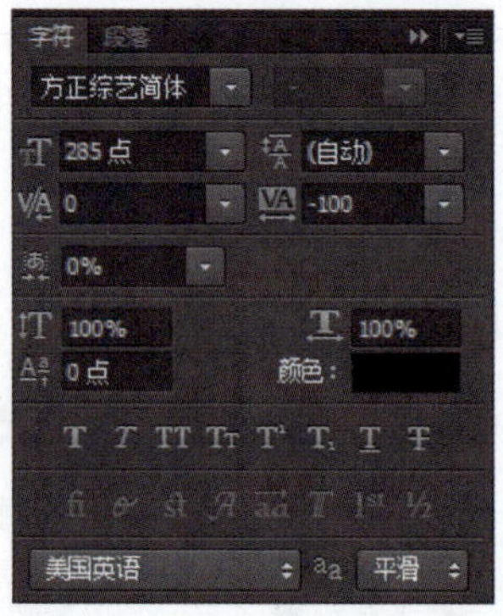

图3-118　文本参数面板

Step3. 将素材文件“蒙版图片.jpg”拖曳至画布中，按 Enter 键确认置入，如图 3-119 所示。

图3-119　置入图片

Step4. 选中“蒙版图片”图层，按 Ctrl+Alt+G 组合键为“蒙版图片”创建剪切蒙版，如图 3-120 所示。调大小及位置以更好地实现文本的展示效果。最终效果图如图 3-116 所示。

图3-120　创建剪切蒙版整

4. 路径文字

路径文字指绘制路径后，沿着路径输入的文字。网店详情页中常使用路径文字来描述细节图片，如图 3-121 所示。该表现形式能以图文结合的形式丰富画面，使画面更加美观。路径文字的添加方法如下。

Step1. 使用 Photoshop CS6 软件打开素材文件“路径文字素材 .psd”，如图 3-122 所示。

图3-121　详情页中的路径文字　　图3-122　路径文字素材

Step2. 选择“椭圆工具”，在选项栏设置“填充”为无、“描边颜色”为黑色、“描边粗细”为 1 像素。按住 Shift 键绘制两个正圆，如图 3-123 所示。

Step3. 选中“椭圆 1”图层，选择“横排文字工具”，并将鼠标移动到路径上，当出现如图 3-124 所示方框中的红色图标时单击创建路径文字。路径文字效果图如图 3-121 所示。

图3-123　画正圆

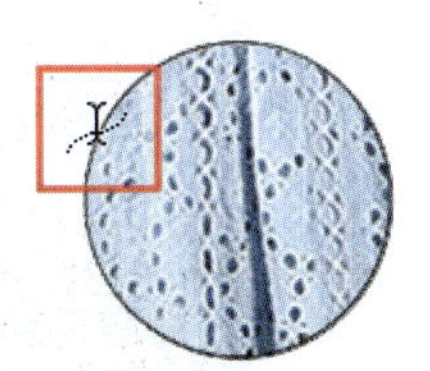

图3-124　创建路径文字

多学一招

■ 自定义形状路径文字

除了形状路径，还有一种路径是运用“钢笔工具”制作的任意路径。可以用“文字工具”在任意路径上输入想显示的内容，效果图如图3-125所示。

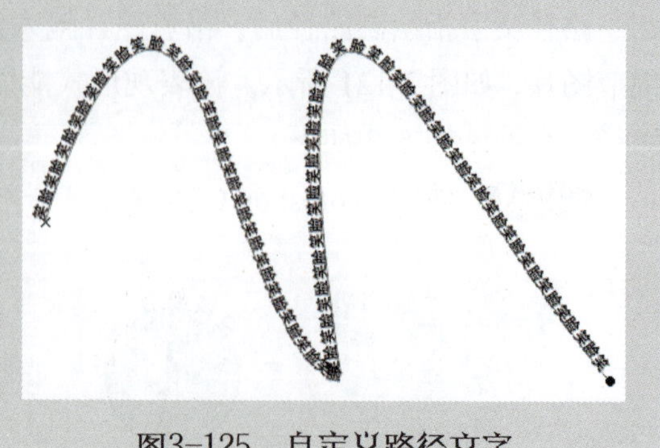

图3-125　自定义路径文字

5. 段落文字

选择“文字工具”以后，在图像上画出文本框，在文本框中输入的文本，就是段落文本。段落文本适用于详情页中长文本的输入。其参数调整主要是通过“字符”面板或“段落”面板进行，如图 3-126 ~ 图 3-128 所示。

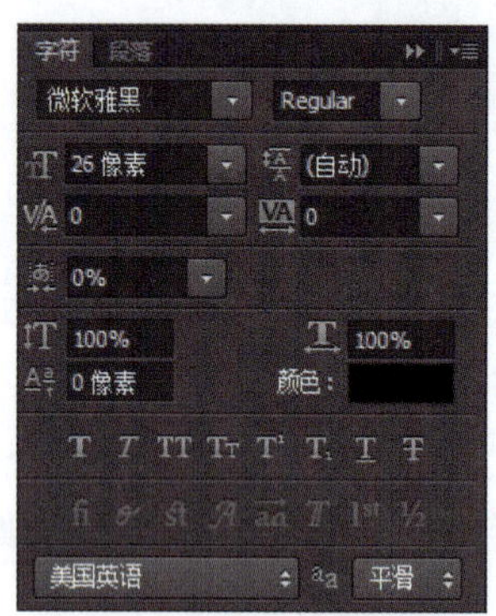

图3-126　字符面板

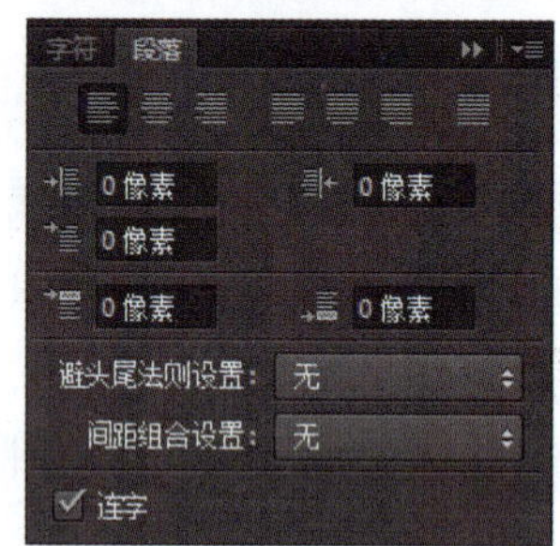

图3-127　段落面板

图3-128　段落文本展示

3.6.2 文字的变形

为了使广告更吸引人,可将某些文字进行变形处理。可以使用变形工具变形、路径变形、文字变换等方式,如图 3-129 ~ 图 3-131 所示。其中不同的变形效果由不同的变形工具实现,具体介绍如下。

图3-129 使用“变形工具”文字变形效果

图3-130 使用“路径变形”文字变形效果

图3-131 使用“文字变换”文字变形效果

1. “变形工具”按钮

Step1. 使用 Photoshop CS6 软件打开素材文件“零食大促销 .psd”，如图 3-132 所示。

Step2. 选中“零食大促销”文本图层,选择“文字工具”,在选项栏中单击“文字变换”按钮。在弹出的“变形文字”对话框内设置相关参数，如图 3-133 所示。调整文本位置变形的效果如图 3-129 所示。

图3-132　素材图片

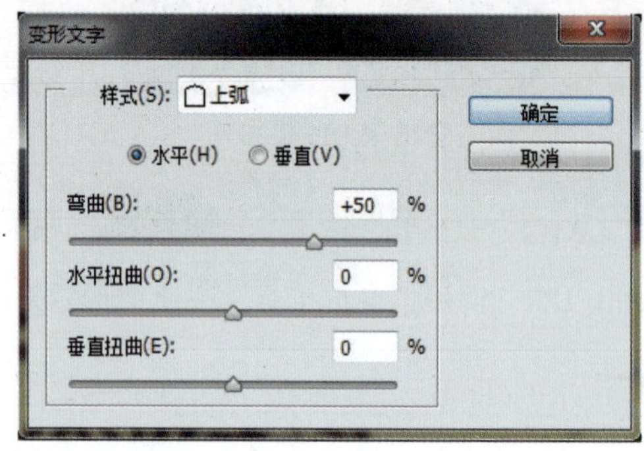

图3-133　参数设置

2. 使用路径变形文字

Step1. 使用 Photoshop CS6 软件打开素材文件“泡椒凤爪海报 .psd”，如图 3-134 所示。

图3-134　素材文件

Step2. 在“泡椒凤爪”文本图层上右击，在弹出的快捷菜单中选择“转化为形状”选项，要转换为形状的文字如图 3-135 所示。

泡椒凤爪

图3-135　转化为形状

Step3. 选择“路径选择工具”，在形状上选中需要进行变形的区域，如图 3-136 所示。再选择“钢笔工具”进行添加锚点、删除锚点等操作。

图3-136　路径选择工具

Step4. 选择“直接选择工具”，选中锚点进行移动或删除。此时要注意，选中的锚点是实心的，未选中的锚点是空心的，如图 3-137 所示。最终效果如图 3-138 所示。

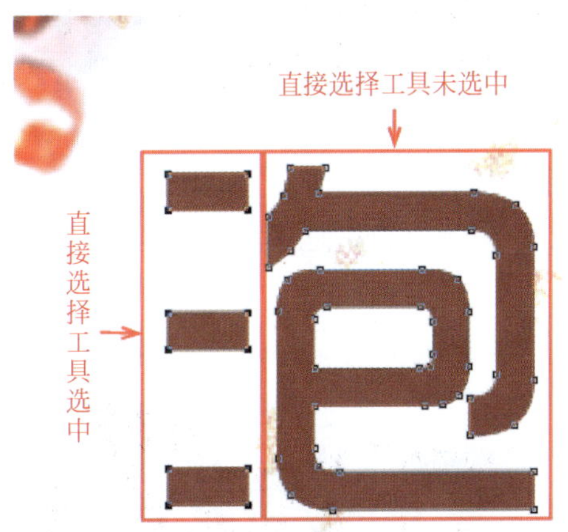

图3-137　选中和未选中样式

图3-138　泡椒凤爪海报最终效果图

3. 变换文字

图片变换的方法对文字变换同样适用，但变形前要将文字进行栅格化，其原理和变换图片相同。

Step1. 使用 Photoshop CS6 软件打开素材文件“香浓咖啡豆.psd”，如图 3-139 所示。

Step2. 选择“咖”文本图层，右击，在弹出的快捷菜单中选择“栅格化文字”选项，按 Ctrl+T 组合键变换图层，如图 3-140 所示。

图3-139　素材文件

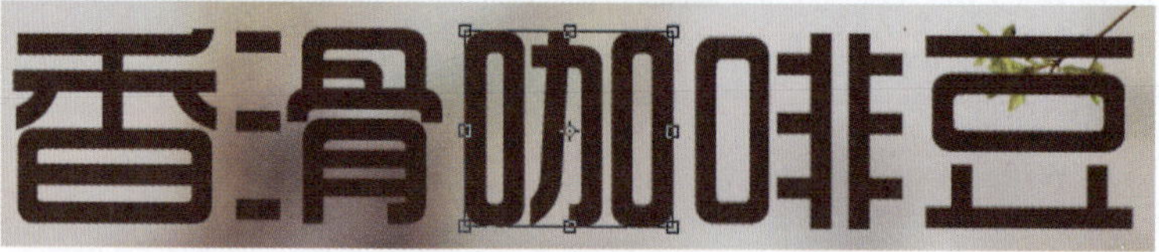

图3-140　变换图层

Step3. 右击，在弹出的快捷菜单中选择“变形”选项，拖曳控制点即可进行操作，如图 3-141 所示。

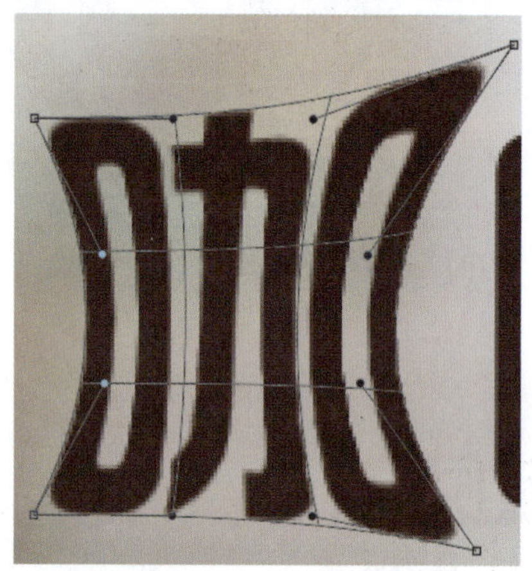

图3-141　变形操作

Step4. 对“啡”文本图层进行相同操作，最终效果如图 3-142 所示。

图3-142　变形后效果

3.7 本章小结

本章主要介绍了商品图片的修复与修饰，包括商品图片的多样裁剪、调整商品图片的色调、美化精修图片、商品图片的特殊处理、轻松学会抠图换背景以及为商品图片添加文字等知识。

通过本章内容的学习，读者应该掌握裁剪商品图片的常用方法，商品图片美化的基本方法，以及如何为商品图片添加文字。

第4章

商品图片的切片与管理

学习目标

知识目标	• 认识切片及切片的作用 • 了解空间的作用及使用方法
技能目标	• 掌握切片工具的使用方法 • 熟悉标尺和辅助线的使用方法

商品详情页通常是在Photoshop中制作一张完整的图片，但如果将整张详情图上传将会影响网页加载速度，降低用户体验满意度。这时就需要将完整的图片切割成不同板块进行保存和上传。然而该如何切分和管理商品图片呢？本章将对商品图片的切片和管理技巧做具体讲解。

4.1 图片的切片与优化

由于网络加载受到网速的限制，所以在图片上传到网络之前都要切片处理，能够快速切图并合理优化商品图片，是网店美工的基础技能。本节将在认识图片切片、制作图片切片、图片切片的优化与保存等方面对图片切片进行介绍。

4.1.1 认识图片切片

图片切片指的是将一张大图分隔为若干小图的过程，通常使用 Photoshop 中的“切片工具”来完成。

1. 切片的作用

网页切片在店铺装修中起到非常重要的作用，具体表现在以下几个方面。

- 浏览店铺时，图片的大小对页面整体的影响非常大，将一张大图分割成多张小图，可以加快页面图片的打开速度，改善买家的体验度；
- 进行店铺装修时，方便替换单一商品；
- 对大图进行切片后，方便对首页与详情页中的商品进行链接。

2. 认识标尺、辅助线

在 Photoshop CS6 中创建切片时，通过标尺、辅助线可以精确测量或定位图像，使切片更精准，从而提高工作效率及质量。

- 标尺：选择“视图”→“标尺”命令，或按 Ctrl+R 组合键，即可在打开的素材文件左侧和顶部显示或隐藏标尺。
- 参考线：参考线是浮动在图像上方的直线，分为水平参考线和垂直参考线。参考线主要用于给设计者提供参考位置，不会被打印出来。参考线是切片常用的辅助工具。在菜单中，选择“视图”→“新建参考线”命令，可在弹出的“新建参考线”面板中创建精确位置的参考线；将光标置于窗口顶部或左侧标尺处，按住鼠标不放并向图像区域拖动，可根据图像快速创建参考线。创建参考线后，按 Ctrl+; 组合键可隐藏或显示参考线，如图 4-1 所示。

在图 4-1 中可看到上端与左端为标尺，中间的绿色线条为创建的参考线，通过参考线可以很精确地看出店招的显示区域、主页面的显示区域、背景的显示区域。

图4-1　参考线效果

3. 切片的使用技巧

对图片进行切片时，为了保证切片的合理、位置的精准，需要掌握一定的技巧。主要的几个技巧如下。

- 依靠参考线进行切片：从标尺上拖动鼠标，为图像创建切片的辅助线，在切片时可以沿着参考线拖动鼠标创建切片。
- 切片位置：切片时不能将一个完整的图像区域断开，应尽量按完整图片切割，避免在网速很慢时图片被断开，不能完整展现。
- 切片存储的颜色：在存储切片时，需要保存为 Web 所用格式。由于 Web 格式色彩为网页安全色，而网页安全色是各种显示器都可以无损失无偏差输出的色彩集合。因此，在店铺的配色上尽量使用网页安全色，避免实际商品色彩与商品的效果图不符。
- 切片存储的格式：存储切片时，可单独为各个切片设置存储格式，切片存储的格式不同，其大小与效果也会有所不同。一般情况下，色彩丰富、图像较大的切片，选择 JPG 格式；尺寸较小、色彩单一和背景透明的切片，选择 GIF 或 PNG-8 格式；半透明、色彩较多的切片，选择 PNG-24 格式。
- 保持图片完整性：切图时要应尽可能保证图片的完整性，而不是为了切图使图像断开。

4.1.2　制作图片切片

在 Photoshop 中可以利用“切片工具”创建切片，下面以一家家居店铺首页为例，讲解制作图片切片的详细方法。

Step1. 使用 Photoshop CS6 软件打开素材文件“家居用品店铺首页 .png”。按 Ctrl+R 组合键调出标尺。

Step2. 在要切割的边缘周围创建参考线，以保证切片的完整性，如图 4-2 所示。

图4-2 创建参考线

Step3. 选择“切片工具”，在店招的左上角按住鼠标不放沿着参考线拖曳，当到右侧的目标位置后释放鼠标左键，完成后的切片将以黄色线框显示，如图 4-3 所示。

图4-3 对详情页焦点图进行切片

Step4. 确定切片后，若切片的区域不是想要的区域，可将鼠标指针移动至需要修改的切片的一边的中点上，当鼠标指针变为“↔”形状后，按住鼠标不放进行拖曳，当拖曳到适当位置时释放鼠标即可，如图 4-4 所示。

图4-4 对切片区域进行调整

Step5. 在切片区域上右击，在弹出的快捷菜单中选择“编辑切片选项”命令，打开“切片选项”对话框，在“名称”文本框可设置切片名称，这里输入“家居用品店铺首页 _ 店招”，在“尺寸”栏中可以查看切片的尺寸，单击“确定”按钮，如图 4-5 所示。

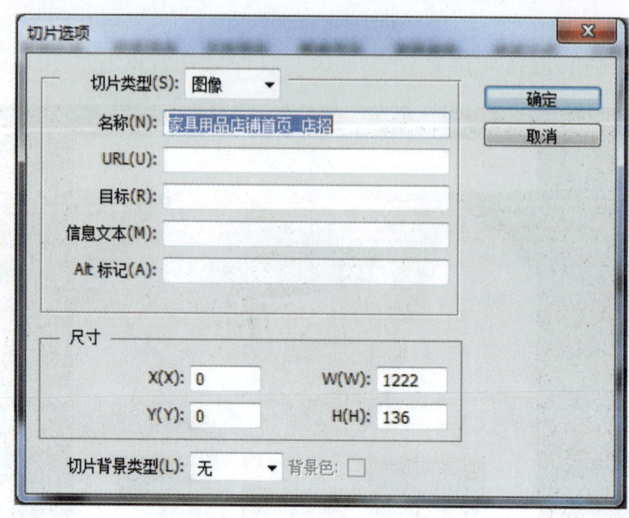

图4-5　设置切片选项

Step6. 对下方的 banner 图进行裁切，裁切完成后调整切片的位置，并将其命名为“家居用品店铺首页_banner”，如图 4-6 所示。

图4-6　将banner图进行切片

Step7. 使用“切片工具”，沿着参考线为宝贝分类栏创建切片，如图 4-7 所示。

Step8. 将鼠标放置在宝贝分类栏，右击，在弹出的快捷菜单中选择“划分切片”命令。打开“划分切片”对话框后，选中“水平划分为”和“垂直划分为”复选框，并在其下方的文本框中输入“3”，单击“确定”按钮，即可将切片的区域平均划分为 9 份，如图 4-8 所示。

图4-7　对宝贝分类栏进行切片

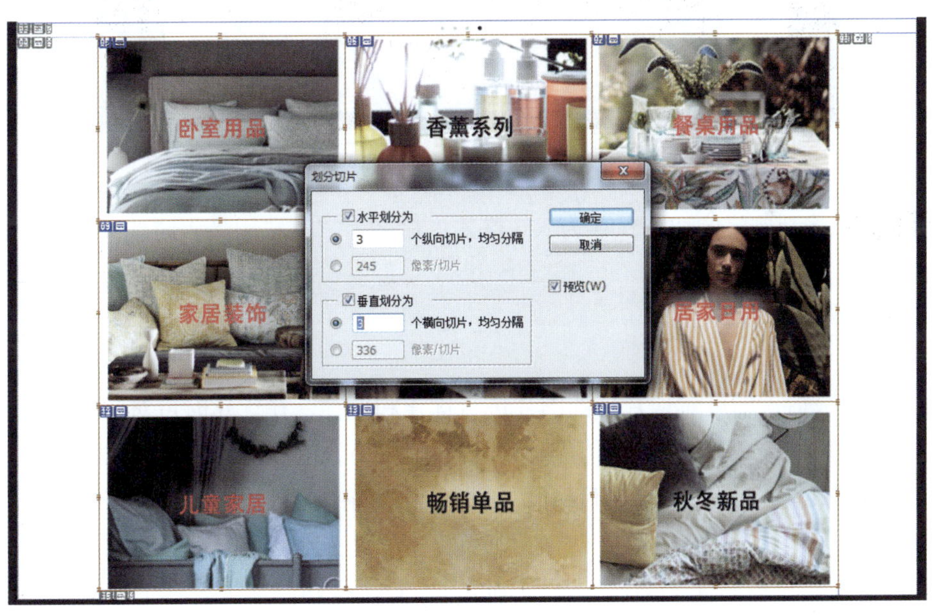

图4-8　划分切片

Step9. 宝贝分类栏切片完成后调整切片的位置，并将其命名为“布艺店铺首页_宝贝分类栏”。

Step10. 按 Ctrl+; 组合键隐藏参考线，然后选择“切片选择工具”，在工具栏中单击“隐藏自动切片”按钮。隐藏自动切片的显示，查看切片是否对齐，若没对齐，拖曳切片边框线进行对齐，完成后的效果如图 4-9 所示。

图4-9　家居店铺首页切片效果

Step11. 将制作好的切片保存为 psd 格式，命名为“家居用品店铺首页切片 .psd”。

4.1.3　优化与保存切片

当切片完成后，即可对切片后的图片进行优化和保存，在优化时可对图片的颜色、大小和动画等进行优化，完成后还可将其保存为对应的格式。在切片中常见的格式包括“仅限图像”“HTML 和图像”“仅限 HTML”3 种，因为输出的对象不同，所以保存的格式也不相同。

在 4.1.2 节中已经将“家居店铺首页 .png”素材文件切割完成，接下来需要对切片进行保存，具体操作如下。

Step1. 使用 Photoshop CS6 软件打开素材文件“家居店铺首页切片 .psd”。选择“文件”→“存储为 Web 所用格式”命令，打开“存储为 Web 所用格式”对话框。单击“双联”选项卡标签，使效果“原稿”与“GIF”对比显示，并在右侧单击按钮，拖曳图像调整显示的位置，如图 4-10 所示。

Step2. 在图 4-10 右侧的预设栏中，单击“优化菜单”按钮，在下拉列表中选择“优化文件大小”选项，打开“优化文件大小”对话框。

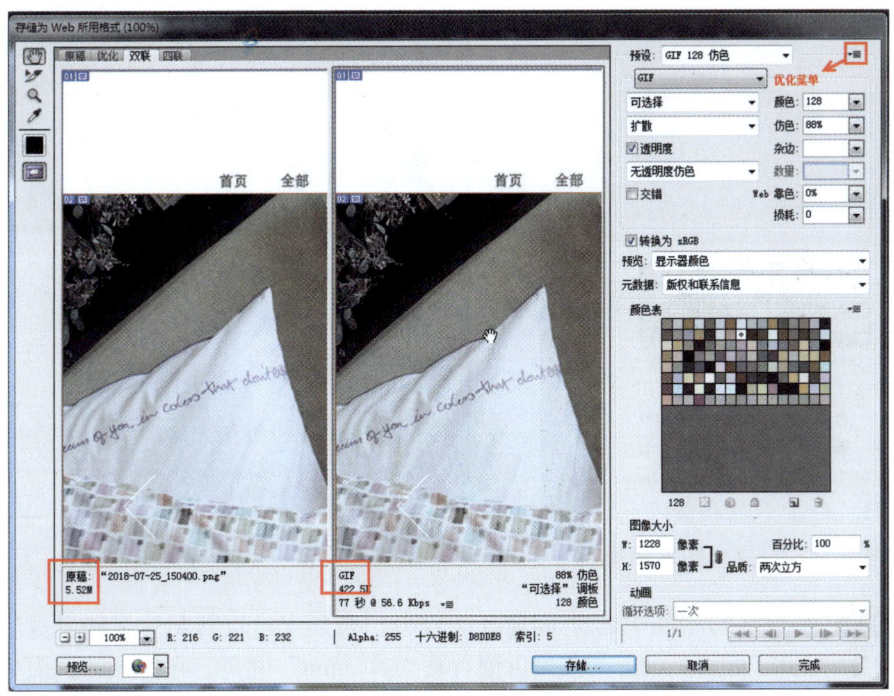

图4-10 双联显示文件

Step3. 在“所需文件大小”右侧的文本框中输入72，选中“自动选择GIF/JPEG”单选项，单击“确定”按钮，如图4-11所示。

Step4. 将“预设”栏下方的“优化的文件格式”设置为GIF，并设置“减低颜色深度算法”为“随机性”，“颜色”设置为256，其他设置要求可参考图4-12所示数值。

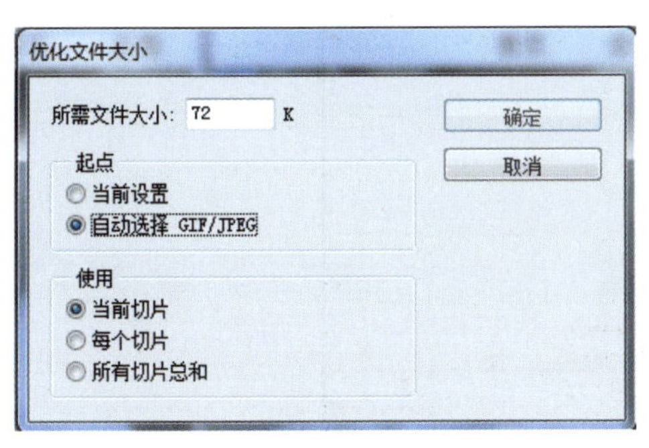

图4-11 设置优化文件大小

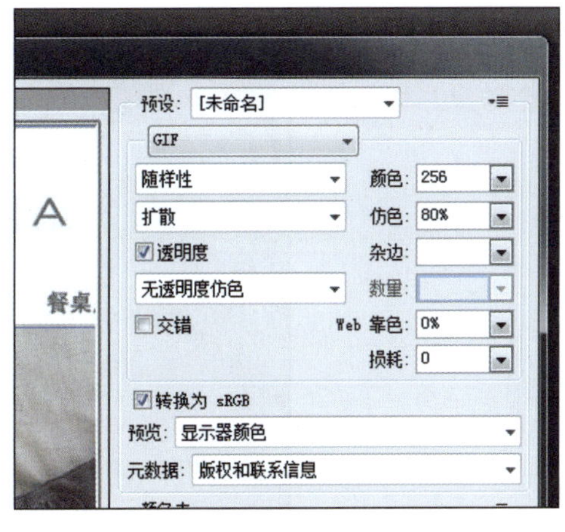

图4-12 设置优化样式

Step5. 将“品质”设置为“两次立方（较锐利）”，如图4-13所示。完成后单击“预览”按钮，预览网页显示效果。

Step6. 单击“存储”按钮，打开“将优化结果存储为”对话框，选择文件的存储位置，并在“格式”下列列表中选择“HTML和图像”选项，单击“保存”按钮，如图4-14所示。

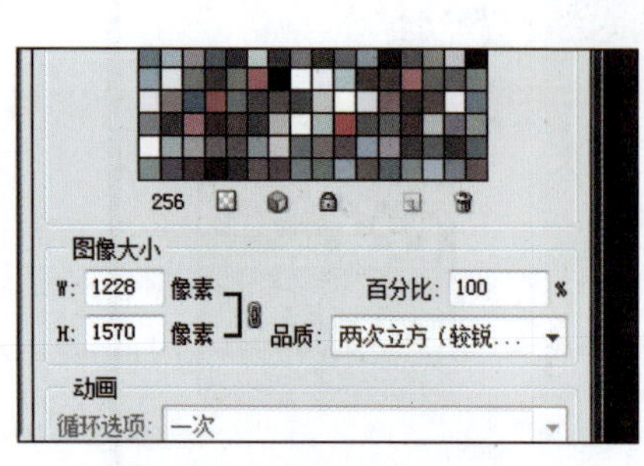

图4-13　设置优图像品质

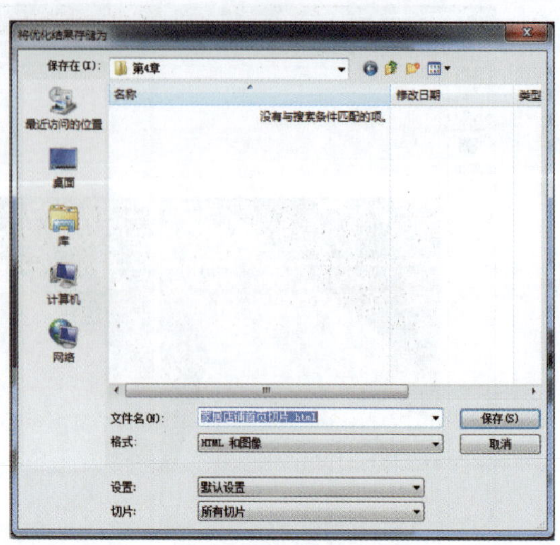

图4-14　存储文件

Step7. 在保存的路径中选择 images 文件夹，在其中可查看切片文件以及“家居店铺首页切片 .html”网页。双击“家居店铺首页切片 .html”网页，在打开的页面中可查看切片图的布局样式，单击，在弹出的菜单中选择“查看源”命令，如图 4-15 所示。打开源文件后即可查看首页的代码，该代码可以用在店铺装修中，如图 4-16 所示。

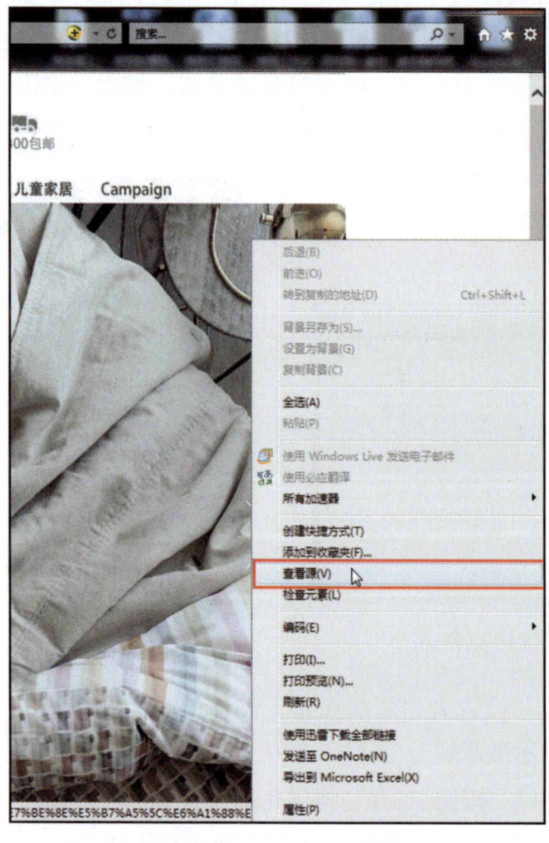

图4-15　打开网页页面

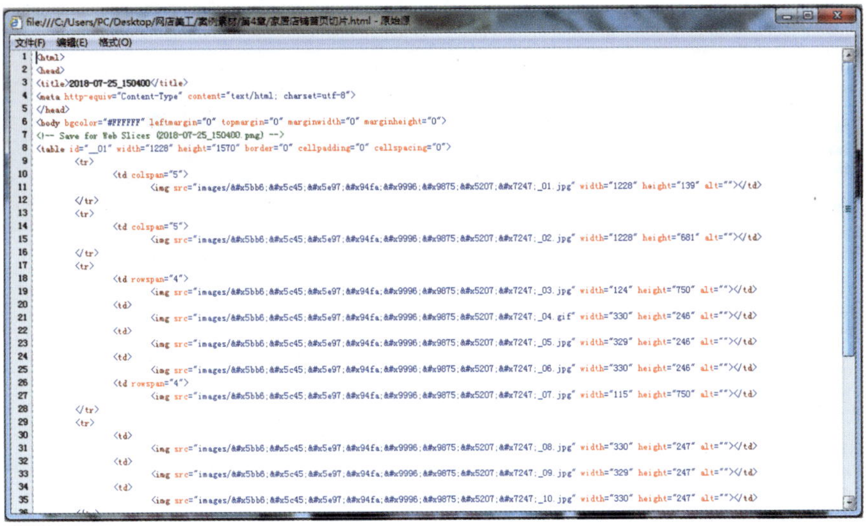

```
file:///C:/Users/PC/Desktop/网店美工/案例素材/第4章/家居店铺首页切片.html - 原始源
文件(F) 编辑(E) 格式(O)
<html>
<head>
<title>2018-07-25_150400</title>
<meta http-equiv="Content-Type" content="text/html; charset=utf-8">
</head>
<body bgcolor="#FFFFFF" leftmargin="0" topmargin="0" marginwidth="0" marginheight="0">
<!-- Save for Web Slices (2018-07-25_150400.png) -->
<table id="__01" width="1228" height="1570" border="0" cellpadding="0" cellspacing="0">
	<tr>
		<td colspan="5">
			<img src="images/&#x5bb6;&#x5c45;&#x5e97;&#x94fa;&#x9996;&#x9875;&#x5207;&#x7247;_01.jpg" width="1228" height="139" alt=""></td>
	</tr>
	<tr>
		<td colspan="5">
			<img src="images/&#x5bb6;&#x5c45;&#x5e97;&#x94fa;&#x9996;&#x9875;&#x5207;&#x7247;_02.jpg" width="1228" height="681" alt=""></td>
	</tr>
	<tr>
		<td rowspan="4">
			<img src="images/&#x5bb6;&#x5c45;&#x5e97;&#x94fa;&#x9996;&#x9875;&#x5207;&#x7247;_03.jpg" width="124" height="750" alt=""></td>
		<td>
			<img src="images/&#x5bb6;&#x5c45;&#x5e97;&#x94fa;&#x9996;&#x9875;&#x5207;&#x7247;_04.gif" width="330" height="246" alt=""></td>
		<td>
			<img src="images/&#x5bb6;&#x5c45;&#x5e97;&#x94fa;&#x9996;&#x9875;&#x5207;&#x7247;_05.jpg" width="329" height="246" alt=""></td>
		<td>
			<img src="images/&#x5bb6;&#x5c45;&#x5e97;&#x94fa;&#x9996;&#x9875;&#x5207;&#x7247;_06.jpg" width="330" height="246" alt=""></td>
		<td rowspan="4">
			<img src="images/&#x5bb6;&#x5c45;&#x5e97;&#x94fa;&#x9996;&#x9875;&#x5207;&#x7247;_07.jpg" width="115" height="750" alt=""></td>
	</tr>
	<tr>
		<td>
			<img src="images/&#x5bb6;&#x5c45;&#x5e97;&#x94fa;&#x9996;&#x9875;&#x5207;&#x7247;_08.jpg" width="330" height="247" alt=""></td>
		<td>
			<img src="images/&#x5bb6;&#x5c45;&#x5e97;&#x94fa;&#x9996;&#x9875;&#x5207;&#x7247;_09.jpg" width="329" height="247" alt=""></td>
		<td>
			<img src="images/&#x5bb6;&#x5c45;&#x5e97;&#x94fa;&#x9996;&#x9875;&#x5207;&#x7247;_10.jpg" width="330" height="247" alt=""></td>
```

图4-16　查看网页源代码

4.2　网店图片管理

装修店铺和发布商品时会使用大量的图片素材，图片空间对于淘宝来说是必不可少的一部分，充分利用图片空间可以提升图片管理的效率，提高商品图片的展示速度，改善消费者购物体验。

4.2.1　认识图片空间

图片空间类似于淘宝装修的网络相册，里面不但包含店铺装修中用到的所有图片，还包含了不同风格的模块样式。下面将对图片空间的基础知识进行介绍。

1. 图片空间的进入方法

进入图片空间的方法主要有三种，具体介绍如下。

- **通过装修页面后台进入：**登录淘宝店铺账号后，进入卖家中心首页，单击“店铺管理”下方的“图片空间”超链接，即可进入“图片空间”页面。该方法是进入图片空间的常用方法。
- **使用网页直接进入：**在浏览器的地址栏中输入网址 tu.taobao.com，即可直接进入图片空间。
- **使用千牛进入：**进入千牛界面即可看到卖家中心首页，单击“店铺管理”下方的“图片空间”超链接，即可进入图片空间页面，如图 4-17 所示，在其中可进行图片的上传操作。

图4-17　千牛工作台界面

2. 图片空间的优势

图片空间与其他空间不同的是，图片空间的图片不但可以直接复制链接，还能在装修过程中快速进行图片查找。使用淘宝图片空间的优势主要有以下几点。

- **管理方便：**淘宝图片空间相对于其他外网空间，在功能方面更全面，包括替换、引用、搜索、搬家和批量处理等，更方便图片的管理。
- **安全稳定：**图片空间是属于淘宝官方的产品，在图片安全性、稳定性等方面比较有保障。
- **流量速度快：**在图片空间中浏览图片，就像是在计算机中查看桌面文件图片一样。应用图片空间中的图片可以加快页面打开的速度，这样不但提高了买家的浏览量，还促进了销售。

4.2.2　图片空间的管理

上传图片时，如果没有对图片的类别进行设置，上传的图片会存放在“默认分类”下。如果商品较多，众多商品图堆积在一起，既不利于美工查找，也容易出现少传或错传等问题。为了方便区分不同的图片，可以通过“图片管理”页面对图片进行分类管理。管理图片的方法有很多种，下面对常用的管理方法进行介绍。

1. 图片空间排序方式

在图片空间中，排序的方式主要为图标排序、列表排序和自定义排序。这 3 种排序方法中图标排序方式显示得更直观，而列表排序方式可以看到更多的图片信息。下面对这 3 种排序方式进行介绍。

- **图标排序：**图标排序与列表排序相比，其展现效果更直观，常用于制作店铺模板时使用。其设置方式为：打开“图片空间”首页，在该页面最右侧单击“大图模式”按钮，如图 4-18 所示。即可将空间中的图片以大图方式显示，方便图片查找，如图 4-19 所示。

图4-18　选择“大图模式”按钮

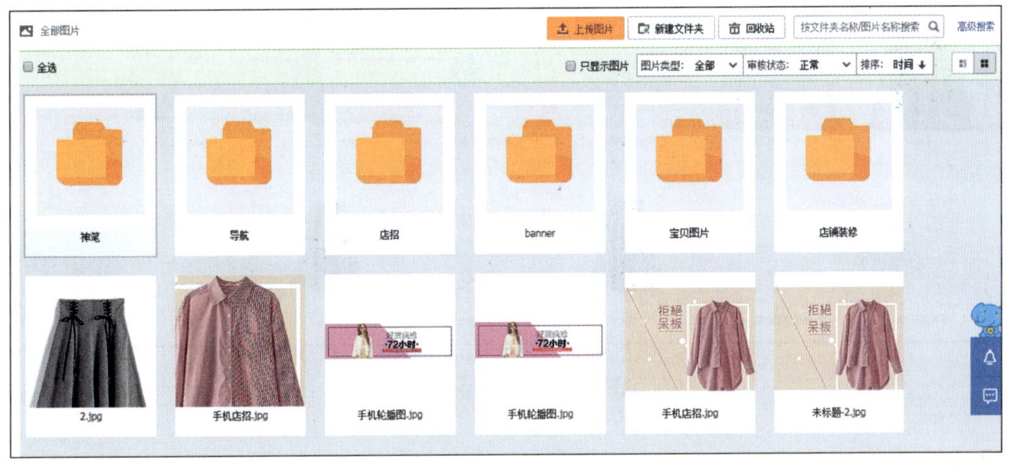

图4-19　图标排列

- **列表排列：**列表排列后的图片将逐列对图片进行排序。使用列表排序更容易查看图片的类型、尺寸、大小和上传日期，常用于删除图片，或是图片转移时使用。其设置方法为：单击图 4-18 右侧的“列表模式”按钮，即可将空间中的图片以列表方式展示，方便查看图片信息，如图 4-20 所示。
- **自定义排列：**自定义排列与图标排列及列表排列不同，它属于手动排列的一种，使用该排列方式可根据不同的需求对图形进行排列。其设置方法为：打开“图片空间”首页，选中“只显示图片”复选框，并单击其右侧的下拉按钮，在下拉列表中选择“PC端”，在其右侧还可设置图片的显示效果，如图 4-21 所示。

尊敬的用户，图片空间将升级新版本，现已开始公测，点击试用。

全部图片　上传图片　新建文件夹　回收站　按文件夹名称/图片名称搜索

全选　只显示图片　图片类型：全部　审核状态：正常　排序：时间

名称	类型	尺寸	大小	是否引用	更新时间
神笔	文件夹				2018/03/16 08:45
导航	文件夹				2018/03/16 08:45
店招	文件夹				2018/03/16 08:45
banner	文件夹				2018/03/16 08:45
宝贝图片	文件夹				2018/03/16 08:45
店铺装修	文件夹				2018/03/16 08:45
2.jpg	jpg	320x320	59.97k	否	2018/07/04 09:44
手机店招.jpg	jpg	320x320	70.21k	否	2018/07/04 09:44
手机轮播图.jpg	jpg	750x199	54.38k	否	2018/07/02 15:51

图4-20　列表排序

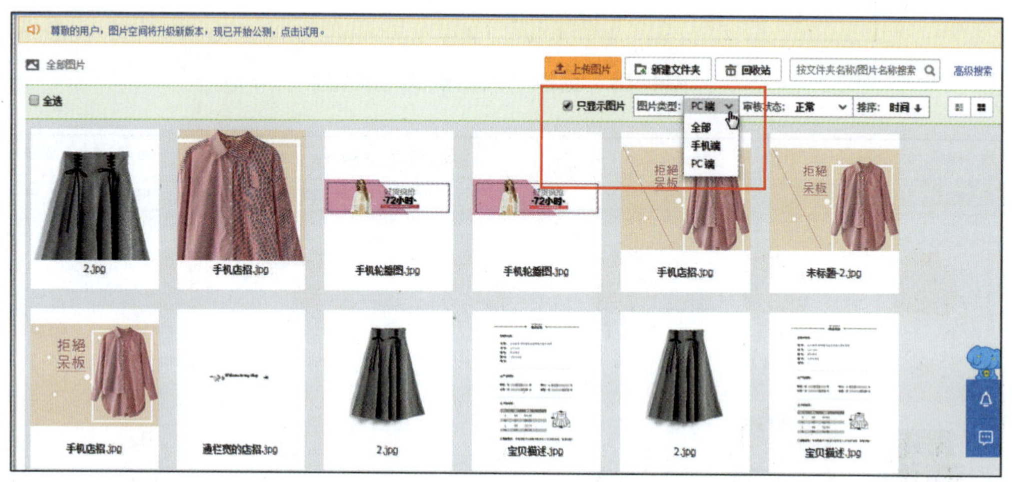

图4-21　自定义排序

2. 图片的授权

将图片上传至图片空间后，该图片只允许当前店铺使用，而不能同时共享给其他店铺。但是很多淘宝店铺都存在多个子店铺，若需要逐一上传会很麻烦，此时可以通过图片授权的方式来分享图片。设置方法为：打开“图片空间”首页，单击“授权管理”选项卡标签，进入“授权管理”页面，在“添加授权的店铺”文本框中输入需要授权的旺旺 ID，单击“添加”按钮，打开提示对话框，单击“确定”按钮即可完成授权，如图 4-22 所示。授权成功后，将会显示授权店铺的授权时间。

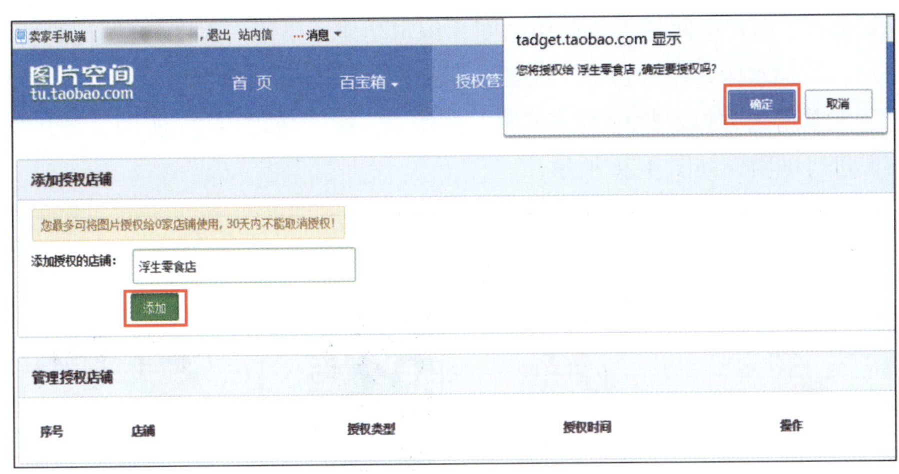

图4-22 授权店铺

3. 其他管理方法

图片空间管理方法除上述两种外，还有几种其他方法，如重命名图片、移动图片和编辑图片等。具体介绍如下。

- **重命名图片：** 将图片命名为对应商品的名称，可以使图片更加直观，便于管理。其方法为：在图片上传之后，选择需要重命名的图片，单击图片下方的文件 / 文件夹名称即可快速复制和修改名称，如图 4-23 所示。
- **移动图片：** 如果需要将默认上传到图片空间中的图片移动到其他文件夹中，可以选择该图片，然后右击，在弹出的快捷菜单中选择“移动”选项，打开“移动到”对话框，在其中选择要移动到的文件位置，然后单击“确定”按钮，如图 4-24 所示。返回图片空间，打开相应的文件夹即可查看被移动的图片。

图4-23 重命名图片

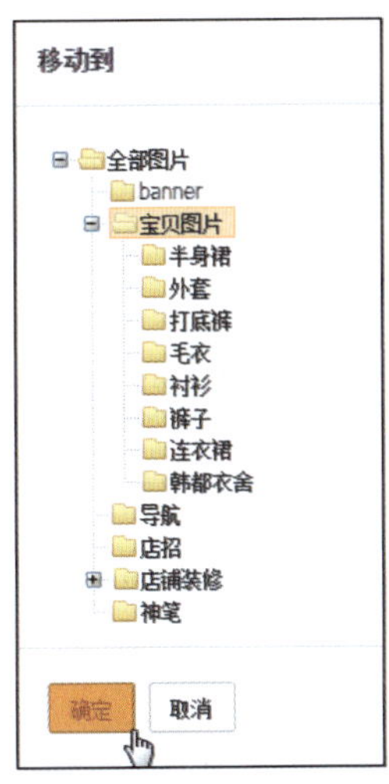

图4-24 移动图片

- **编辑图片：** 图片空间提供了简单的图片编辑功能，供用户对图片进行调整，如美化图片、添加水印、添加边框、拼图、添加文字等。其操作方法为：单击需要编辑的图片，单击上方操作栏中的“编辑”按钮 编辑 ，如图 4-25 所示。打开图片编辑页面进行编辑，如图 4-26 所示。

图4-25　选择需要编辑的图片

图4-26　编辑图片

4.2.3　图片空间的功能

图片空间是一个人在互联网中的相册，它具有普通相册的基本功能，如存储图片、替换图片等功能。除这些基本功能外，图片空间还具有上传、替换、引用、搜索及搬家等辅助功能。

1. 将图片上传至图片空间

进行装修或发布商品前，卖家即可将需要使用的图片上传到图片空间，当需要使用对应的图片时即可直接从文件夹中选择，具体操作如下。

Step1. 登录淘宝卖家中心，在左侧列表框中的“店铺管理”栏中单击“图片空间”超链接，如图 4-27 所示。

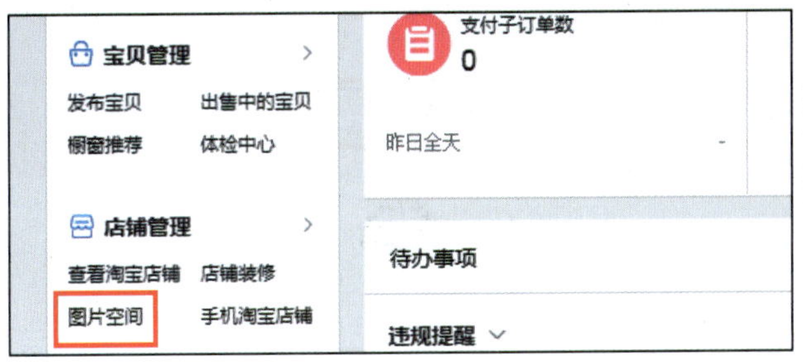

图4-27　进入图片空间

Step2. 在页面右上方单击“新建文件夹”按钮 新建文件夹 ,打开“新建文件夹”对话框，输入用于上传图片的文件夹名称,此处输入“宝贝图片”,单击“确定”按钮,如图 4-28 所示。

新建文件夹
请输入文件夹名称
宝贝图片
确定　取消

图4-28　新建文件夹

Step3. 在图片空间中,双击打开新建的“宝贝图片”文件夹,在页面右上方单击“上传图片”按钮 上传图片，如图 4-29 所示。

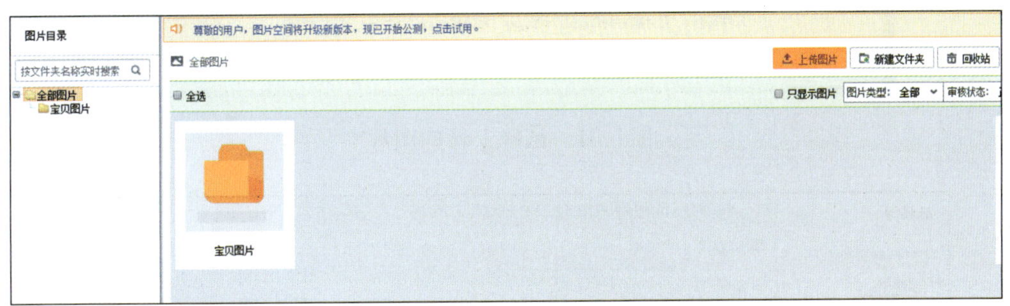

图4-29　上传图片

Step4. 打开“上传图片”对话框，单击“点击上传”按钮 点击上传 ，如图 4-30 所示。

Step5. 进入“打开”对话框，选择宝贝路径，选中需要上传的图片上传单张图片，或按 Ctrl 键单击多张图片批量上传，最后单击“打开”按钮，如图 4-31 所示。

Step6. 此时,“图片上传提示”对话框将打开,并显示图片的上传速度。上传完成后，自动返回图片空间并提示完成图片上传，关闭提示窗口，即可查看上传的图片，如图 4-32 所示。

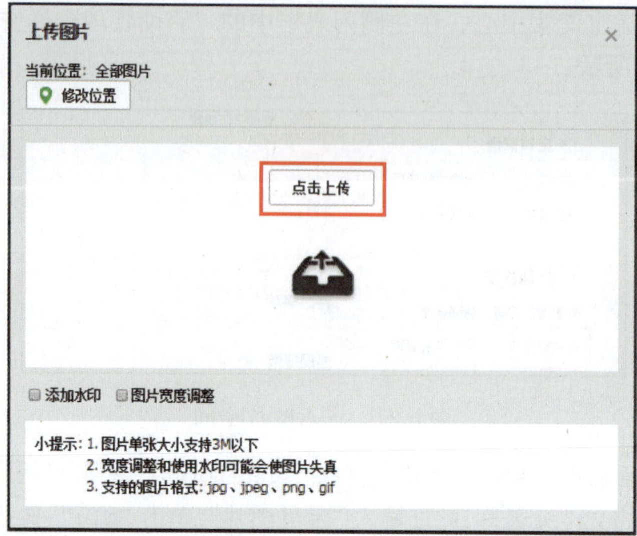

图4-30　选择上传方式

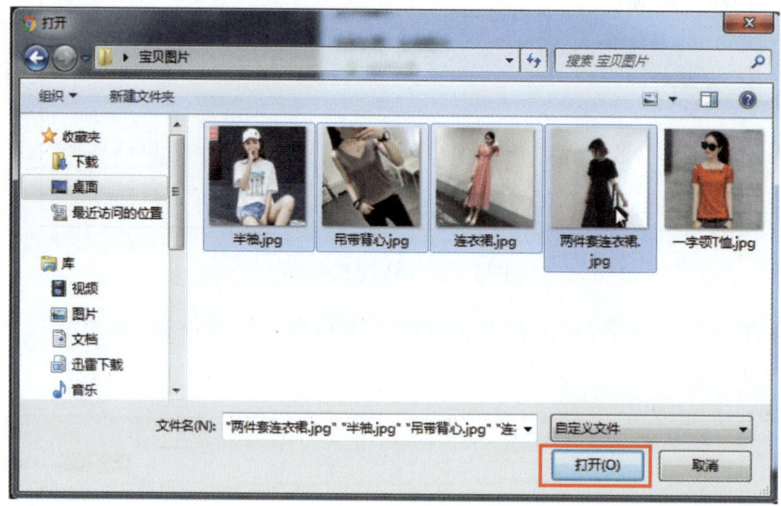

图4-31　选择上传的图片

图4-32　查看上传的图片

2. 删除与还原空间图片

删除图片空间中未引用的图片，可以节约空间容量，方便以后上传其他商品图片到空间中。删除的图片会在回收站中存储7天，若在7天内需要再次使用该图片，可以将其从回收站中恢复到图片空间，其具体操作如下。

Step1. 进入“图片空间”页面，打开需要删除图片所在的文件夹，图片右上角出现“引”字符号的图片为已经引用的图片，如图4-33所示。

图4-33　识别被引用的图片

Step2. 按Ctrl键单击选择未引用的图片，在打开的工具栏中单击“删除”按钮 × 删除，即可删除未引用的图片，如图4-34所示。

图4-34　删除未引用的图片

Step3. 在页面上方单击“回收站”按钮 回收站，进入回收站页面，如图4-35所示。选择需要还原的图片，单击“还原”按钮 还原，如图4-32所示，即可将该图片还原到图片空间。

还原 | × 永久删除

名称	类型
吊带背心.jpg	jpg
连衣裙.jpg	jpg
两件套连衣裙.jpg	jpg

图4-35　在回收站中还原图片

3. 替换空间图片

在淘宝图片空间中，可以将已上传图片替换为其他图片，但是替换图片后店铺引用的图片也会随着发生变化，其具体操作如下。

Step1. 选中图片空间中需要替换的图片，单击顶部工具栏中的“替换”按钮 替换，如图4-36所示。

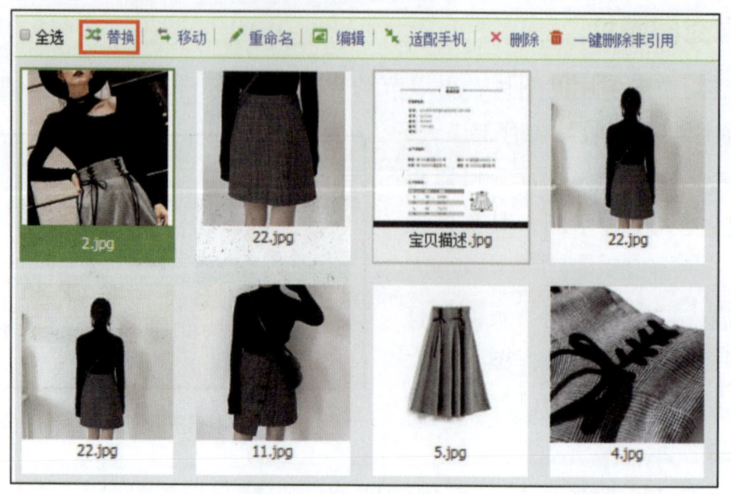

图4-36　选中替换图片

Step2. 打开“替换图片”对话框，单击“选择文件”按钮 选择文件 ，如图 4-37 所示。

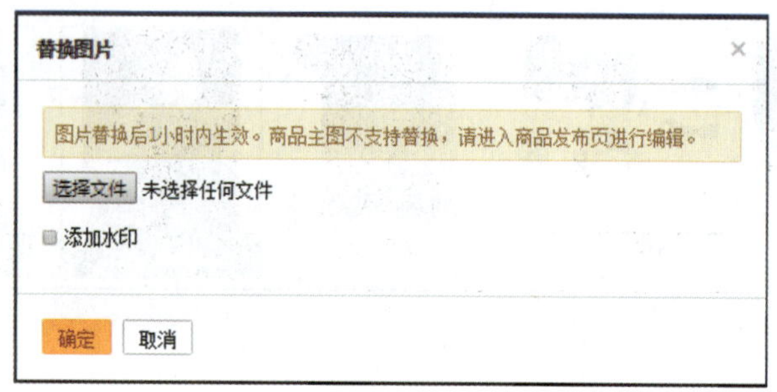

图4-37　选择上传的图片文件

Step3. 打开“打开”对话框，在其中选择要替换上的图片，单击“打开”按钮 打开(O) ，如图 4-38 所示。

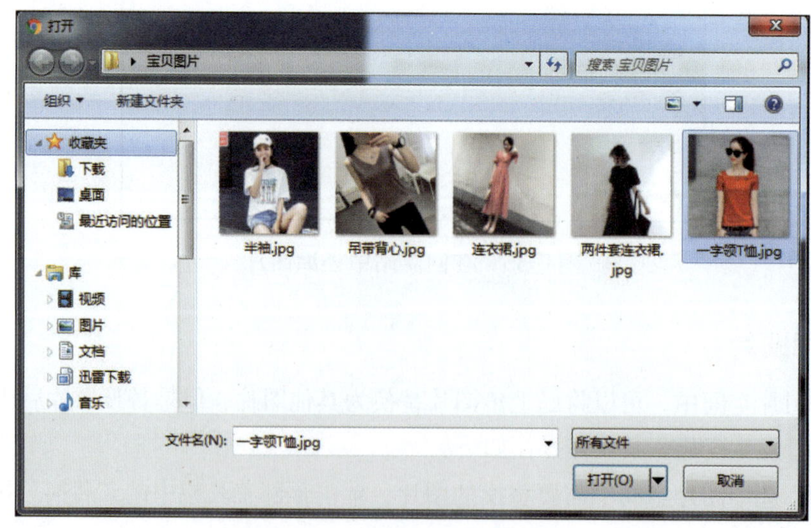

图4-38　选择要替换上的图片

Step4. 返回“替换图片”对话框，单击“确定”按钮 确定 即可完成替换，替换后的效果如图 4-39 所示。

图4-39　查看替换效果

4.3 本章小结

本章主要介绍了商品图片的切片与管理，包括图片的切片与优化和网店图片管理的相关知识。

通过本章内容的学习，读者应该认识切片的作用，了解图片空间的作用及使用方法，同时熟悉标尺和辅助线的使用方法，能够将图片制作成切片形式。

第5章

网店装修元素的设计与制作

学习目标

知识目标	● 认识Logo的定义与类型 ● 了解店标的设计要点
技能目标	● 掌握静态店标的制作方法和设计要点 ● 掌握动态店标的制作方法 ● 掌握店铺背景的制作方法

店铺装修元素设计的好坏，直接影响买家对店铺的第一印象。例如，Logo作为最具标示性的元素，可以反复加强买家对品牌的印象，形成品牌烙印；精美的店标可以在第一时间吸引买家进入；店铺背景可以烘托整个店铺的氛围。本章将从店铺Logo的设计、店标的设计、店铺背景的制作三方面介绍店铺最基础装修元素的设计与制作方法。

5.1 Logo的设计

Logo 是店铺最重要的标志之一，常常出现在店铺页面和商品图片中，通过 Logo 可以展示和宣传店铺，将店铺的形象、特点与其他店铺区分开来，增加店铺的辨识度，从而使客户形成对店铺品牌的烙印。

5.1.1 什么是店铺Logo

Logo 也称标志，主要通过造型简单和意义明确的视觉符号，将经营理念、企业文化、经营内容和产品要素等的一个方面或几个方面传递给买家。店铺 Logo 是店铺视觉形象的核心，也是构成店铺形象的基本特征，能够体现店铺的内在素质，它不仅是调动店铺视觉的主导因素，也是整合视觉要素的中心。

店铺 Logo 既可以应用在店招中，也可以应用在宝贝主图、店标设计中，图 5-1 所示即为一些较为成功网店的店铺 Logo 在店招中的应用。

图5-1　店铺Logo案例

5.1.2 店铺Logo的类型

Logo 是店铺的形象，优秀的店铺 Logo 可以起到宣传店铺的作用，吸引买家。Logo 的外形丰富，设计者可发挥的想象空间很大，从视觉上可以分为文字 Logo、图形 Logo 和图文结合型 Logo 3 种。

- **文字 Logo：**文字 Logo 是以文字、名称为表现主体，一般是由品牌名称、缩写或者抽取其中个别有趣的文字，通过重新排列、文字扭曲、颜色调整等方式设计成标示。如“卫龙”标志，即以其名称为标志，以红色为底色，以白色为文字颜色，颜色对比鲜明，文字醒目，且采用可爱又简单的形式，容易记忆，如图 5-2 所示。
- **图形 Logo：**以具体的图形来表现品牌的名称或

图5-2　文字Logo

商品的属性，相对于文字 Logo 更为直观和富有感染力，如 Apple 公司使用苹果的图形作为 Logo。大嘴猴童装店铺使用大嘴猴的卡通形象作为 Logo，如图 5-3 所示。相较于文字 Logo，图形 Logo 表达的含义更为直观，也更具感染力。

- **图文结合型 Logo：**图文结合型 Logo 是由图形与文字结合构成的，表现为文中有图、图中有文的图形特征，如图 5-4 所示。

图5-3　图形Logo

图5-4　图文结合型Logo

5.1.3　店铺Logo的制作

店铺 Logo 是一个店铺最具标识性的元素，是店铺装修中必不可少的一部分。下面以大魔树女装店铺 Logo 制作为例，讲解 Logo 的制作方法。首先分析 Logo 的表现形式，本案例将采取图文结合的 Logo 类型，绘制一个大树的图形，配合“大魔树”大写拼音作为 Logo 主体外形。然后选取 Logo 的色调，由于店铺经营的是高端女装，故选用具有高贵大气的紫色和代表女性的粉色搭配，Logo 的制作效果如图 5-5 所示，具体操作方法如下。

图5-5　店铺Logo

Step1. 打开 Illustrator CS6 软件，按 Ctrl+N 组合键新建一个“宽度”为 400 像素、“高度”为 400 像素的画布，并命名为“大魔树女装 Logo”，如图 5-6 所示。

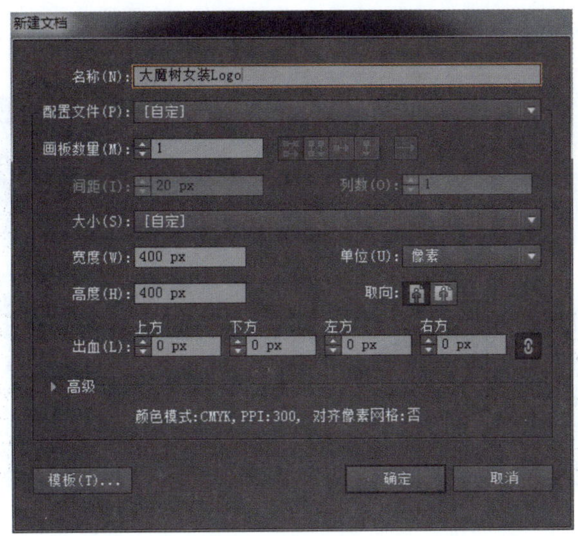

图5-6 新建画布

Step2. 选择“椭圆工具”，在选项栏中设置参数“填充”为无，“描边”设置为 1 像素，在画布上单击，绘制一个大小为 293 像素的正圆形，如图 5-7 所示。

Step3. 选择“矩形工具”，在选项栏中设置参数“填充”为黑色，“描边”设置为无，绘制一个大小为 45 像素 ×130 像素的矩形，放置位置如图 5-8 所示。

图5-7 绘制正圆

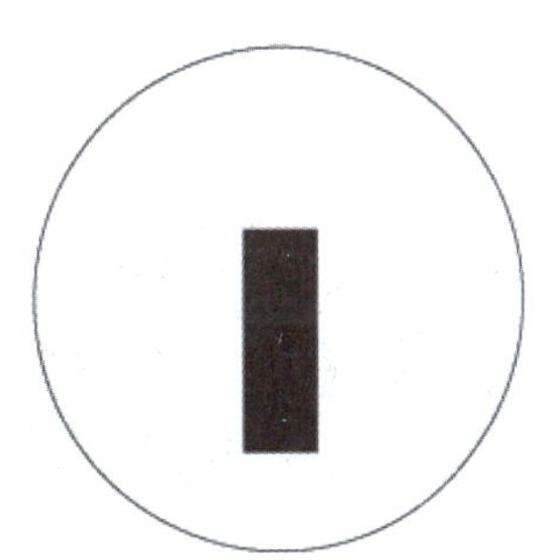

图5-8 矩形

Step4. 选择“添加锚点工具”，在矩形上方添加一个锚点，并单击工具栏上方的“将所选锚点转化为平滑”按钮将其转化为平滑锚点，如图 5-9 所示。

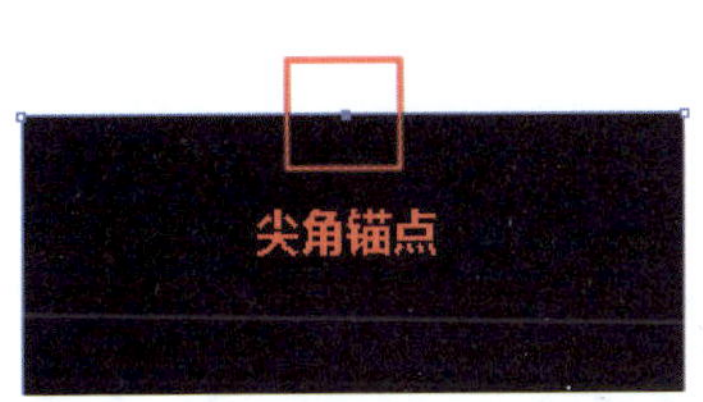

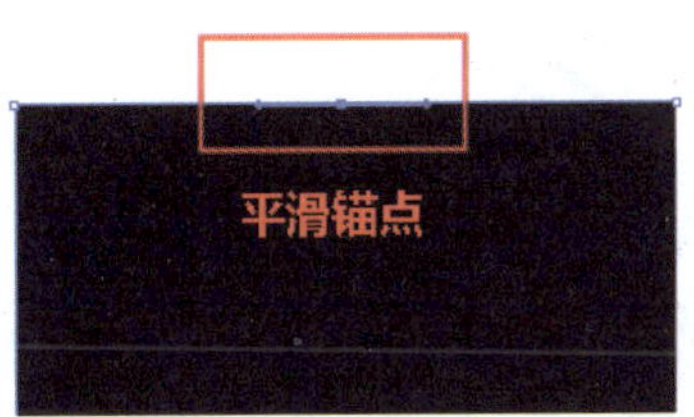

图5-9 转换锚点

Step5. 选择“直接选择工具”，选中新添加的锚点，向上拖曳并适当调整手柄至如图 5-10 所示的效果。

Step6. 按照 Step3 和 Step4 的方法，将矩形调整至如图 5-11 所示的树干效果。

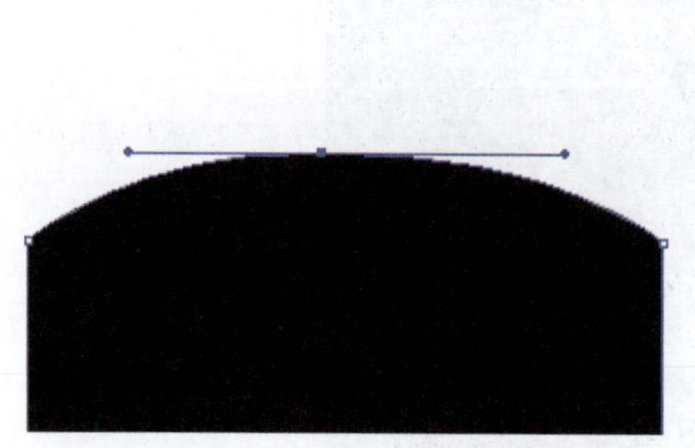

图5-10 移动、调整锚点

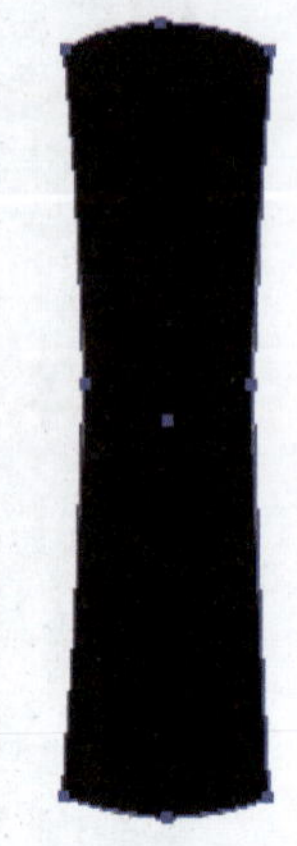

图5-11 调整矩形

Step7. 选择“钢笔工具”，在工具属性栏中设置参数“填充”为无，“描边”设置为 4pt，圆角设置为“圆角端点”，参数如图 5-12 所示。设置完成后在圆内绘制出如图 5-13 所示的一条路径。

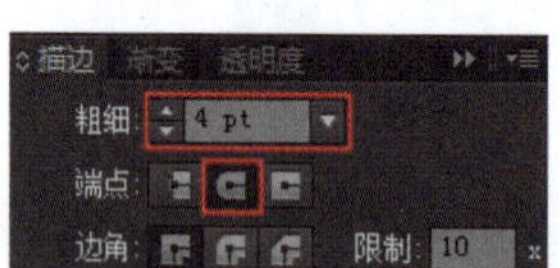

图5-12 设置描边参数

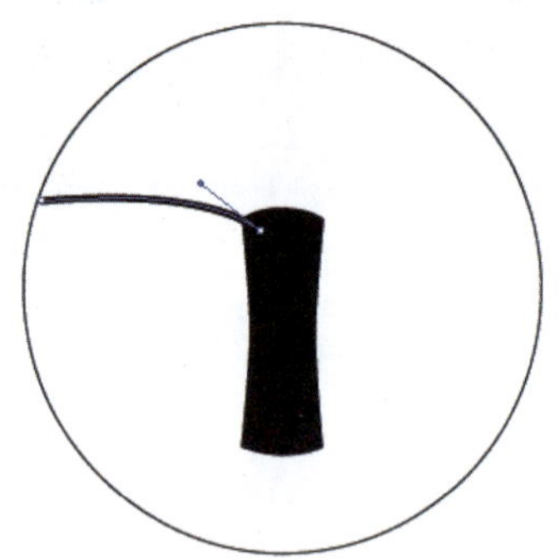

图5-13 路径

Step8. 按照 Step7 的方法绘制路径，效果如图 5-14 所示。依次按 Alt→O→X 键，将该路径扩展为形状，扩展前后的对比图如图 5-15 和图 5-16 所示。

图5-14 绘制路径

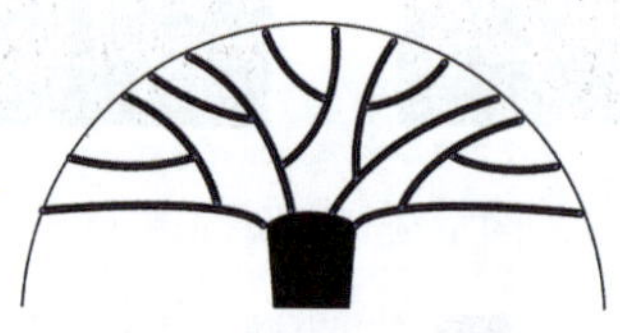

图5-15 扩展轮廓前

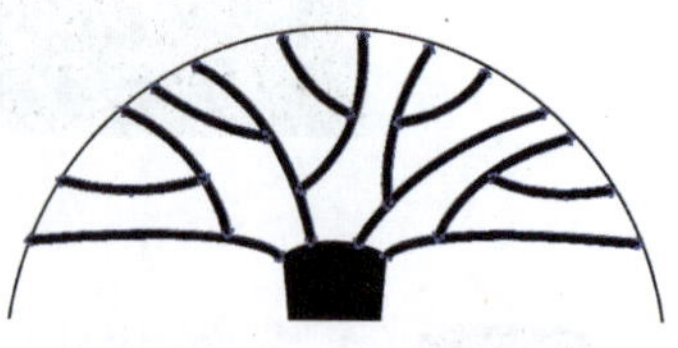

图5-16 扩展轮廓后

Step9. 按 Shift+Ctrl+F9 组合键，调出“路径查找器”面板，选中树干及树枝，单击“联集”按钮将树干和树枝进行合并，如图 5-17 所示。

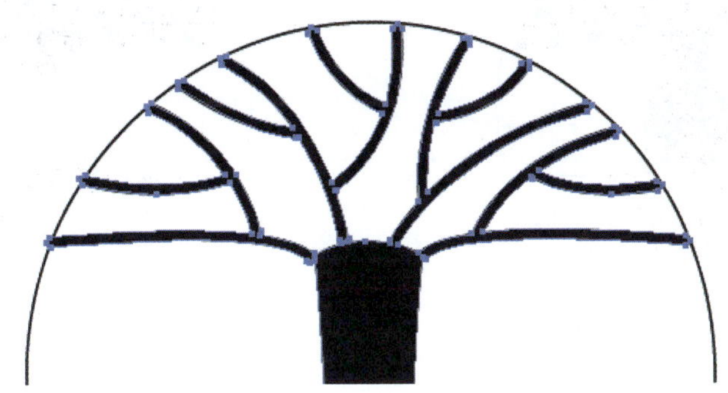

图5-17 合并形状

Step10. 选择“钢笔工具”绘制树叶，如图 5-18 所示，将其复制排列至图 5-19 所示的效果。选中所有树叶，按 Ctrl+G 组合键进行编组。

图5-18 绘制树叶

图5-19 树叶排列

Step11. 选择“钢笔工具”，在工具属性栏中设置参数“描边”为无，绘制树根，如图 5-20 所示。按照 Step9 的方法将其合并形状，效果如图 5-21 所示。

图5-20 绘制树根

图5-21 合并形状

Step12. 选择“椭圆工具”，在工具属性栏中设置参数“描边”为无，绘制一个大小为 80 像素的正圆形，放置在如图 5-22 所示的位置。

Step13. 选中树干形状及刚绘制的正圆形，在路径查找器中，单击“减去顶层”按钮，减去圆形所占区域，效果如图 5-23 所示。

图5-22 绘制正圆形

图5-23 减去顶层圆形

Step14. 用“钢笔工具”绘制土地，如图 5-24 所示。将其放置在合适位置，删除最外面的圆形描边，效果如图 5-25 所示。

图5-24 绘制土地

Step15. 选择“文字工具” T，在工具属性栏设置字符为 2006、regular，大小为 76 像素，在画布中输入 DAMOSHU 文本，并将其放置在如图 5-26 所示的位置。

图5-25 删除圆形描边

图5-26 输入文本

Step16. 选中文本并右击，在弹出的快捷菜单中选择“创建轮廓”选项，效果如图 5-27 所示。

Step17. 按 Ctrl+A 组合键，选中所有形状，如图 5-28 所示。

图5-27 创建轮廓

图5-28 选中所有形状

Step18. 双击“渐变工具” 设置渐变参数，具体设置参数如图 5-29 所示，添加颜色后的 Logo 如图 5-30 所示。

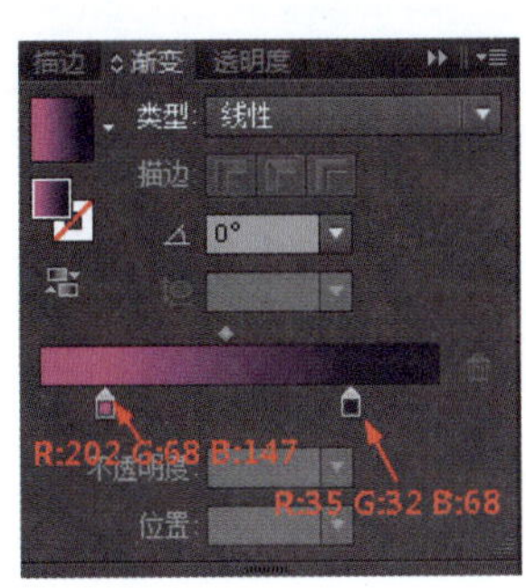

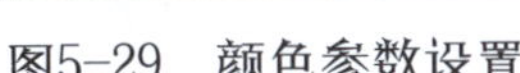
图5-29 颜色参数设置

图5-30 添加颜色

Step19. 选中 DAMOSHU 形状，在工具栏中选择“渐变工具” ，在 DAMOSHU 上曳出一条渐变条，如图 5-31 所示。

图5-31 拉渐变

Step20. 按 Ctrl+A 组合键选中所有形状，再按 Ctrl+G 组合键对其进行编组。最后选择“文件”→“导出”命令，导出为 png 格式，Logo 制作完成，效果图如图 5-5 所示。

5.2 店标的设计

5.2.1 什么是店标

店标是指店铺的标志，通常显示在无线端店铺首页左下角或买家在搜索店铺时，店铺会以店标 + 店铺名称、主营项目等方式展示，如图 5-32 所示。好的店标可以表达出店铺的独特风格，且可视度较高，能让人一眼记住。好的店标可以吸引买家单击进入店铺。因此，对于买家而言制作一个有个性的店标是网店必须完成的一项工作。

图5-32　店标显示位置

店标分为静态店标与动态店标。静态店标主要为 GIF、JPG、JPEG、PNG 格式的静态图片，如图 5-32 所展示的样式；而动态店标则为 GIF 格式的动态图片。卖家可根据需求选择静态店标或动态店标。

5.2.2 店标的设计要点

店标的设计会因店铺的产品定位、店铺风格的不同而有所不同，所以店标的设计千变万化，有的比较时尚新颖，有的比较大气稳重，有的比较搞怪有趣，有的比较甜美。设计店标时，通常需要注意以下几个方面。

- **店标的尺寸要求：**店标的设计应符合店铺装修后台的尺寸要求，否则很容易导致图片变形，这样不仅影响视觉效果，也会导致一些客户群流失。淘宝店标的文件格式为 GIF、JPG、JPEG、PNG，尺寸建议为 80 像素 ×80 像素，文件大小为 80KB 以内。
- **店标的外观：**由于店标有尺寸限制，所以设计店标时不宜太过复杂，要便于查看，因此店招要尽量简洁，可以是简单的图形或图形组合，甚至直接将店名制作成店标。动态店标的动画不宜过于复杂，动画跳转速度不宜过快，否则容易造成买家的视觉疲劳。
- **让买家过目不忘：**一个好的店标要从颜色、图案、字体和动画等方面入手。所制作的店标要在符合店铺类型的基础上，使用醒目的颜色、独特的图案、漂亮的字体或直观的动画效果以给人留下深刻印象。
- **统一性：**店标的外观、颜色要与店铺风格统一，不能只考虑好看而与店铺主题不符。若制作动态店标，还要考虑效果的变化是否符合需求。

5.2.3 店标的制作

上面提到店标分为静态店标和动态店标，本节仍以大魔树女装店铺的店标制作为例进行介绍。为贴合店铺形象使店铺整体统一，案例将基于店铺 Logo 对店标进行设计。下面分别介绍静态店标与动态店标的制作方法。

1. 制作静态店标

静态店标多由文字和图像组成，卖家单击店标图片的任意一个部分即可快速跳转到店铺首页中，本案例将对“大魔树女装店”店铺进行静态店标的制作，制作时根据 Logo 的元素来制作店标，其具体操作如下。

Step1. 打开 Photoshop CS6 软件，新建一个“宽度”为 80 像素、“高度”为 80 像素、“分辨率”为 72 像素 / 英寸，“背景内容”为白色的文件，并命名为“大魔树店标”，如图 5-33 所示。

Step2. 将素材文件“大魔树 - 树 .png”置入到“大魔树店标”文档中，如图 5-34 所示。按 Enter 键确定置入。

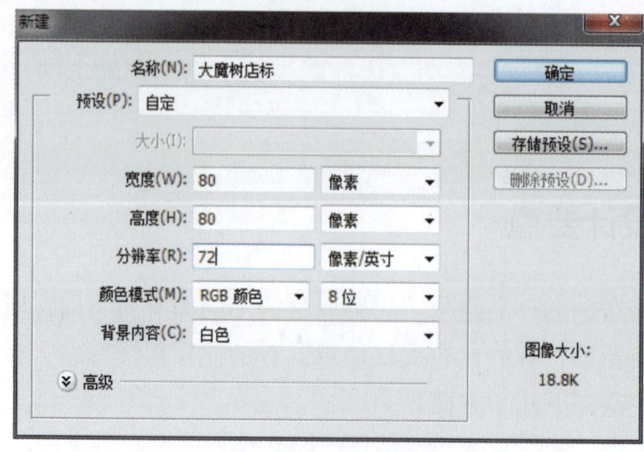

图5-33　新建文档设置

Step3. 选择“窗口”→“字符”命令调出“字符”面板，在“字符”面板中设置参数，如图 5-35 所示。选择“横排文字工具” T 输入文本“大魔树”，如图 5-36 所示。

图5-34　置入形状

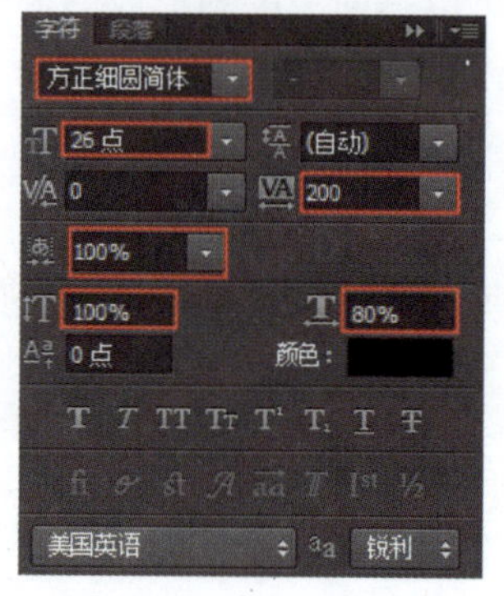

图5-35　设置字符参数

图5-36　输入文本

Step4. 选中“大魔树”文本图层，单击图层下方的“图层样式”按钮 fx，在弹出的菜单中选择“渐变叠加”选项为其添加渐变叠加效果，渐变叠加参数如图 5-37 所示。

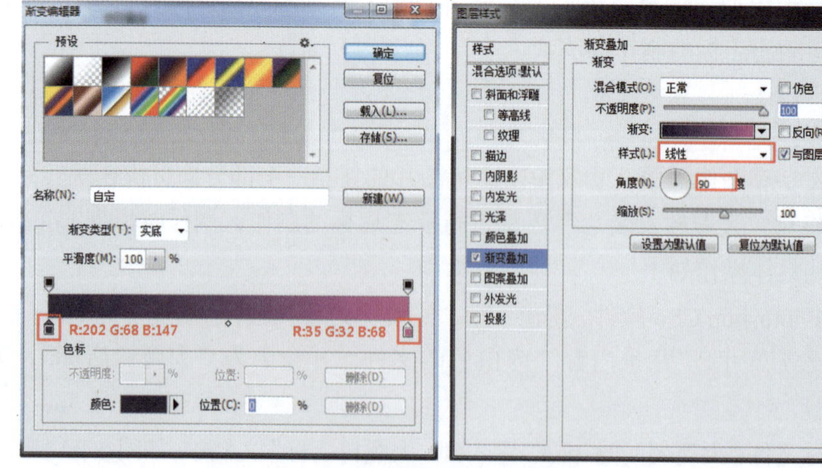

图5-37　渐变参数设置

Step5. 最后按 Ctrl+S 组合键和 Ctrl+Shift+S 组合键将其 PSD 格式和 PNG 格式的文件保存到相应文件夹内。至此，大魔树店标制作完成，完成的效果图如图 5-38 所示。

图5-38 效果图

2. 制作动态店标

动态店标实际就是将多个图像和文字效果构成 GIF 动画，该动画不但醒目，而且美观。本节将继续在静态店标的基础上制作动态店标。

Step1. 使用 Photoshop CS6 软件打开素材文件“大魔树店标 .psd”，将其另存为“大魔树动态店标”文件。

Step2. 选择“窗口”→“时间轴”命令，单击“复制所选帧”按钮，复制所选帧。选择第一帧，在图层面板中将“大魔树”文本图层和“矢量智能对象”图层的不透明度设置为 30%，如图 5-39 所示。

Step3. 选择第二帧，在图层面板中将“大魔树”文本图层和“矢量智能对象”图层的不透明度设置为 100%，如图 5-40 所示。

图5-39 设置第一帧的不透明度

图5-40 设置第二帧的不透明度

Step4. 选择第一帧，单击其右下方的按钮，在下拉列表中选择“0.1”选项，设置第一帧的播放时间。选择第二帧，单击其右下方的按钮，在下拉列表中选择“0.5”选项，设置第二帧的播放时间，如图 5-41 所示。

图5-41 设置时间轴

Step5. 按住 Shift 键选择两个关键帧，单击“过渡动画帧”按钮，将“要添加的帧数”设置为 2，如图 5-42 和图 5-43 所示。

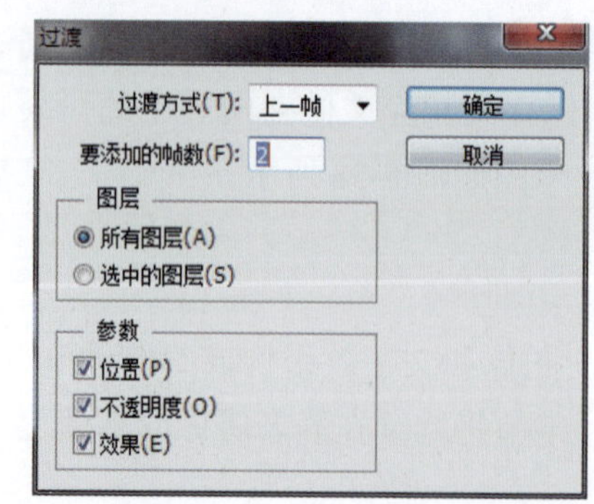

图5-42　过渡动画帧设置

图5-43　添加过渡动画帧

Step6. 在“时间轴”面板下方单击“一次”右侧的按钮，在弹出的列表中选择“永远”选项，如图 5-44 所示。单击其右侧的、按钮可以播放动画、删除选择帧。

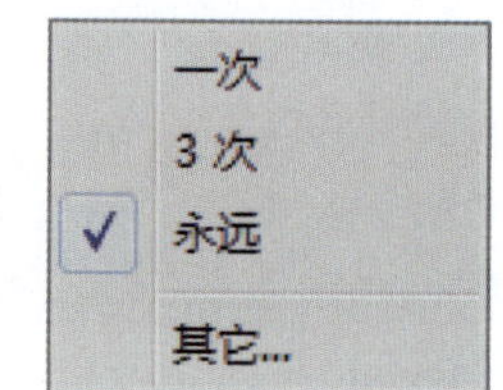

图5-44　播放次数设置

Step7. 按 Ctrl+Shift+Alt+S 组合键将其存储为 Web 所用格式，选择 GIF 格式存储。单击“存储”按钮，在弹出的“将优化结果存储为”对话框中，选择文件的存储位置，并在文本框中为该动态店标起名为“大魔树动态店标”，如图 5-45 所示。单击“保存”按钮进行保存。

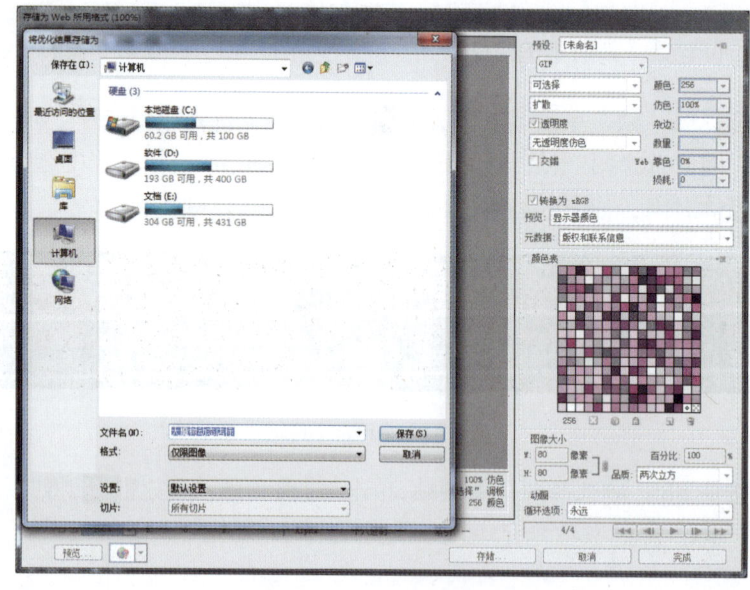

图5-45　存储文件

5.3 店铺背景的制作

店铺背景是网店装修中必不可少的一部分，除了使用网店系统自带的纯色背景外，还可制作具有独特个性且符合气氛的背景。下面对背景的设计要求和制作方法进行具体讲解。

5.3.1 店铺背景的设计要求

店铺背景不只有纯色，卖家还可以根据店铺风格制作不同样式的背景图片。在制作时需要掌握背景的设计要点，主要包括以下几点。

- **大小：**制作背景图时，背景图的大小不能过大，以免影响页面的加载速度，最终造成客源的流失。
- **图案：**制作背景图时，为了页面的整洁度，设计的背景图案不能过于花哨，也不能颜色杂乱，以免影响产品显示效果。
- **衔接：**为了使制作的背景图统一协调，在设计背景时，应注意是否能在平铺的情况下实现无缝衔接，以免出现页面不统一的情况。

5.3.2 店铺背景的制作

下面以大魔树女装店铺背景制作为例，讲解背景的制作方法。图 5-46 和图 5-47 所示分别为有背景和无背景的店铺截图，其背景由多条线条组成，此种背景既简单又可以让页面更整洁且有设计感。在制作时，不需要绘制整个线条，只需绘制出背景的一小块最后进行平铺即可。其具体操作方法如下。

图5-46　有背景

图5-47　无背景

Step1. 选择“文件”→“新建”命令，在弹出的“新建”面板中填写画布名称并设置画布大小，具体参数如图 5-48 所示。

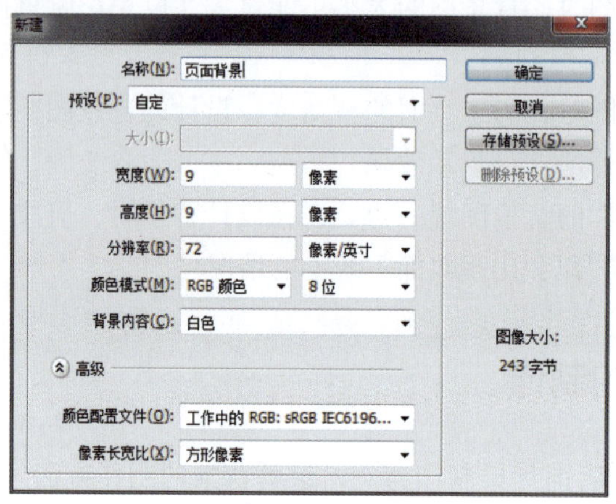

图5-48　新建画布

Step2. 在图层面板下方单击“新建图层”按钮新建图层，如图 5-49 所示。

Step3. 选择“缩放工具”将画布放大。设置前景色为灰色（R:210,G:210,B:210）。选择“矩形选框工具”在画布中框选 1 像素，并按 Alt+Delete 组合键填充前景色，如图 5-50 所示，按 Ctrl+D 组合键取消选择。

图5-49　新建图层

图5-50　绘制并填充选区

Step4. 在图层面板中选中“图层 1”和“背景”图层，选择“移动工具”，在选项栏中单击“垂直居中对齐”按钮将其进行垂直居中对齐操作，如图 5-51 所示。

Step5. 按照 Step3 和 Step4 的方法在水平居中方向绘制一个 1 像素的选区。至此，背景图制作完成，如图 5-52 所示。最后按 Ctrl+Shift+S 组合键将其以 PNG 格式保存到指定文件夹内。

图5-51 垂直居中对齐

图5-52 页面背景效果图

5.4 本章小结

本章主要介绍了网店装修元素的设计与制作的相关知识，主要包括店铺 Logo 的设计、店标的设计以及店铺背景的制作。

通过本章内容的学习，读者应该对店铺 Logo 与店标的设计有基础认识，可以设计店铺 Logo，能够制作静态店标、动态店标以及店铺背景。

第6章

快速制作店铺首页

学习目标

知识目标	• 了解店铺首页的整体布局和基础模块 • 了解店招、导航模块、轮播图、页尾的设计要求 • 了解无线端首页布局和基础模块
技能目标	• 掌握PC端首页设计技巧，能够设计店招、导航、轮播图及页尾模块。 • 掌握无线端首页设计技巧，能够对无线端首页各个模块进行设计。

店铺首页是网络商家的门面，也是买家对店铺第一印象的主要来源。设计精良的店铺首页可以引导买家、提高店铺转化率。设计粗糙的店铺首页则会影响店铺的品牌宣传和顾客的购物体验。本章将从PC端和无线端两个角度详细讲解店铺首页的制作技巧。

6.1 PC端首页规划方案

PC 端首页是指在个人计算机端口显示的首页页面。店铺首页是店铺形象展示的窗口，体现了店铺的风格和定位。因此如何规划、设计出具有自身特色的店铺风格尤为重要。本节将从店铺首页布局、模块、风格、框架搭建几个方面详细讲解 PC 端首页的规划方案。

6.1.1 了解店铺首页布局及模块

一个完整的淘宝店铺中，首页的页面中包含很多模块，其中有一些模块在固定位置，有一些模块可以随意调整移动，总的来说可以将首页分为头、中、尾三大区域，如图 6-1 所示。在这三块区域中店招、导航条及店铺页尾所在位置为固定区域，无法移动，而中部的模块区则可以随意移动。

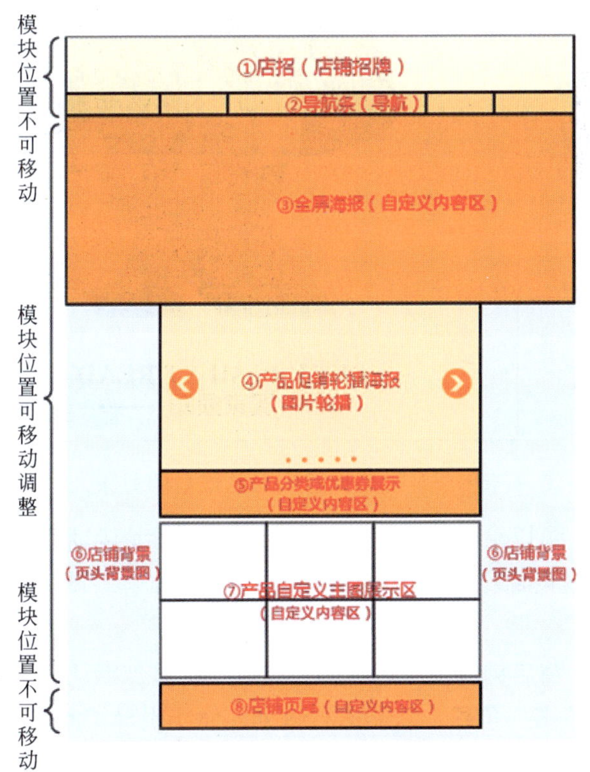

图6-1 店铺首页基础布局

除图 6-1 中涉及的模块外，在店铺首页设计中还有一些常用的小模块，具体介绍如下。

- **宝贝推荐模块**：店铺中的宝贝推荐模块就像是一条横幅，宝贝推荐模块可以自动添加店铺中销量最好的产品，或手动添加想要打造的爆款至该模块，通常会放置在店铺首页或商品详情页左侧，图 6-2 展示了某店铺详情页中宝贝推荐模块装修后的效果。

图6-2　宝贝推荐模块装修后的效果

- **宝贝排行模块**：可以给买家起到流量向导的作用，是店铺营销以及打造爆款的必备模块，推荐方式设置可以选择自动推荐或者手工推荐。图 6-3 所示即某店铺宝贝排行榜模块装修后效果。
- **默认分类模块**：将店铺的宝贝进行归类设置，可添加默认分类模块，并在类目中将宝贝按销量、收藏、价格、新品进行排列，便于引导买家按类别选择需要的宝贝。该模块常用于宝贝分类页面，也就是二级页面中，图 6-4 所示为某家店铺二级页面中的宝贝分类模块装修设置后的样式。

图6-3 宝贝排行榜模块装修后的效果

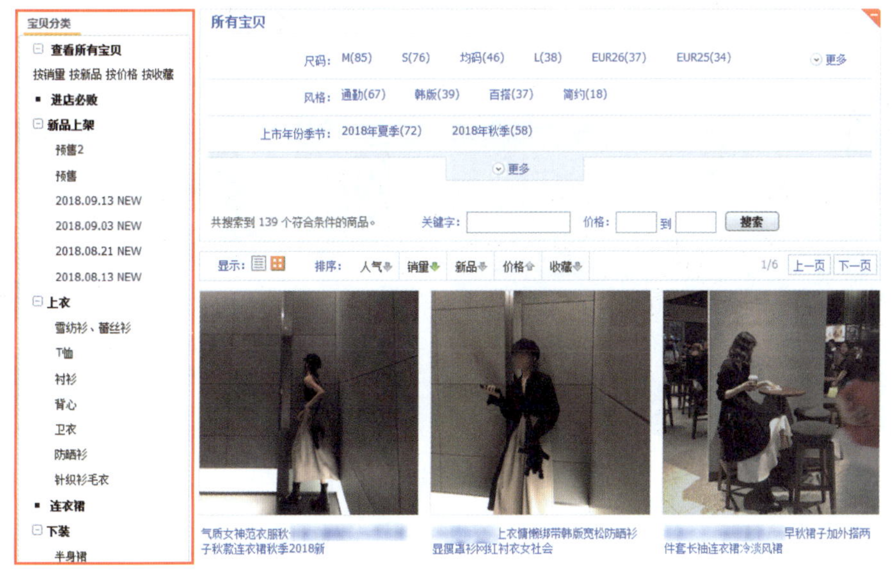

图6-4 宝贝分类模块装修后的效果

- **宝贝搜索模块：**设置搜索的关键词和价格区间，以便买家搜索整个店铺商品，如图 6-5 所示为某店铺宝贝搜索模块装修后的效果。
- **客服中心模块：**页头、页中以及页尾处一般都需要添加店铺的客服模块，其目的在于让顾客很快找到并咨询宝贝的相关信息，图 6-6 所示即某家店铺页中添加的客服模块装修后的效果。

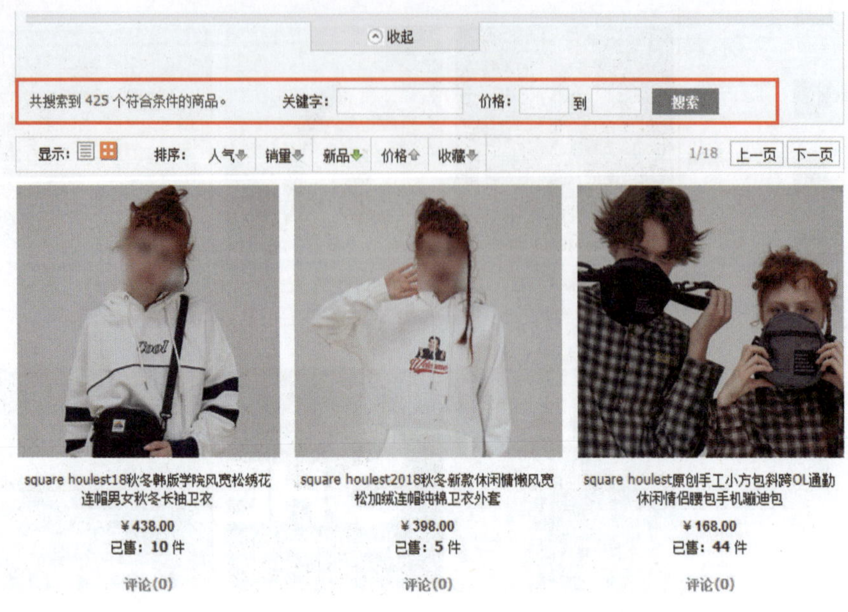

图6-5 宝贝搜索

图6-6 客服中心模块装修后的效果

上面提到的模块中，店招、导航条、全屏海报、产品促销轮播海报、产品分类或优惠券展示、产品自定义主图展示、店铺页尾以及店铺背景都需要美工人员进行设计，然后上传至相应模块。其他小模块则只需拖曳至装修页面，然后进行相应的设置，系统会自动展示相关内容。

6.1.2 店铺首页布局原则

一个店铺的布局好坏，直接影响了买家的浏览体验的好坏。想要把握店铺的每一点流量，提高整体流量，网店布局除了要根据自己的店铺风格、产品、促销活动分门别类地进行清晰、完整的布局外，还要求讲究整体布局的合理性，使浏览者享有流畅的视觉体验。要使店铺页面布局合理，需要遵守以下原则。

- **主次分明，中心突出：**视觉中心一般在屏幕的中心位置或中部偏上的位置。将店铺促销信息或爆款等重要商品安排在最佳的视觉位置，会迅速抓住买家眼球。在视觉中心以外的地方可安排稍微次要的内容，这样可以在页面上突出重点，做到主次有别。图 6-7 所示为某店铺首页的部分布局，从图中可以看到视觉中心为主推的度假风服装。

图6-7　中心突出

- **大小搭配，相互呼应：**展示多个商品时，可通过大小搭配的方式使页面错落有致，如图 6-8 所示。

图6-8　大小搭配展示

- **区域划分明确：**合理、清晰的分区可以引导消费者快速找到自己的目标商品。图 6-9 所示为宝贝的分类，买家可以根据分类找到所需的商品类型。

图6-9　宝贝分类

- **简洁与一致性：**保持页面简洁与一致性是网页布局的基础，例如，标题要醒目，页面、字体搭配得当，各页面的文本、商品的间距以及图形、标题之间的留白一致。
- **合理使用页面元素：**页面元素的选用要合理、精确，在页面中的大小、间距与位置要合适。例如，背景图案生动、页面文本无错别字且可读性强等。
- **布局丰满：**布局丰满并非是所有模块的简单堆砌，而是将必要的模块涵盖全面。除了包含产品常规模块外，页面还包括收藏模块、客服模块、搜索模块等必备模块，以增加店铺的黏性，提升客户的忠实度，改善店铺的用户体验。

6.1.3　确定首页的风格与色调

店铺出售的商品不同，装修的风格及色调就会有很大差异。例如服装类的店铺，装修风格一般都比较华丽，多以模特图片为主，注重美观性，家具类店铺的页面装修，则比较注重物品的搭配和摆放，运动、数码、五金等类型的店铺，则更注重实用性和功能性。

例如，图 6-10 为 ONLY 官方旗舰店首页。从图中可以看出这家店铺从商品、模特到店铺装修都是统一的欧美风格，更容易吸引那些喜欢欧美风格的时尚女性。

同样是购买商品，不同的装修风格会给顾客不同的心理暗示。例如，某顾客准备购买几件日常穿着的休闲服饰，如果进入到一家装修奢华的店铺，顾客会有一种“进错门”的不适感，或者产生商品价格昂贵的错觉。因此，网上店铺在确定自己的装修风格时一定要贴近自己的消费群体，了解面向的消费群体是哪些人，他们的喜好和顾虑是什么，产品定位是什么，经过这几方面的综合分析后形成自己店铺的装修风格。

本书所有案例围绕“大魔树女装店”进行讲解。首先，其主要消费群体是 20 ~ 35 岁的年轻女性，该店铺装修就要符合年轻女性的审美习惯，色彩搭配要鲜活亮丽。其次，店铺商品定位中高端，所以商品图片一定要精美、有档次。最后，要统一店铺整体装修风格，装修风格应适合商品风格。

图6-10 ONLY官方旗舰店首页

6.1.4 搭建首页框架

确定店铺的风格与色调后，就可以搭建首页框架。下面我们以“大魔树”女装店铺为例，详细讲解搭建首页框架的步骤，具体如下。

Step1. 登录淘宝账号，进入“卖家中心”，选择“店铺管理”→“店铺装修”进入旺铺装修后台，如图 6-11 所示。

Step2. 在图 6-12 所示店铺装修后台中，选择“PC 端”→“基础页”。然后将鼠标放置在“首页”后方，选择“装修页面”进入店铺首页装修页面，如图 6-3 所示。

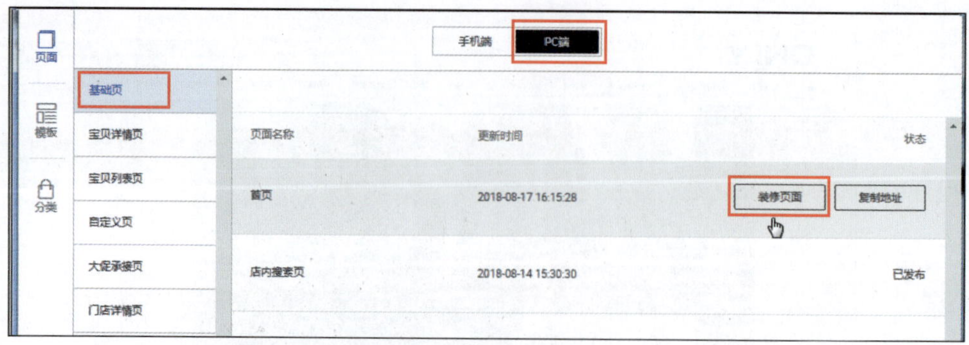

图6-11　店铺装修后台

图6-12　页面编辑

Step3. 单击“店铺装修”页面顶端的“布局管理”链接，进入“布局管理”界面，如图 6-13 所示。

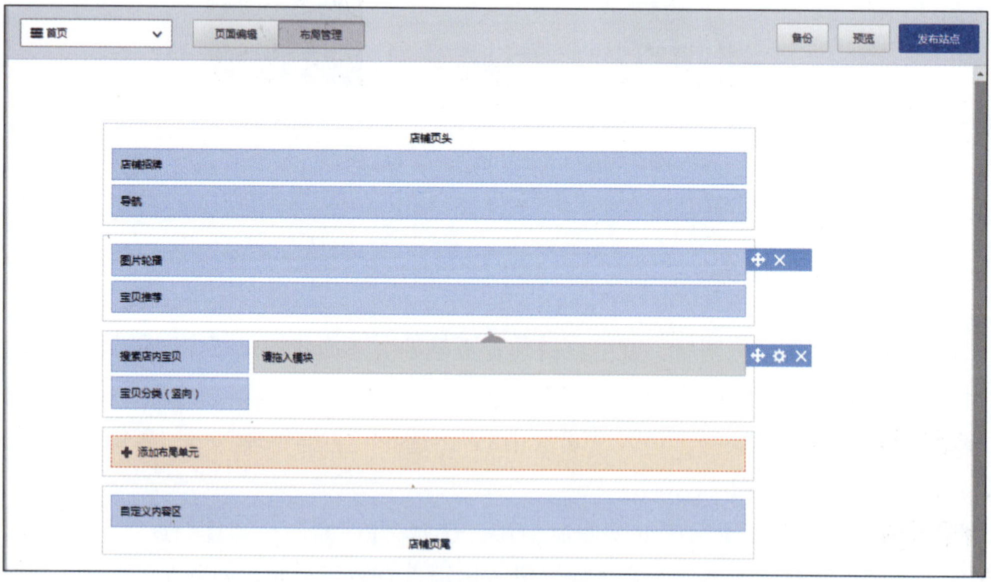

图6-13　布局管理

Step4. 选择“图片轮播”模块，单击模块右侧的✖图标删除该栏目，如图 6-14 所示。使用同样的方法删除其他不需要的模块。

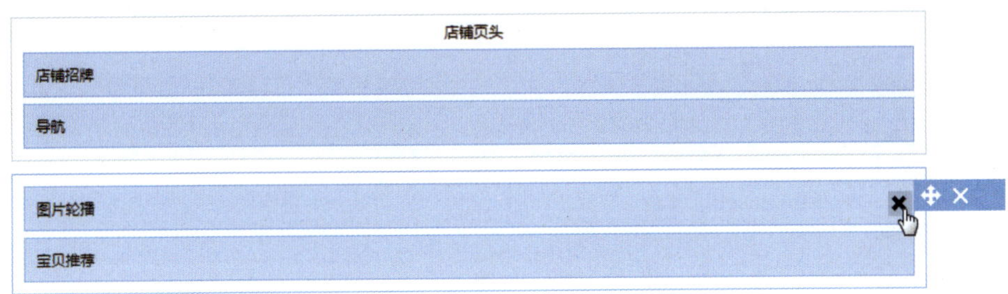

图6-14 删除不需要的模块

Step5. 在左侧的“模块”列表中，根据需求选择需要添加的单元尺寸，此处选择“950”选项，如图 6-15 所示。

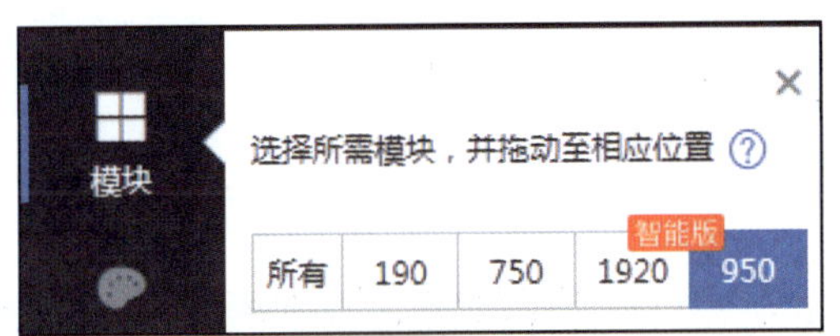

图6-15 选择栏目尺寸

Step6. 在左侧的“模块”列表中选择需要添加的模块，拖入到新建的布局单元中，释放鼠标后，即可将该模块添加至布局中，如图 6-16 所示。

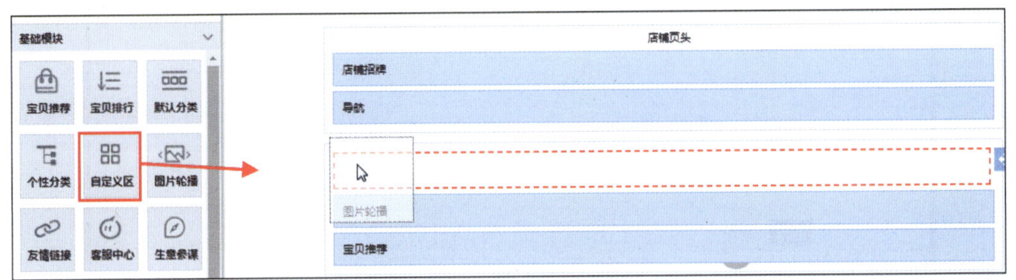

图6-16 添加栏目

Step7. 使用相同的方法编辑页面中的模块，完成首页布局后的效果，如图 6-17 所示。

Step8. 当需要使用淘宝提供的宝贝推荐模块时，需要切换回“页面编辑”页面，选择“宝贝推荐”模块，单击 编辑 按钮打开“宝贝推荐”对话框，在“宝贝设置”选项卡中可根据需要设置推荐方式、人气指数、宝贝分类、宝贝数量等参数，如图 6-18 所示。

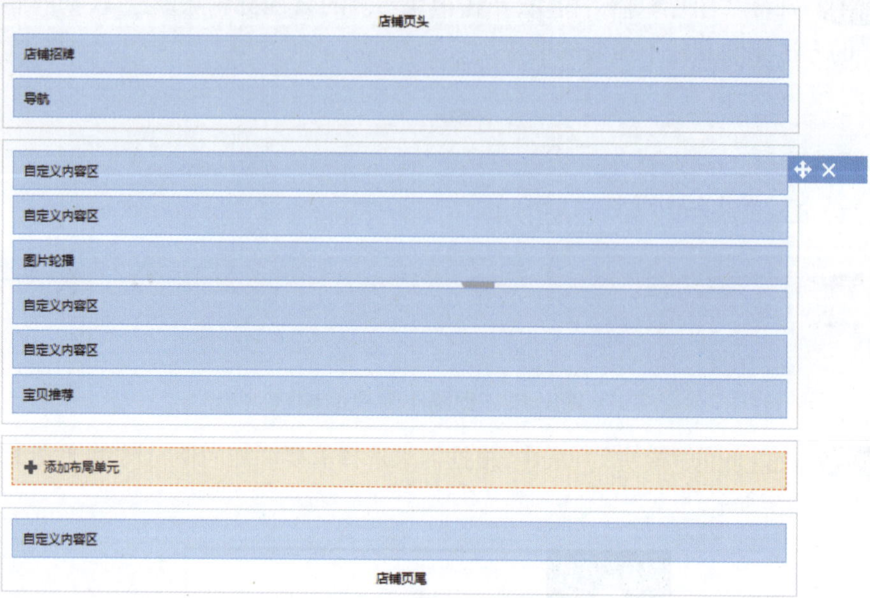

图6-17　首页布局效果

图6-18　宝贝推荐模块设置

Step9. 切换至“电脑端显示设置”选项卡，设置宝贝展示方式，此处选择展示方式为“一行展示 3 个宝贝”，单击“保存”按钮，如图 6-19 所示。

Step10. 完成后切换至“布局管理”页面，即可看到店铺首页的布局设计效果，如图 6-20 所示。

图6-19　设置宝贝展示方式

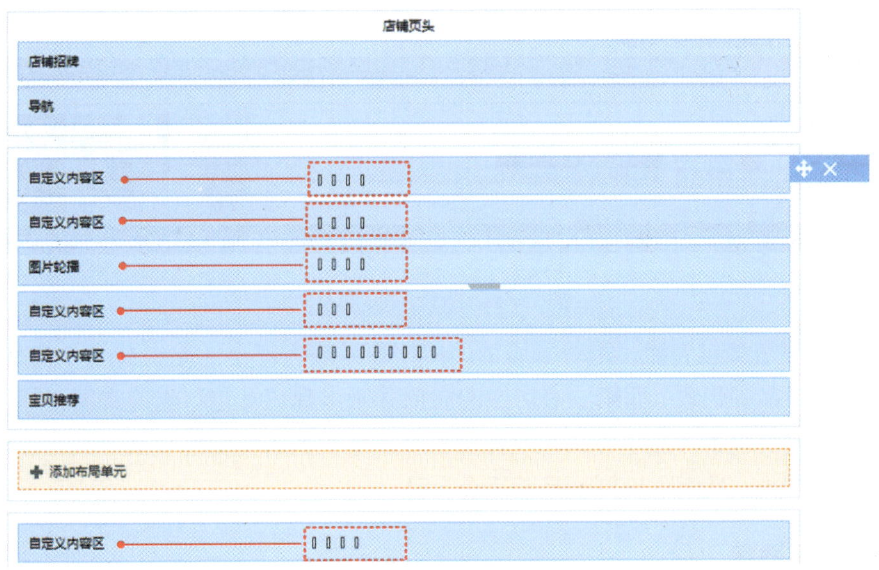

图6-20　布局后的效果

6.2　PC端首页设计与制作

淘宝网网店首页的美观度直接影响销量和顾客对店铺的印象。网店主要由店招、导航栏、分类模块、轮播图、页尾模块等组成，每个模块的作用和使用方法都不相同。下面对各个模块的设计与制作方法分别进行介绍。

6.2.1 首页店招的设计与制作

店招是店铺的招牌和象征，位于店铺页面的顶端，好的店招能突出店铺风格，提高店铺的美观度和推广度。设计店招时若能根据自己店铺的特点搭配，制作出风格独特、吸引力强的店招，对提高店铺转化率和排名等都非常有利。下面介绍店招的设计原则、风格选择及店招制作方法。

1. 店招的设计原则

为了推广店铺时使店招便于记忆，除了需要在设计上具有新颖别致、易于传播的特点，还应遵循两个原则：一是在店招中放置自己的品牌形象，即店铺名称或店铺标志；二是抓住产品定位，也就是展示店铺产品，让买家清楚直观地看出店铺出售的是什么商品。如图 6-21 所示为两种店招的对比图。

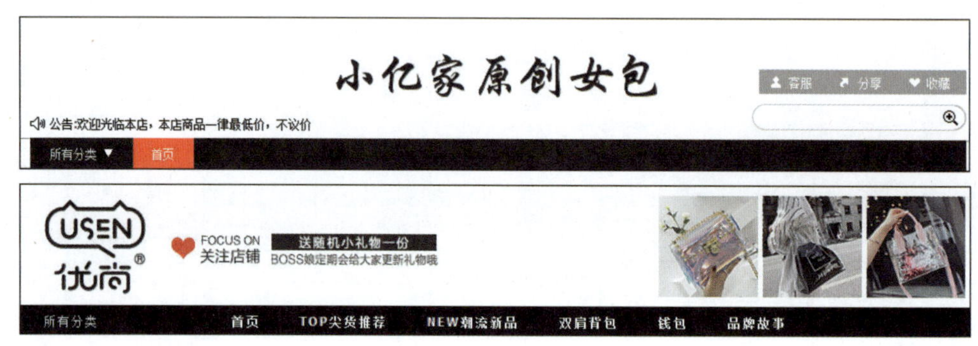

图6-21　两种店标对比

两家店铺都是女包店铺，第一家店铺的店招通过放大“小亿原创女包”文案的方式，在店招中放置了品牌形象；而第二家店铺的店招并未出现“女包”类的文案，却通过放置店铺产品的方式实现了产品定位，不仅让买家直观地看到店铺卖的什么产品，还让买家了解产品的大致样式，从而准确判断是否适合自己。

2. 店招的风格选择

店招风格引导着店铺的风格，而店铺风格很大程度上取决于店铺所经营的产品。一般来说，一个完整的店铺要求店招、产品、店铺风格具有统一性。

3. 店招的设计要求

在进行店招设计时，为了使店招完美地展现在店铺首页，需要按照店招的制作规范进行制作。店招主要分为常规店招和通栏店招两类，这两种类型店招的大小和尺寸都不相同，下面以淘宝网为例进行介绍。

- **常规店招**：常规店招是指旺铺专业版店招。该店招的宽度尺寸为 950 像素，高度尺寸不超过 120 像素，可以上传 GIF、JPG、JPEG 和 PNG 四种图片格式。

- **通栏店招**：通栏店招是指淘宝中常用的店招类型，通栏店招包括页头背景、常规店招和导航条。该店招的尺寸要求是 1920 像素 × 150 像素，其大小不可超过 200KB。

常规店招与通栏店招的区别在于：常规店招在上传至店铺页面后，店招两侧为白色空白显示，如图 6-22 所示。通栏店招在上传至店铺页面后，店招两端会根据设计的效果进行显示，如图 6-23 所示。

图6-22　常规店招

图6-23　通栏店招

4. 常规店招的制作

本案例基于“大魔树”女装店的店招进行设计，首先要确定店招的色调。由于“大魔树”女装的 Logo 颜色为粉色和紫色搭配，且为了更好地体现女装店特色，这里继续采用粉色和紫色搭配制作背景，然后添加文案及素材，图 6-24 所示即设计后的常规店招，具体操作步骤如下。

图6-24　常规店招设计效果

Step1. 打开 Photoshop CS6 软件，新建一个“宽度”为 950 像素、“高度”为 120 像素、“分辨率”为 72 像素 / 英寸的文件，并命名为“常规店招”，如图 6-25 所示。将背景填充为“紫色”（R:58，G:37，B:75）。

Step2. 依次按 Alt → V → E 键，在弹出的“新建参考线”对话框中选中“水平”单选框，“位置”参数设置为 10，在画布水平方向 10 像素的位置创建参考线，按此方法再在画布水平方向的 940 像素处创建参考线，如图 6-26 所示。

Step3. 单击“新建图层”按钮新建图层，将其命名为“渐变图层”，如图 6-27 所示。

Step4. 在工具栏中选择“渐变工具”按钮，并在选项栏单击“线性渐变”按钮，单击“渐变编辑器”，在弹出的“渐变编辑器”对话框中设置参数，如图 6-28 所示。

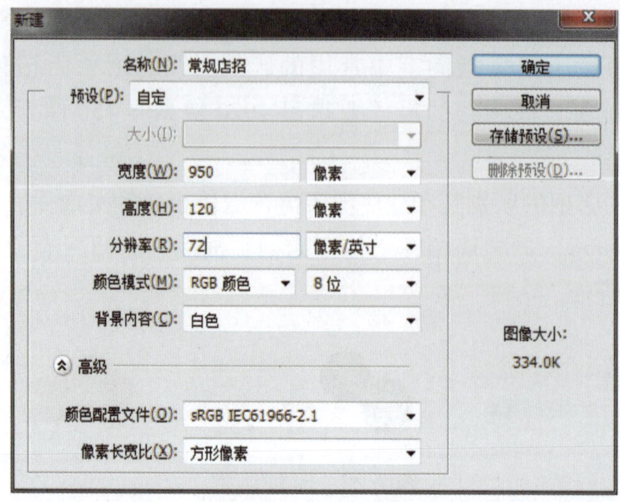

图6-25 新建文档

图6-26 绘制参考线

图6-27 重命名图层

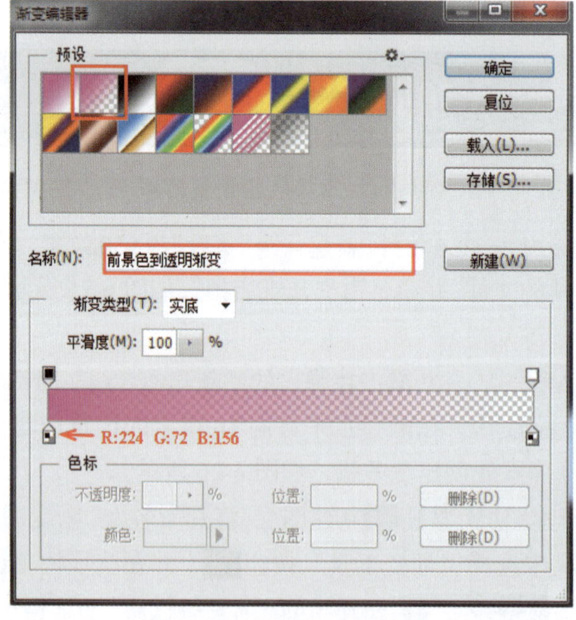

图6-28 渐变参数

Step5. 在画布外侧单击确定渐变起点，按住 Shift 键向右移动鼠标再次单击以确定渐变终点，如图 6-29 所示，对应效果如图 6-30 所示。右侧渐变也按此方法绘制，效果如图 6-31 所示。

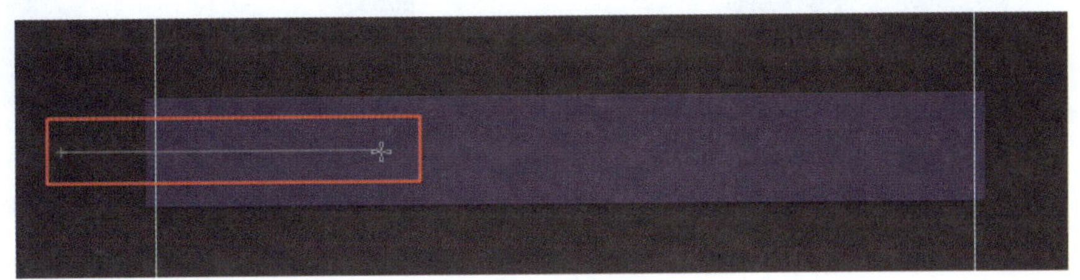

图6-29 拉直线

图6-30 单侧渐变效果

图6-31 渐变效果图

Step6. 选择“矩形工具”▣，绘制一个大小为 144 像素 ×65 像素的矩形，将其填充为白色，并调整位置如图 6-32 所示。

图6-32 绘制矩形

Step7. 绘制一个大小为 8 像素的正方形，命名为“三角边”，并按 Ctrl+T 组合键对该矩形进行旋转 45 度操作，如图 6-33 所示，按 Enter 键确认操作。

Step8. 选择“直接选择工具”▶，选中该矩形最上方的锚点进行移动，并将该矩形移动到合适位置，如图 6-34 所示。

Step9. 选中“三角边”图层，右击，在弹出的快捷菜单中选择“栅格化图层”选项，按 Ctrl+Alt+T 组合键进行平移，平移到合适的距离，如图 6-35 所示。按 Enter 键确定操作。

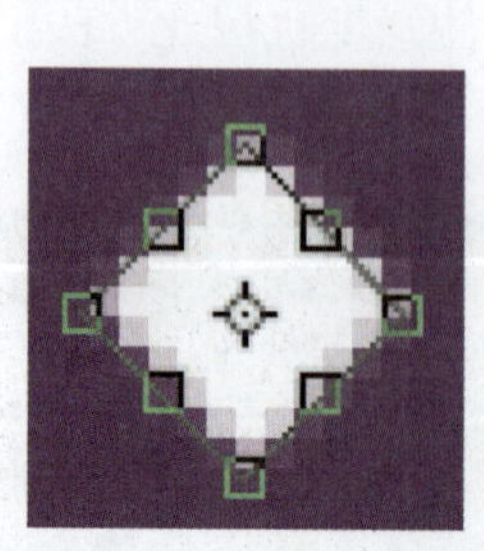
图6-33　旋转45度

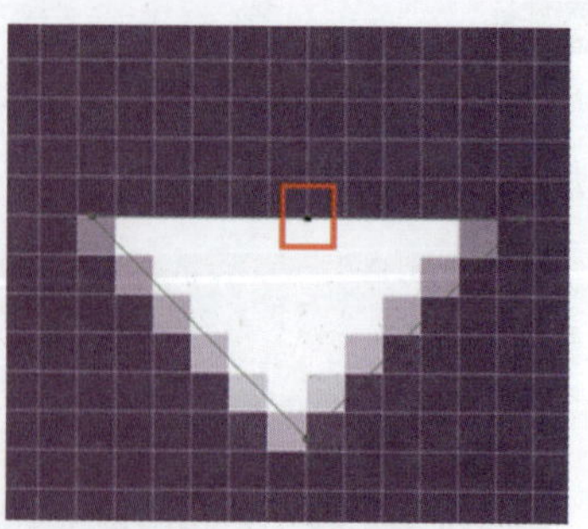
图6-34　移动锚点

图6-35　平移

Step10. 按 Ctrl+Shift+Alt+T 组合键对三角边进行多次复制，选中“三角边”图层以及所有三角边复制图层，按 Ctrl+E 组合键将其合并。

Step11. 按 Ctrl+T 组合键后对三角边图层进行等比缩放，如图 6-36 所示，调整之后效果如图 6-37 所示。选中“矩形 1”和三角边所在图层，按 Ctrl+E 组合键将其合并并命名为“logo 底座”。

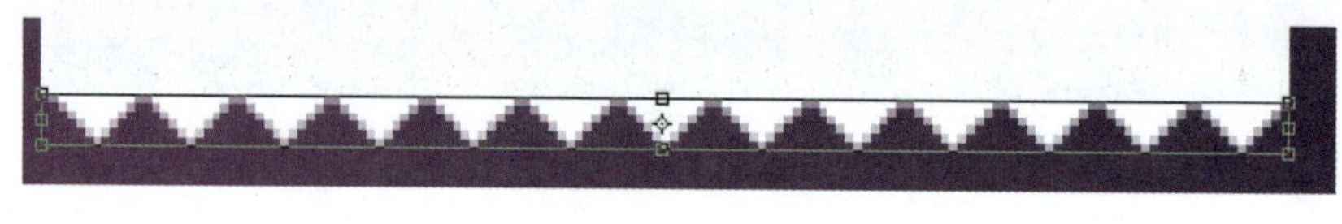
图6-36　调整大小

图6-37　调整完成

Step12. 置入“大魔树女装 logo.png”素材，将其缩放至合适大小，如图 6-38 所示。

图6-38　置入Logo

Step13. 选择“横排文字工具” T，在空白区域输入文本“优雅”，设置字体为“张海山锐线体简”、大小为“58 像素”，按 Ctrl+Enter 组合键结束输入。使用相同方法输入其他文本，大小及颜色如图 6-39 所示。

Step14. 选择“矩形工具” ，绘制一个大小为 60 像素 ×16 像素的矩形，填充为“黄色”（R:255，G:198，B:0），将该图层重命名为“黄色点缀”，将其放置在“夏季新品”图层的下方，图层位置及效果图如图 6-40 所示。

图6-39 输入文本

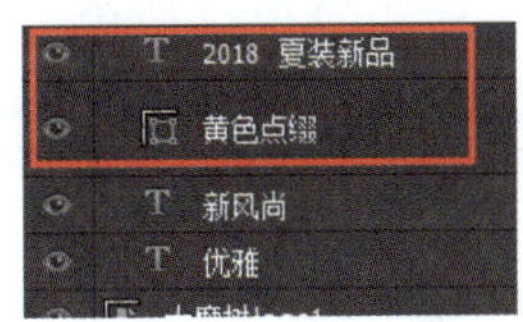

图6-40 图层位置（左）及效果图（右）

Step15. 选中“优雅”“新风尚”“2018 夏季新品”和“黄色点缀”图层，按 Ctrl+G 组合键将选中图层进行编组。

Step16. 置入素材文件“衣服 .jpg”和“裤子 .jpg”，将其放置在合适位置，如图 6-41 所示。

图6-41 置入衣服素材

Step17. 置入素材文件“收藏店铺 .png”，并将其放置在合适位置，按 Ctrl+; 组合键隐藏标尺。至此，常规店招制作完成，效果图如图 6-24 所示。最后将文件保存至指定文件夹内。

5. 通栏店招的制作

通栏店招的制作主要基于常规店招进行设计，不过通栏店招的上传需要分为三步进行，才能展现一个完整的店招，所以需要将通栏店招保存为三部分，即页头背景、通栏店招基础部分和导航条背景。图 6-42 所示即通栏店招需要上传的三个部分。

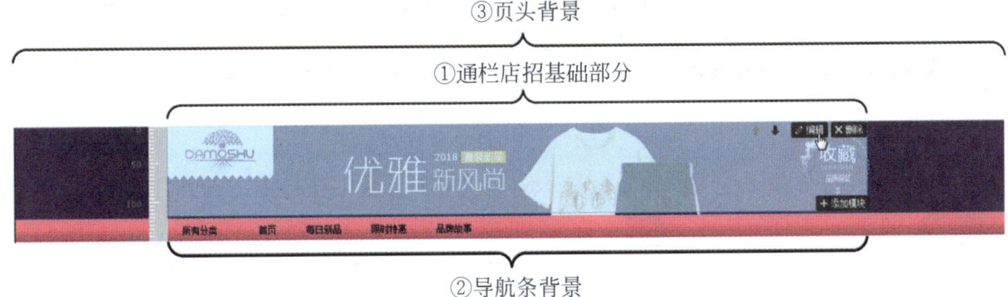

图6-42 通栏店招上传划分

通栏店招和常规店招的制作方法相同，只不过通栏店招的尺寸为 1920 像素 ×150 像素。为了更能体现常规店招和通栏店招的区别，这里在常规店招的基础上制作通栏店招，制作时需要常规店招另存为“通栏店招”，将画布扩充至 1920 像素 ×150 像素。

Step1. 打开“常规店招 .psd”文件，按 Ctrl+Shift+S 组合键将文件另存至指定文件夹，并重命名为“通栏店招”。

Step2. 按 Ctrl+Alt+C 组合键打开“画布大小”对话框，在该对话框设置画布“宽度”为 1920 像素，“高度”为 150 像素，如图 6-43 所示。

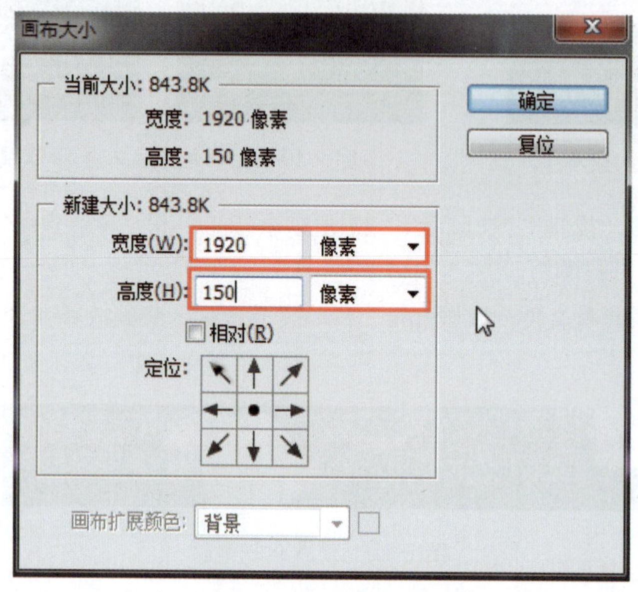

图6-43　修改画布尺寸

Step3. 将背景图层填充为“紫色”（R:58，G:37，B:75），如图 6-44 所示。选中渐变图层，按 Ctrl+T 组合键将选中图层进行拉伸，如图 6-45 所示。

图6-44　填充背景

图6-45　拉伸渐变

Step4. 单击图层面板下方的“创建新组”按钮，命名为“导航栏”。

Step5. 选择“矩形工具”，在选项栏中设置填充颜色为粉色（R:238，G:106，B:137）、描边为“无”，绘制一个大小为 1920 像素 ×30 像素的矩形，将其放置在页面下方，如图 6-46 所示。将该图层重命名为“导航条”。

图6-46　绘制导航条

Step6. 选中“导航条”图层，单击图层面板下方“图层样式”按钮，为其添加图层样式，图层样式参数如图 6-47 ~ 图 6-49 所示。效果图如图 6-50 所示。

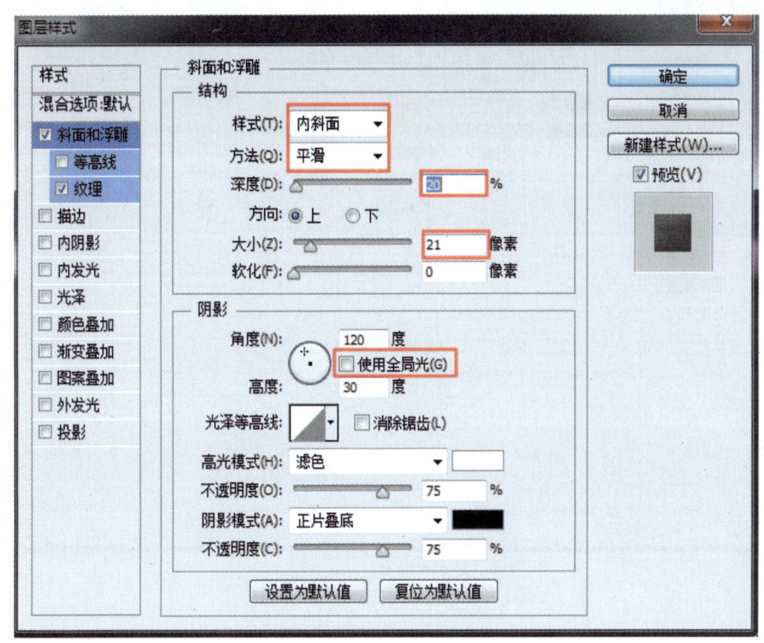

图6-47　设置图层样式之一

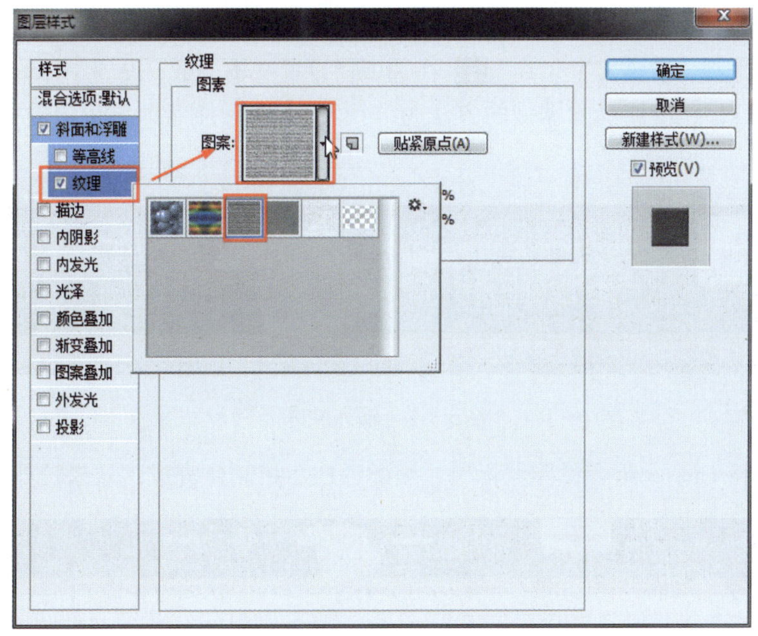

图6-48　设置图层样式之二

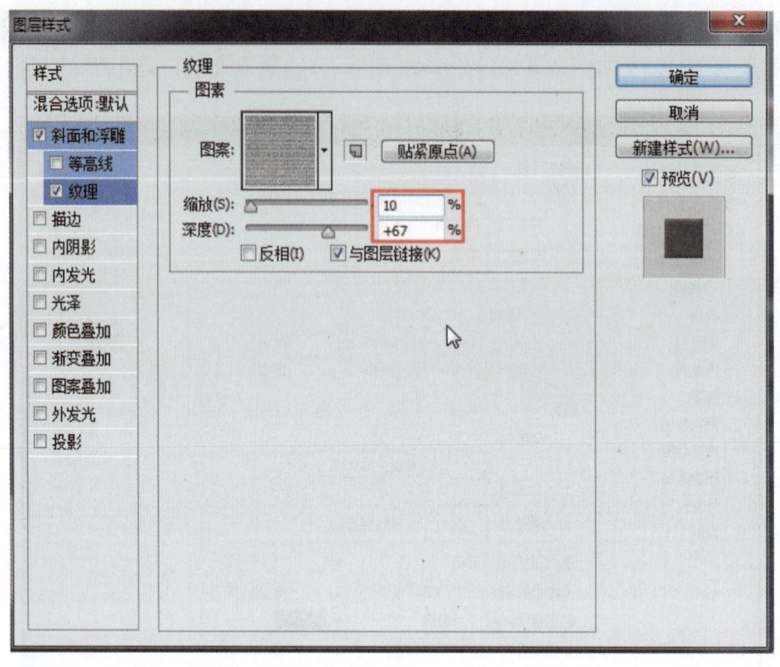

图6-49　设置图层样式之三

图6-50　效果图

Step7. 选择“横排文字工具”T,在选项栏设置文本参数：设置字体为“微软雅黑”、大小为“18 像素”、设置消除锯齿的方法为“锐利”，在导航条区域依次输入如图 6-51 所示的文本。

图6-51　输入文本

Step8. 按 Ctrl+; 组合键隐藏标尺，至此通栏店招制作完成，效果图如图 6-52 所示。

图6-52　通栏店招效果图

Step9. 隐藏文字图层，如图 6-53 所示。按 Ctrl+Alt+Shift+S 组合键保存为 gif 格式至指定文件夹。

图6-53 保存页头背景

Step10. 选择“矩形选择工具”，在两条参考线中间绘制一个 950 像素 ×120 像素的矩形选区，依次按 Alt→I→P 键对选中区域进行裁剪，效果如图 6-54 所示，按 Ctrl+Alt+Shift+S 组合键保存为 gif 格式至指定文件夹。

图6-54 裁剪默认店招

Step11. 按照 Step10 的方法，再保存一个尺寸为 950 像素 ×30 像素的导航条，如图 6-55 所示。

图6-55 裁切导航条

> 注 意
>
> 为了确保通栏店招的完整性，保存店招时需要保存三种尺寸图片文件以配合叠加使用。

6.2.2 首页分类导航的设计与制作

分类导航是引导买家购买的重要模块，系统自带的分类导航模块只能通过文本的方式显示，比较单一。为了将商品分类的作用发挥到极致，卖家可以将店铺装修风格设计成横向分类模块，提升买家购买体验。本案例针对“大魔树”女装店铺制作一款尺寸为 950 像素 ×200 像素的横向分类导航，具体操作步骤如下。

Step1. 打开 Photoshop CS6 软件，新建一个“宽度”为 950 像素、“高度”为 200 像素、“分辨率”为 72 像素 / 英寸、“背景内容”为白色的文件，并命名为“分类导航模块”。

Step2. 依次在画布的垂直方向的 10 像素处和 940 像素处创建参考线，如图 6-56 所示。

图6-56 创建参考线

Step3. 置入“搭配套餐 .png”“时尚 T 恤 .png”“个性裤子 .png”“唯美裙装 .png”“明星同款 .png”“背心吊带 .png”“卫衣 / 外套 .png”等素材文件，并调整大小，如图 6-57 所示。

图6-57 置入素材

Step4. 选中所有素材图层，分别单击“水平居中分布”按钮和“垂直居中对齐”按钮，将素材图层进行对齐操作。效果如图 6-58 所示。

图6-58 对齐素材图层

Step5. 选择“横排文字工具”，分别输入导航文本，设置字体为“微软雅黑”、大小为“14 像素”、颜色填充为“黑色”、设置消除锯齿的方法为“锐利”，并分别单击“水平居中分布”按钮和“垂直居中对齐”按钮，使文字与文字之间排列整齐，如图 6-59 所示。

图6-59 输入导航文本

Step6. 选择“矩形工具”，在“搭配套餐”下方绘制一个大小及样式如图 6-60 所示的矩形，在上方输入文本“Click in >”，文本字体为“微软雅黑”，大小及颜色如图 6-61 所示。

Step7. 选中“Click in >”文本图层和“矩形”图层，按 Ctrl+G 组合键进行编组，将该组重命名为“单击进入按钮”。

Step8. 按 Ctrl+J 组合键 6 次，复制“单击进入按钮”图层组，依次选中对应图层组按 Shift 平行移动并调整其位置。至此，分类导航模块制作完成，效果如图 6-62 所示。

图6-60 绘制按钮

图6-61 输入文本

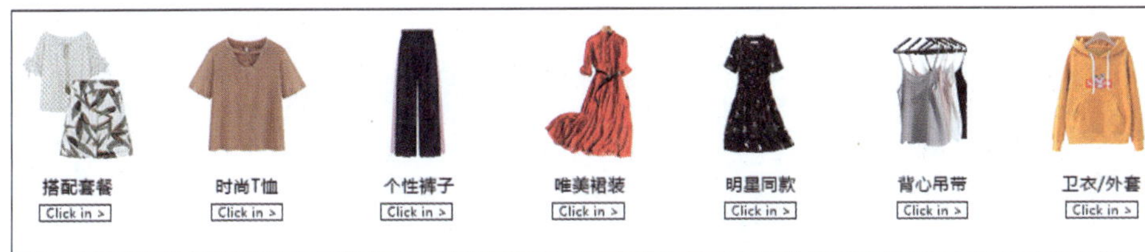

图6-62 分类导航模块

6.2.3 大型海报轮播图的设计与制作

大型海报轮播图是网店的重要模块，它的作用就是在同一区域中通过多张图片切换的方式进行展示播放，从而达到使用最少的模块来展示更多商品或促销信息的功能。下面介绍大型海报轮播图的设计与制作技巧。

1. 不同轮播图片的尺寸要求

轮播图的尺寸是由店铺布局决定的，与店招一样，卖家可根据需求设置常规轮播效果和全屏轮播效果两种样式。

- 常规轮播图尺寸：常规轮播图的高度要求为 100 像素 ~ 600 像素，宽度则分为 950 像素、750 像素（右侧轮播图）、190 像素（左侧轮播图）3 种，如图 6-63 所示，体积要求小于 300KB。
- 全屏轮播图尺寸：全屏轮播图片的宽度是 1920 像素，高度一般以 400 像素 ~ 800 像素为最佳，如图 6-64 所示。但该轮播效果需要通过购买第三方模块进行装修展示。

2. 轮播图片的视觉设计要点

轮播图是多张海报图循环播放组成的效果图，要使轮播图美观、吸引买家注意，就要对每张海报图的主题、构图、色彩等视觉要点进行综合考虑。

图6-63　常规轮播图尺寸

图6-64　全屏轮播图尺寸

❶ 主题

无论是新品上市还是店铺促销活动，海报中都需要围绕一个主题进行设计，并确定对应的轮播图效果。一般情况下，海报主题通过产品和文字描述来体现，将描述提炼成简洁的文案，并将主题放在海报的第一视觉点，让买家直观地看到产品或活动。要根据产品和活动选择合适的背景。在编辑文案时，文案的字体不要超过 3 种，建议使用稍大的或个性文字突出活动内容或产品特色，如图 6-65 所示。

图6-65 主题海报效果

❷ 构图

常见的 banner 图布局形式有三种："右图左字"构图、"左图右字"构图、"两边图中间字"构图，分别如图 6-66 ~ 图 6-68 所示。具体的构图方式选择可以根据宝贝特点以及文案决定。

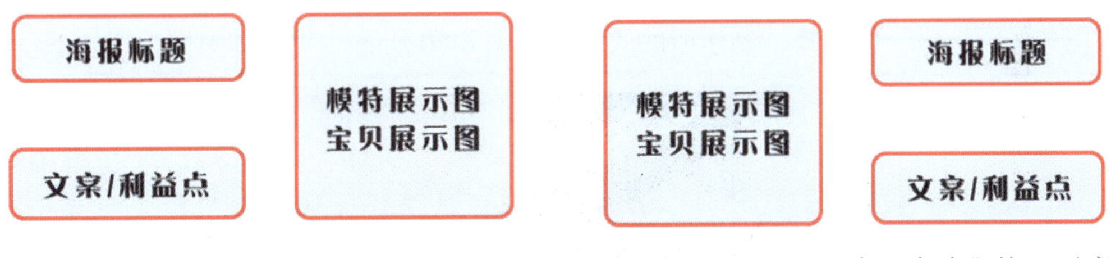

图6-66 banner图"右图左字"布局形式　　图6-67 banner图"左图右字"构图形式

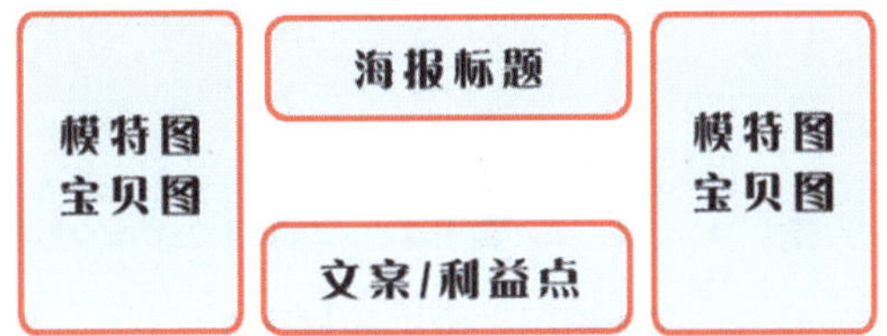

图6-68 banner图"两边图中间字"构图形式

❸ 色彩

海报设计不但需要考虑主题和构图，还需要使其色调统一。在配色时，卖家要对重要的文字信息用突出醒目的颜色进行强调，通过明暗对比以及不同颜色的搭配来确定对应的风格，其背景颜色尽量不要使用过多的颜色，以免页面杂乱。图 6-69 为一张配色较好的海报。

图6–69 色彩搭配示例

3. 轮播图片的制作

了解了轮播图片的尺寸要求和设计要点，下面针对“大魔树”女装店铺首页制作两种不同尺寸的轮播图，具体操作如下。

① 全屏轮播图制作

全屏轮播图是一种可以覆盖整个屏幕并轮流播放海报的模块，具有高端、大气的特点。本案例采用 1920 像素 ×750 像素尺寸来制作“大魔树”女装店铺首页的全屏轮播图，构图采用“左图右字”的形式，制作后的效果图如图 6-70 所示。其具体操作步骤如下。

图6–70 全屏轮播图

Step1. 打开 Photoshop CS6 软件，新建一个“宽度”为 1920 像素、“高度”为 750 像素、“分辨率”为 72 像素 / 英寸、“背景内容”为白色的文件，并命名为“全屏轮播图”，如图 6-71 所示。

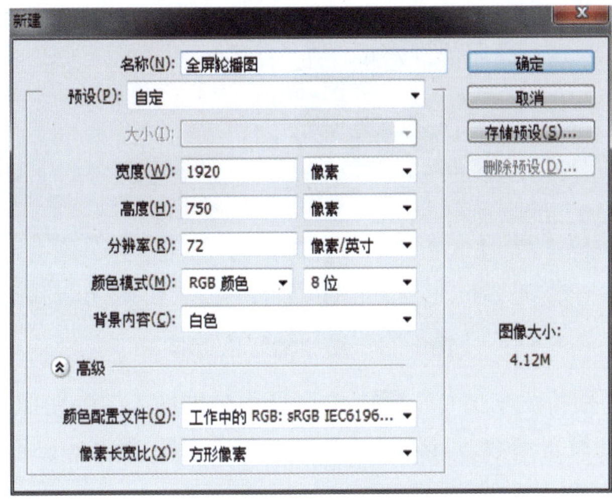

图6-71　新建文档

Step2. 分别在画布的垂直方向的 360 像素和 1560 像素的位置绘制两条参考线，如图 6-72 所示。

图6-72　绘制参考线

Step3. 置入素材文件“全屏轮播图背景素材 .jpg”，如图 6-73 所示。

图6-73　置入素材

Step4. 选择“矩形工具” ，在右侧参考线处绘制一个大小为 306 像素 ×557 像素、颜色填充为“粉色”（R:230,G:104,B:132）的矩形，如图 6-74 所示。

图6-74 绘制桃红色矩形

Step5. 选择“横排文字工具”T，在图像中分别输入“FASHION”和“-STYLE”，打开“字符”选项卡设置参数，具体设置如图6-75所示。将文本贴近右侧参考线。效果如图6-76所示。

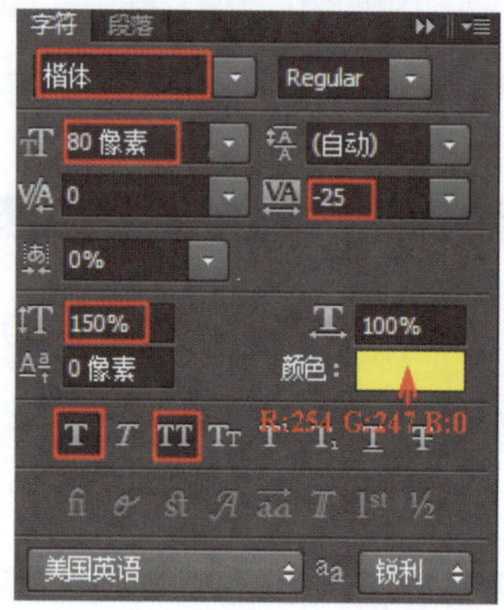

图6-75 设置文本参数

图6-76 输入文本

Step6. 选择“横排文字工具”T，在“STYLE”下方80像素处输入文本“/ 夏季出游季 /”，字体设置为“方正兰亭黑简体”、大小为“38像素”、字体颜色为“白色”。剩余文本按此方法依次输入，大小及颜色如图6-77所示。

图6-77　输入文本

Step7. 在桃红色矩形下方 14 像素处绘制水平参考线，选择“矩形工具”▣，绘制一个大小为 450 像素 ×46 像素的矩形，并将其不透明度改为“60%”，效果如图 6-78 所示。

图6-78　绘制新参考线

Step8. 在黄色透明矩形图层的上方输入横排文本。至此，全屏轮播图制作完成，效果如图 6-70 所示。

② 常规轮播图制作

本案例采用 950 像素 ×500 像素尺寸来制作“大魔树”女装店铺首页的常规轮播图，构图采用“右图左字”的形式，制作后的效果如图 6-79 所示，其具体操作步骤如下。

图6-79　常规轮播图

Step1. 打开 Photoshop CS6 软件，新建一个“宽度”为 950 像素、“高度”为 500 像素、“分辨率”为 72 像素 / 英寸、“背景内容”为白色的文件，并命名为“常规轮播图”，如图 6-80 所示。

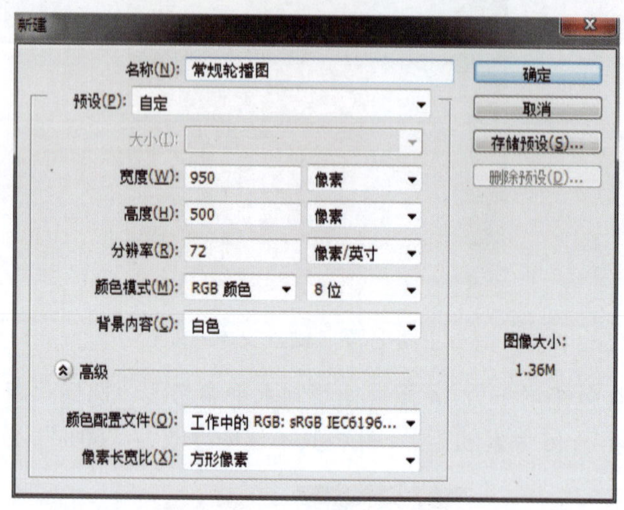

图6-80　新建文档

Step2. 将背景填充为“灰色”（R:234，G:234，B:234），置入如图 6-81 所示的素材文件“常规轮播图 - 树叶 .png”和“模特 .png”，按 Enter 键确定操作，并调整位置，如图 6-82 所示。

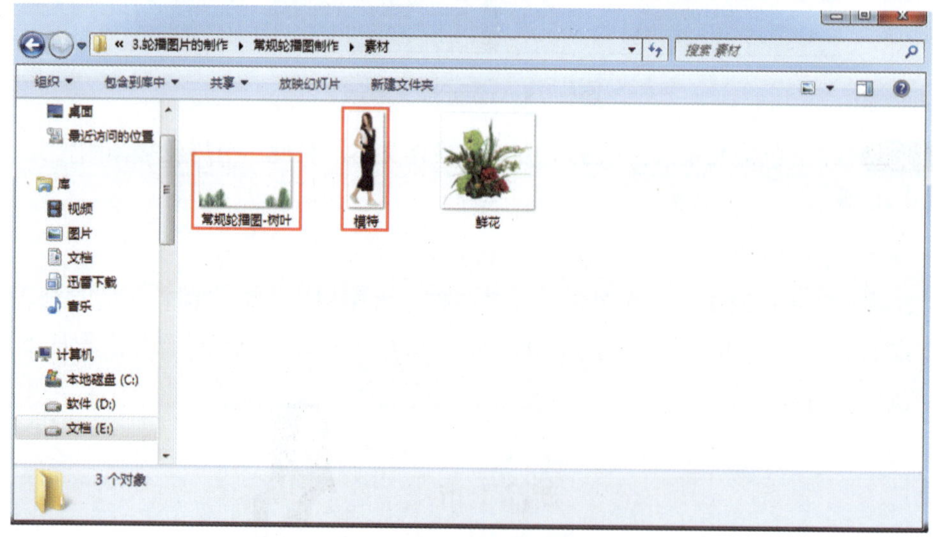

图6-81　选择素材图片

Step3. 依次复制“树叶”图层和“模特”图层，并将其重命名为“树叶投影”和“模特投影”。

Step4. 将鼠标放置在“树叶投影”图层缩览图上，按住 Ctrl 键单击，为“树叶投影”创建选区，如图 6-83 所示。

图6-82 置入素材

图6-83 创建选区

Step5. 在工具栏选中“矩形选框工具”，在选区上右击，在弹出的对话框中选择“调整边缘”选项，调整羽化参数为“2 像素”。

Step6. 将选区填充为“黑色”、将其不透明度改为“20%”，移动投影到合适位置，并将该图层放置在“树叶”图层下方；“模特投影”也按此方法进行。效果如图 6-84 所示。

图6-84 为素材添加投影

Step7. 选择“矩形工具”，在模特图层下方绘制一个大小为590像素 ×434像素的白色矩形。

Step8. 再绘制一个大小为550像素 ×396像素的矩形，填充为“灰色”(R:234，G:234，B:234)、描边为“2像素”、描边颜色为“灰色”(R:201，G:201，B:201)，如图6-85所示。

图6-85　绘制矩形

Step9. 选中两个矩形图层，在选项栏依次单击“垂直居中对齐”按钮和“水平居中对齐”按钮对两个矩形进行居中对齐操作，如图6-86所示。

图6-86　排列矩形

Step10. 按Ctrl+T组合键，调出定界框，当出现旋转箭头时，按住Shift键将其旋转45度，如图6-87所示。按Enter键确定此步操作，并调整位置，按Ctrl+G组合键对两个矩形进行编组，并命名为“文案框”。

Step11. 选择“横排文字工具”，在文本框内输入“新品上市”，设置字体为“宋体”、大小为“46像素”、颜色为“绿色”(R:51，G:114，B:4)。完成后依次输入其余文本，字体为“微软雅黑”，大小及颜色如图6-88所示。

图6-87 旋转矩形

图6-88 输入文本

Step12. 选择“自定义形状工具”，在选项栏中选择形状，在“新品上市”左侧绘制一个箭头形状；选择“直线工具”，在画布中英文文本下方绘制一条长度为“162像素”的直线，效果如图 6-89 所示。

图6-89 添加装饰

Step13. 绘制一个大小为 343 像素 ×32 像素的矩形，将其放置在“满 299 减 20…”文本图层的下方，并将“满减”文本的颜色改为“白色”，如图 6-90 所示。

Step14. 按 Ctrl+J 组合键复制绿色矩形图层，按 Ctrl+T 组合键，在弹出的定界框上右击，在弹出的快捷菜单中选择“变形”选项，拖曳定界角点及边点进行变形，如图 6-91 所示。

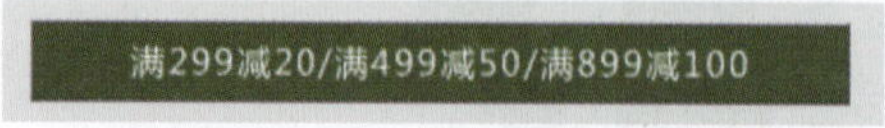

图6-90　添加矩形

图6-91　变形

Step15. 选中“矩形 3 副本”图层将其放在“矩形 3”图层的下方，并对该图层进行栅格化操作。

Step16. 为“矩形 3 副本”图层创建选区，将其填充为“黑色”。运用橡皮擦工具擦除边角，如图 6-92 所示。

Step17. 选择“模糊工具”，在选项栏设置笔刷大小为“20 像素”、强度为“50%”，在“矩形 3 副本”图层进行涂抹，并设置不透明度为“55%”。效果如图 6-93 所示。

图6-92　橡皮擦擦除边角

图6-93　模糊

Step18. 置入素材文件“鲜花 .png”，按照 Step3 ~ Step6 的方法制作投影效果。至此，常规轮播图制作完成，效果如图 6-79 所示。

6.2.4　优惠券的设计与制作

店铺优惠券是淘宝店铺常用的促销手段，也是吸引消费者二次消费的策略。下面以“大魔树”店铺优惠券为例，要求在优惠券中突出商家优惠力度和优惠券使用条件，设计一款满减形式的优惠券，如满 88 减 10、满 198 减 20 等。优惠券的尺寸没有具体要求，通常根据版心的宽度进行制作。下面以宽度为 950 像素进行制作，制作后的优惠券效果图如图 6-94 所示。其操作步骤如下。

图6-94　优惠券效果

Step1. 打开 Photoshop CS6 软件，新建一个“宽度”为 950 像素、“高度”为 240 像素、“分辨率”为 72 像素 / 英寸、“背景内容”为白色的文件，并命名为“优惠券”。

Step2. 选择“矩形工具”，在选项栏中设置“填充”为无、“描边”粗细为 2 像素、描边颜色为“粉色”（R:233，G:72，B:116），在画布中绘制一个大小为 186 像素 ×117 像素的矩形。选择“横排文字工具” 在上方输入相关文本，字体分别为“Impact”和“微软雅黑”，大小及颜色如图 6-95 所示。

Step3. 选择“矩形工具” ，绘制一个如图 6-96（左图）所示的矩形，并在矩形中输入“立即领取 >”文本，字体为“Adobe 黑体 Std”，大小及颜色如图 6-96（右图）所示。

图6-95 输入文本

图6-96 绘制矩形并输入文本

Step4. 选择“椭圆工具” ，在矩形左上角按住 Shift 键绘制一个正圆形，并在上方输入相关文本，为图像添加装饰，如图 6-97 所示。

Step5. 选中除背景外的所有图层，按 Ctrl+G 组合键对选中图层进行编组，并命名为“无门槛减 5”，如图 6-98 所示。

图6-97 添加装饰

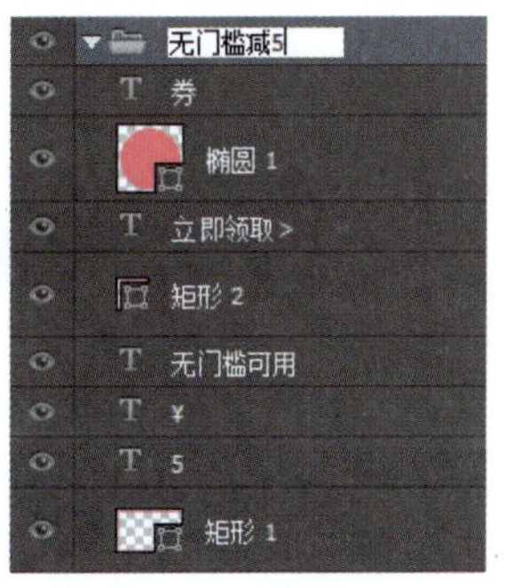

图6-98 图层编组

Step6. 按 Ctrl+J 组合键对“无门槛减 5”图层组进行复制，并修改对应文本，将图层组分别命名为“满 88-10”“满 158-15”和“满 258-20”。选中所有组，单击选项栏中的“水平居中分布”按钮 将图层平均分布，最终效果如图 6-94 所示。

6.2.5 商品自定义展示模块的设计与制作

商品自定义展示模块是商家为了推广店铺主打宝贝而设计的模块，该模块的样式类似于宝贝列表，包括宝贝展示、价格展示等，可放置在首页商品列表之上，图 6-99 所示即为“大魔树”女装店铺首页的商品自定义展示模块，其具体操作方法如下。

Step1. 打开 Photoshop CS6 软件，新建一个“宽度”为 950 像素、“高度”为 1752 像素、“分辨率”为 72 像素 / 英寸、“背景内容”为白色的文件，并命名为“商品自定义展示模块”，如图 6-100 所示。

图6-99　商品自定义展示模块

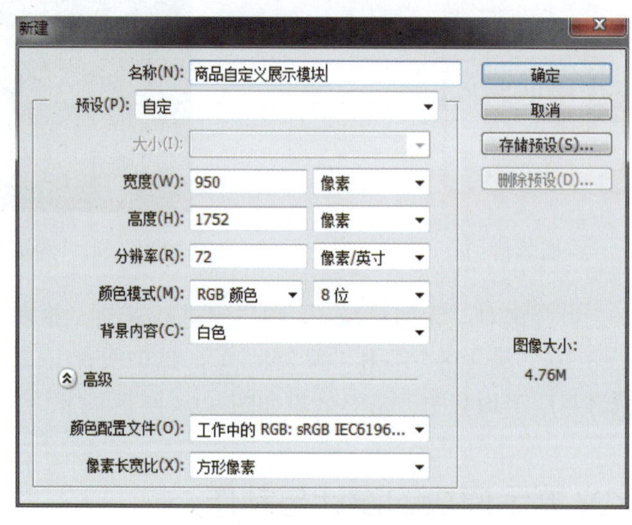

图6-100　新建文档

Step2. 在画布 584 像素和 1168 像素的位置创建水平参考线，再在 475 像素位置创建垂直参考线，如图 6-101 所示。

Step3. 选择“矩形工具”，在选项栏设置颜色“填充”为无、“描边”粗细为 1 像素、描边颜色为紫色（R:58，G:37，B:75）。绘制一个大小为 950 像素 ×538 像素的矩形，将其放置在合适位置，如图 6-102 所示。

图6-101　绘制参考线

图6-102　绘制矩形

Step4. 在选项栏中单击“路径操作”按钮，在下拉菜单中选择“减去顶层形状”选项，在如图 6-103（左图）所示红框位置绘制一个矩形，在选项栏单击“路径操作”按钮，在下拉菜单中选择“合并形状组件”选项，拼合矩形，效果如图 6-103（右图）所示。

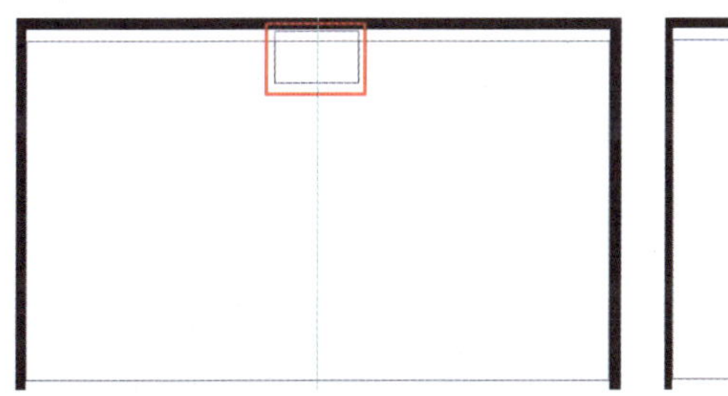

图6-103　减去顶层形状

Step5. 选择“横排文字工具”输入 01，设置字体为“时尚中黑简体”、字体大小为“75 像素”、颜色为“紫色”（R:58，G:37，B:75），如图 6-104 所示。

Step6. 选中除背景外的所有图层，按 Ctrl+G 组合键对选中图层进行编组，并将其重命名为 01，如图 6-105 所示。

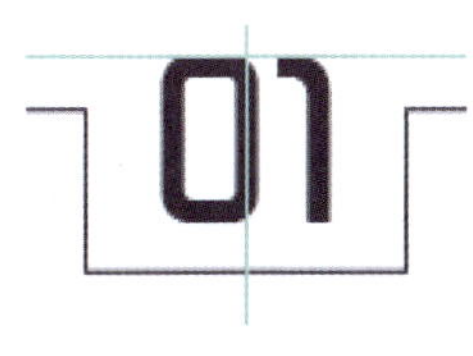

图6-104　输入文本

图6-105　图层编组

Step7. 选中 01 图层组，按两次 Ctrl+J 组合键复制图层组，分别对其命名为 02 和 03，依次选中 02 和 03 图层组将其移动到合适位置，并修改数字文本，如图 6-106 所示。

Step8. 选择“矩形工具”■，绘制三个矩形（此时不需要关注矩形的颜色），如图 6-107 所示。

图6-106　复制图层

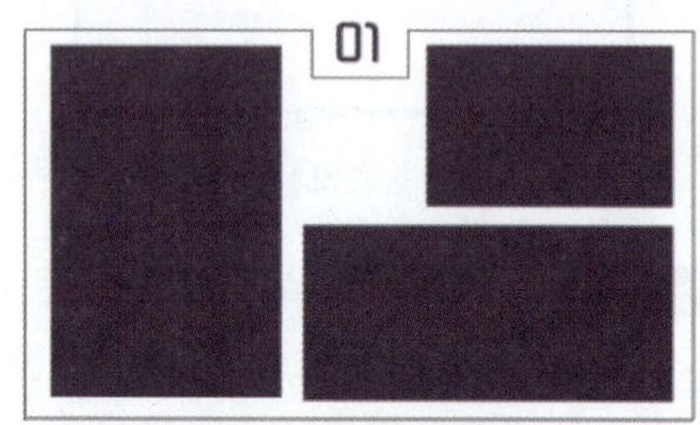

图6-107　绘制矩形

Step9. 置入如图 6-108 所示的素材图片，并将素材图层放置在对应的矩形图层上方，如图 6-109 所示。依次选中素材图片按 Ctrl+Alt+G 组合键为每个素材图层创建剪切蒙版。效果如图 6-110 所示。

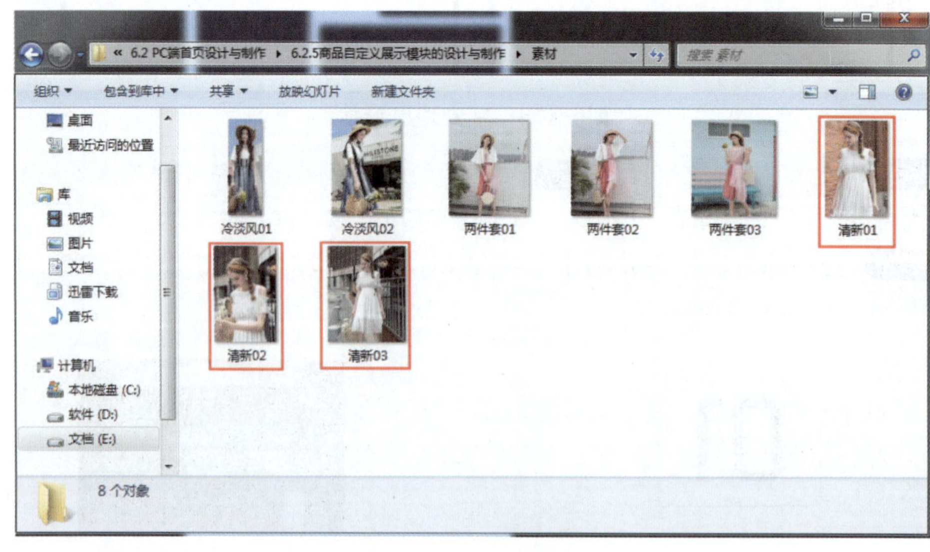

图6-108　选择素材图片

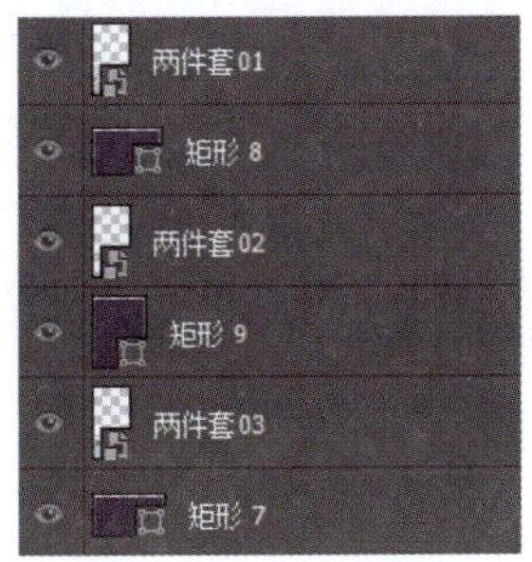

图6-109　置入素材

图6-110　效果图

Step10. 选择“横排文字工具”T，在空白区域输入如图 6-111 所示的文本，设置字体为“张海山锐线体简”、字体大小为“28 像素”、颜色为“紫色”（R:58, G:37, B:75）。

图6-111　输入文本

Step11. 选择“矩形工具”，绘制一个大小为 138 像素 ×52 像素的矩形，在矩形上方输入文本，设置字体为“黑体”，样式、大小及颜色如图 6-112 所示。

清新连衣裙

¥98

图6-112　输入商品价格标签

Step12. 按照 Step8 ~ Step11 的方法制作剩余模块，效果如图 6-99 所示。至此，商品自定义模块制作完成，将其保存到指定文件夹内。

6.2.6　页尾模块的设计与制作

页尾模块位于店铺首页的最底部，是页面装修的最后一个环节，也是很多卖家在装修时容易忽略的部分。但是页尾部分作为店铺首页的组成部分，卖家应该充分地利用起来，更多地展示店铺信息，以获取买家信任。下面对页尾模块的设计要点以及制作方法进行介绍。

1. 常见的页尾模块类型

店铺页尾是一个不可忽视的地方，页尾模块可以在所有页面显示。页尾部分可以添加的内容有很多，如发货 / 物流 / 售后须知、无线端店铺二维码、微淘二维码、收藏按钮、店铺活动等。

- 在页尾模块添加客服中心，如果买家浏览到最后，想要咨询卖家，可以直接单击客服中心进行咨询,既方便又简洁；在页尾模块添加“发货 / 物流 / 售后须知”等内容，当买家看到页尾部分提示的内容时，则会给买家一种专业、有保障的感觉，容易获取买家的信任，如图 6-113 所示。

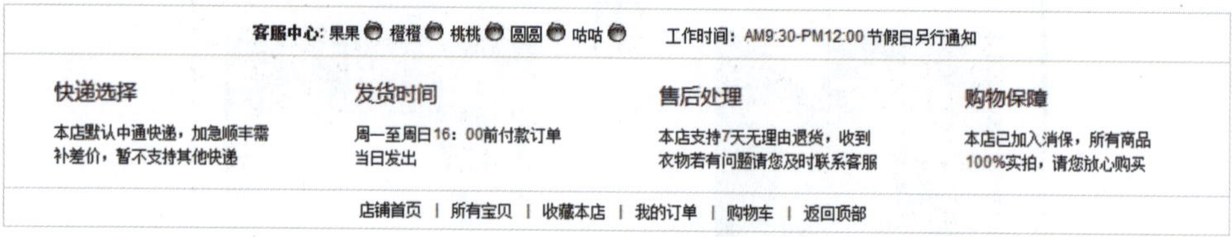

客服中心：果果 橙橙 桃桃 圆圆 咕咕
工作时间：AM9:30-PM12:00 节假日另行通知
快递选择
本店默认中通快递，加急顺丰需补差价，暂不支持其他快递
发货时间
周一至周日16：00前付款订单当日发出
售后处理
本店支持7天无理由退货，收到衣物若有问题请您及时联系客服
购物保障
本店已加入消保，所有商品100%实拍，请您放心购买
店铺首页 | 所有宝贝 | 收藏本店 | 我的订单 | 购物车 | 返回顶部

图6-113 页尾放置“发货/物流/售后须知”示例

- 在页尾模块添加无线端店铺二维码或微淘二维码，方便买家使用无线端浏览店铺，并且还能及时推送店铺消息，增加客户群体，如图 6-114 所示。

温馨提示
★★★★★
由于各个显示器不同存在色差，
请以实物为准！
快递说明
免运费：(本店默认 圆通快递，天天快递)
新疆、西藏、内蒙古、港澳台、
海外，不包邮！
如有疑问请及时联系我们的客服哦，
以免耽误发货，谢谢！
手机店铺
手机购物
更优惠！
返回首页
TOP

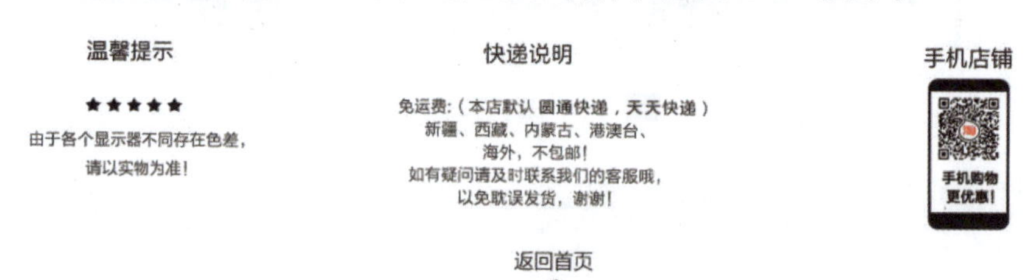

图6-114 页尾放置二维码示例

- 在页尾模块增加“返回顶部 / 返回首页”按钮，方便顾客浏览，给顾客带来更好的用户体验，如图 6-115 所示。

返回顶部
所有宝贝

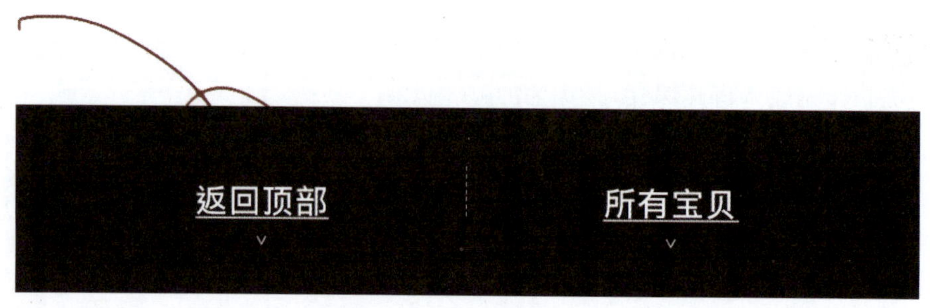

图6-115 页尾放置“返回顶部/返回首页”按钮示例

- 在页尾模块放置“收藏”按钮，起到再次提醒顾客收藏店铺的作用，如图 6-116 所示。

图6-116 页尾放置“收藏”按钮示例

- 在页尾模块放置“店铺产品活动模块”，可以增加店铺活动曝光量，方便顾客直接到达活动区选购商品，如图 6-117 所示。

图6-117 页尾放置“店铺产品活动模块”示例

- 在店铺页尾模块放置分类导航信息，可以提高买家的购买率，如图 6-118 所示。

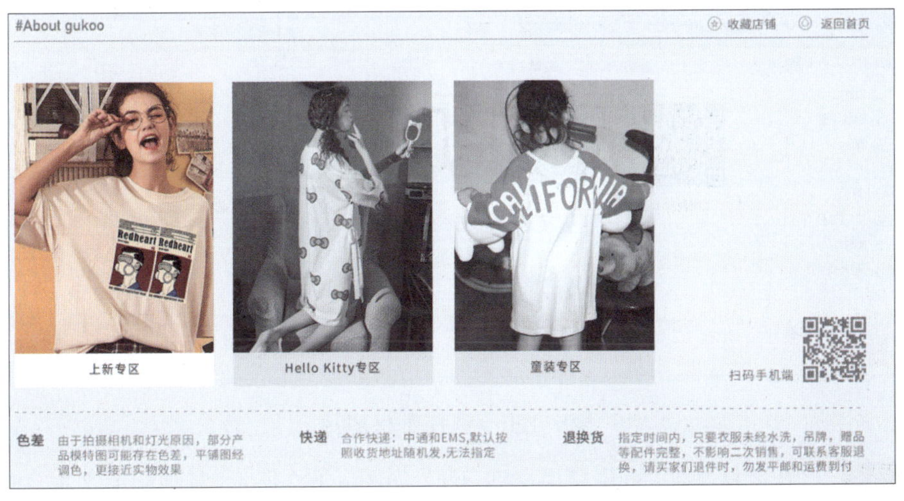

图6-118 页尾放置导航信息

页尾模块可以作为买家访问店铺的快速通道，合理地设置页尾信息可以方便买家从页尾模块跳至首页分类信息页面，查看店铺的其他产品及信息。因此，提供清晰的页尾模块能够保证更多的店铺页面被访问，使更多的商品被发现，极大地提高店铺的转化率。

2. 制作并装修页尾

下面以“大魔树”女装店铺为例，根据商家给的文案设计一款简洁的页尾模块。为了方便用户浏览以及及时推送信息，本案例页尾中主要放置发货 / 物流 / 售后须知、二维码等内容，颜色选用百搭的黑色。

Step1. 打开 Photoshop CS6 软件，新建一个“宽度”为 950 像素、“高度”为 200 像素、“分辨率”为 72 像素 / 英寸的文件，并命名为“页尾”，如图 6-119 所示。

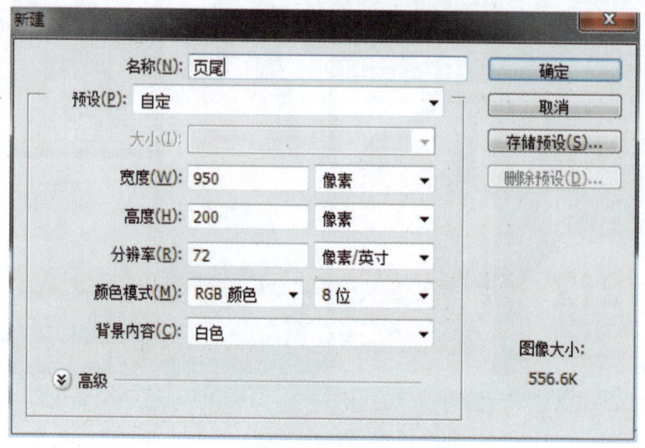

图6-119　新建文件

Step2. 依次置入如图 6-120 所示的素材文件“相机 .png”“物流 .png”“无忧售后 .png”，并调整位置，如图 6-121 所示。

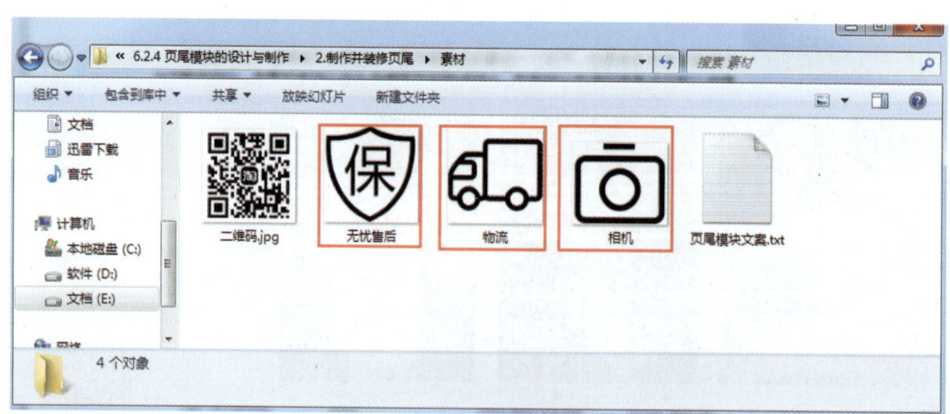

图6-120　选择素材图片

Step3. 打开素材文件“页尾模块文案 .txt”，如图 6-122 所示，复制相关文本。选择“横排文字工具” T，在画布中粘贴文本，字体及样式效果如图 6-123 所示。

图6-121　置入素材

图6-122　文本素材展示

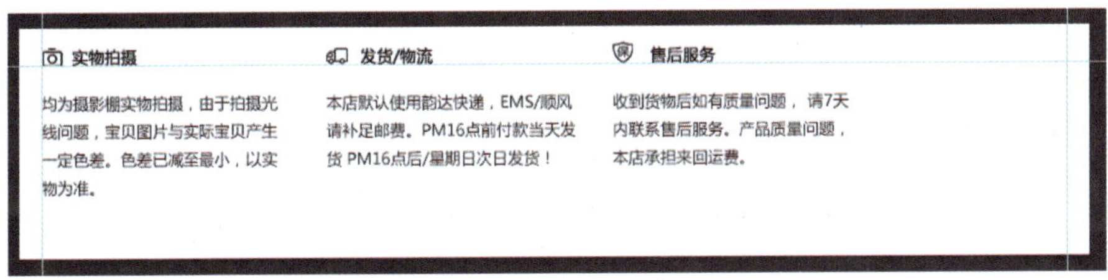

图6-123　输入文本

Step4. 选择“直线工具” 在水平参考线下方按住 Shift 键绘制一条宽度为“772 像素”、填充颜色为“灰色”（R:149，G:149，B:149）的直线，如图 6-124 所示。

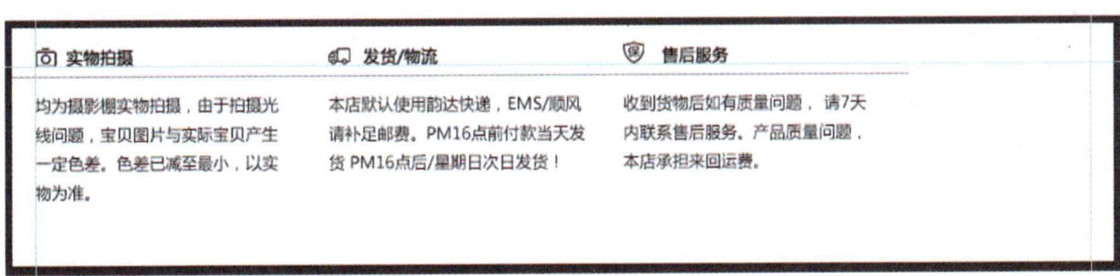

图6-124　绘制直线

Step5. 按照 Step4 的方法在图像上绘制高度为“61 像素”、描边颜色为“灰色”（R:149，G:149，B:149）、描边粗细为“2 像素”、形状描边类型为“虚线”的虚线。选择的虚线样式如图 6-125 所示。复制虚线，效果图如图 6-126 所示。

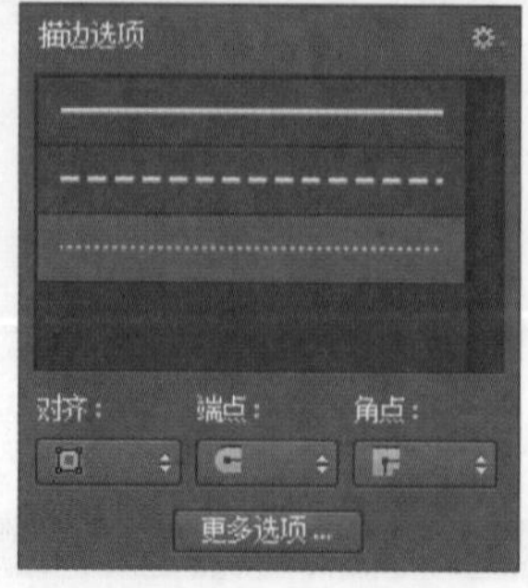

图6-125 描边类型样式

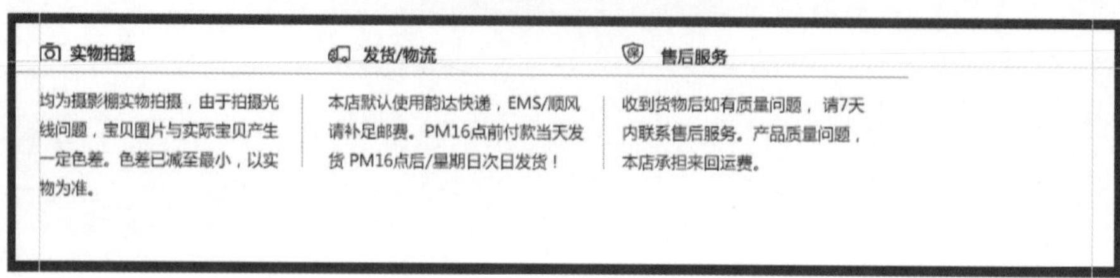

图6-126 绘制虚线

Step6. 选择“矩形工具”，在选项栏设置填充颜色为“黑色”、描边为“无”，在如图 6-127 所示的位置绘制一个“宽度”为 950 像素、“高度”为 30 像素的矩形。

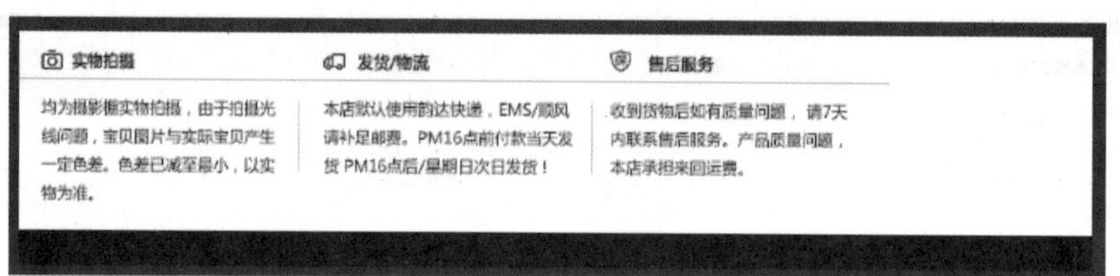

图6-127 绘制矩形

Step7. 选择“横排文字工具”，输入相关文本，设置字体为“微软雅黑”、字体大小为“14 像素”、字体颜色为“白色”、字符的间距设置为“200%”，效果如图 6-128 所示。

图6-128 输入文本

Step8. 置入“二维码.png”素材，将其放置在合适位置，并在下方输入相关文本。至此，页尾制作完成，效果如图 6-129 所示。

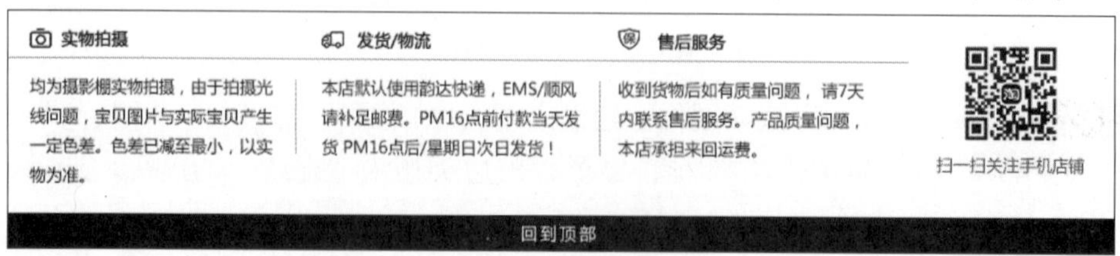

图6-129 页尾效果图

6.3 无线端首页设计与制作

随着移动互联网的快速发展以及智能手机的普及，越来越多的网民喜欢用手机上网购物，网络购物向移动端转移的趋势进一步凸现。无线端无论在店铺流量还是成交额等方面都占据着非常重要的位置。在这种趋势下，无线端店铺装修就显得十分重要。本节主要介绍无线端首页设计与装修的相关内容。

6.3.1 无线端首页模块介绍

无线端首页装修的原理与 PC 端装修原理基本相同，但装修布局的模块有一些不同，且页面展示更精简。图 6-130 所示为某淘宝店铺 PC 端与无线端页面的对比。

(a) PC端页面　　(b) 无线端页面

图6-130　PC端店铺首页与无线端店铺首页对比

通过图 6-131 可以看出，无线端店铺首页一般分三部分，顶部主要包括店铺招牌、搜索栏、导航栏，中间部分主要为商品及促销活动展示区，页面底部包括店铺 Logo、全部宝贝、店铺微淘、宝贝分类以及联系客服。

图6-131 无线端店铺首页模块布局

无线端首页顶部的店铺招牌导航栏、搜索栏是固定模块，中间部分为自由设计组合区域，可以直接将需要的模块拖曳至该区域，底部的内容只需要在后台进行设置，具体介绍如下。

- **店铺招牌：**无线端店招与 PC 端不同，无线端店招无法展示过多信息，所以选择一张符合店铺风格的简单图片即可，店招中不需要包含文字，如图 6-132 所示。
- **搜索栏：**搜索栏主要提供店铺宝贝搜索功能，如顾客不想通过导航查找商品，可以直接在搜索栏输入关键字搜索相关商品。

图6-132 店铺招牌示例

- **导航栏：**导航栏可以放置首页、宝贝、新品、合辑、活动、会员以及买家秀等内容。
- **店铺 Logo：**不同于 PC 端店铺首页 Logo 位置，无线端 Logo 位置放置在首页左下角。
- **全部宝贝：**买家可通过单击“全部宝贝”链接，查看店铺中所有商品。
- **店铺微淘：**微淘是在现有的店铺和宝贝之上构建的一个信息层，用户可订阅和分享，而不是只能看到运营推荐的内容。简单地说就是卖家在微淘上面开通账号，通过发送信息让自己的粉丝看到。粉丝会关注自己喜欢的账号，看到卖家发送的信息。
- **宝贝分类：**宝贝分类就是对店铺内的商品进行分类，方便买家进行查找。
- **联系客服：**买家对商品有疑问时，可通过该链接与客服在线即时沟通。
- **商品及促销活动展示区：**除上述模块外，还可以在无线端首页放置优惠券、轮播图、分类导航、宝贝列表等模块。

6.3.2 无线端首页模块的设计与制作

无线端店铺首页布局及尺寸与 PC 端店铺首页的是不同的，但风格需要保持一致，所以在装修无线端首页时，需要依据 PC 端首页风格及布局，对无线端首页中的主要模块进行设计。无线端首页模块的设计与制作主要包括以下几方面。

1. 无线端店招的制作

无线端的店招尺寸为 750 像素 ×580 像素。当用户向下拖曳网页时，店招背景图片呈渐变显示。此时，需要选择一张没有文字的背景图片，将其做成店招模块尺寸，图 6-133 所示即为“大魔树”的店招背景图。

图6-133 无线端店招

2. 无线端轮播图的制作

无线端轮播图与 PC 端的轮播图一样，都用于店铺活动宣传。无线端轮播图的尺寸建议“宽度”为 750 像素、“高度”为 200 像素 ~ 900 像素。无线轮播图制作分为两种方法，第一种是由店铺美工自己制作，第二种则是为了节省时间成本由 PC 端适配为无线端，如图 6-134 和图 6-135 所示即为 PC 端和无线端轮播图适配前后效果图。

图6-134　PC端轮播图

图6-135　无线端轮播图

3. 无线端优惠券的制作

无线端的优惠券和 PC 端的优惠券类似，但无线端需要把每张优惠券独立上传，其上传尺寸需要店铺美工自行定义。在淘宝的自定义模块编辑器中，每个方格的尺寸为 80 像素 ×80 像素，如图 6-136 所示，且美工只能绘制出 80 像素倍率的图片框，这就要求上传的图片尺寸是 80 像素的倍数，本案例根据 240 像素 ×160 像素尺寸进行图片适配，具体操作如下。

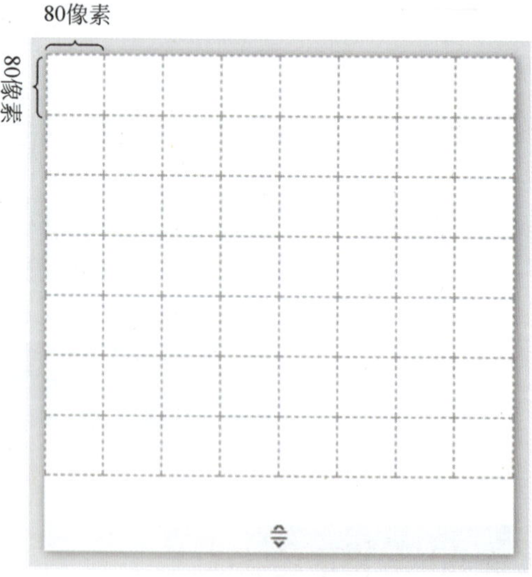

图6-136　自定义模块编辑器部分截图

Step1. 打开 Photoshop CS6 软件，新建一个“宽度”为 240 像素、“高度”为 160 像素、“分辨率”为 72 像素 / 英寸、“背景内容”为白色的文件，并命名为“无门槛减 5”，如图 6-137 所示。

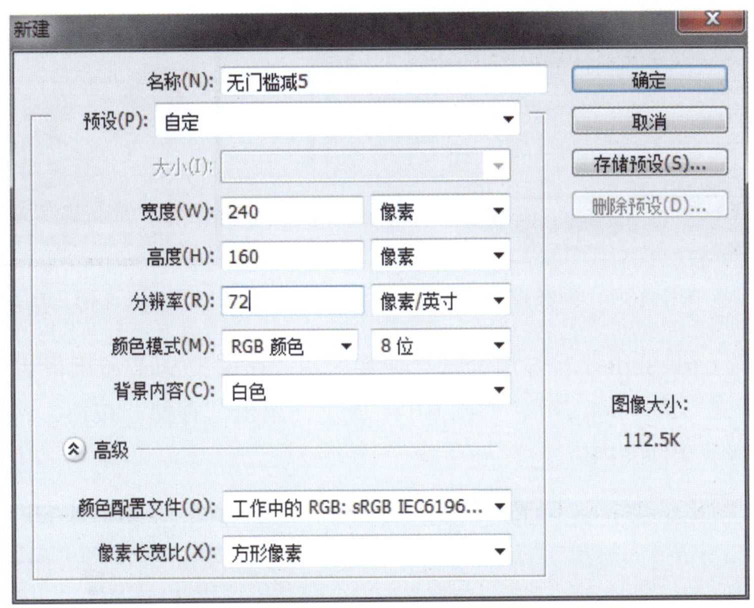

图6-137 新建文档

Step2. 使用 Photoshop CS6 软件打开素材文件“优惠券 .psd”，如图 6-138 所示。

图6-138 打开素材文件

Step3. 在“无门槛减 5”图层组上右击，在弹出的快捷菜单中选择“复制组”选项，如图 6-139 所示。

Step4. 切换到无线端适配文档中，选中“背景”图层和“无门槛减 5”图层组，依次单击选项栏中的“垂直居中对齐”按钮和“水平居中对齐”按钮，将图层组居中对齐，如图 6-140 所示。

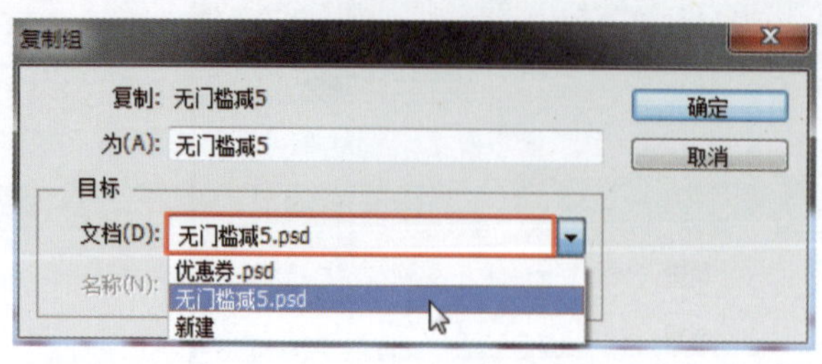

图6-139 参数设置

图6-140 居中对齐

Step5. 按 Ctrl+Shift+Alt+S 组合键，在弹出的“存储为 Web 所用格式”面板中设置“优化的文件格式”为“png 24”，如图 6-141 所示，单击“存储”按钮，将其存储为 png 格式的文件至指定文件夹内。

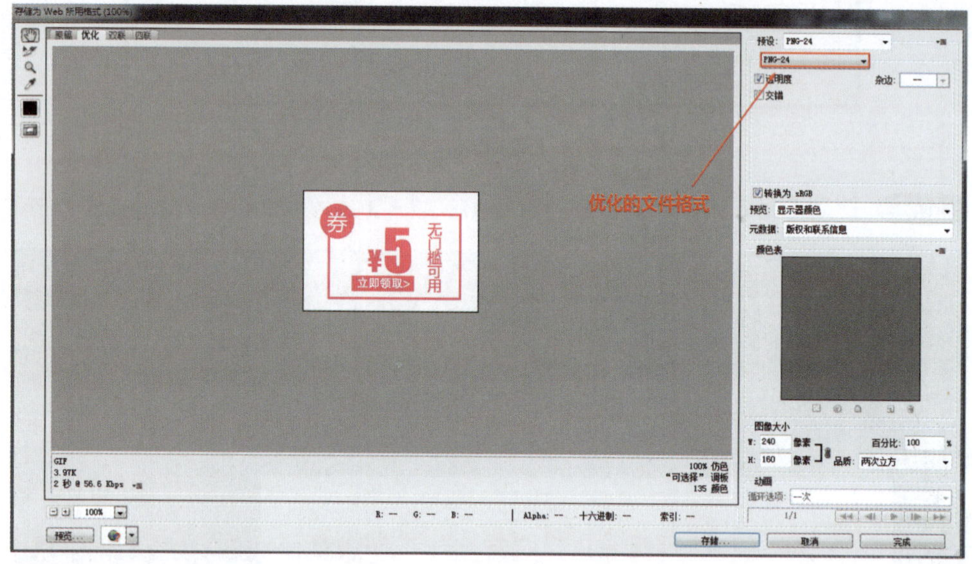

图6-141 存储为Web所用格式

Step6. 按Step3 ~ Step5的方法制作并保存其余优惠券。至此，无线端优惠券制作完成。

4. 无线端商品自定义展示模块的制作

无线端的商品自定义展示模块和 PC 端类似，但无线端需要把单个商品的模块独立上传。和优惠券模块一样，其上传尺寸需要店铺美工自行定义，上传的图片尺寸是 80 像素的倍数。本案例根据 640 像素 ×400 像素尺寸进行图片适配，具体操作如下。

Step1. 打开 Photoshop CS6 软件，新建一个“宽度”为 640 像素，“高度”为 400 像素的文件，并命名为“无线端商品自定义展示模块”，如图 6-142 所示。

Step2. 使用Photoshop CS6软件打开素材文件“商品自定义展示模块.jpg”，如图 6-143 所示。

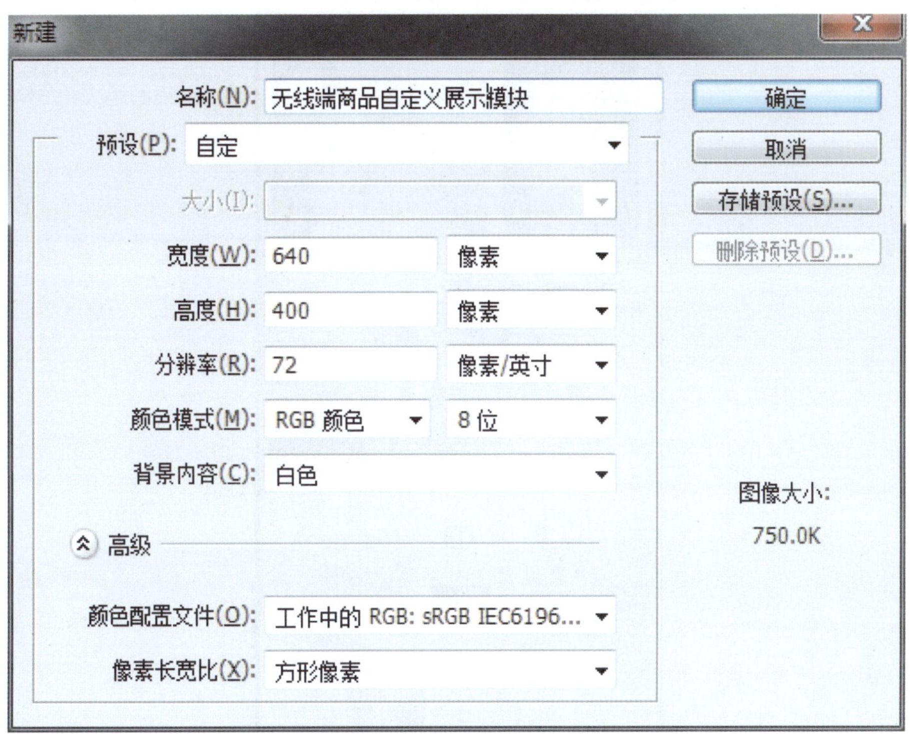

图6-142　新建文档

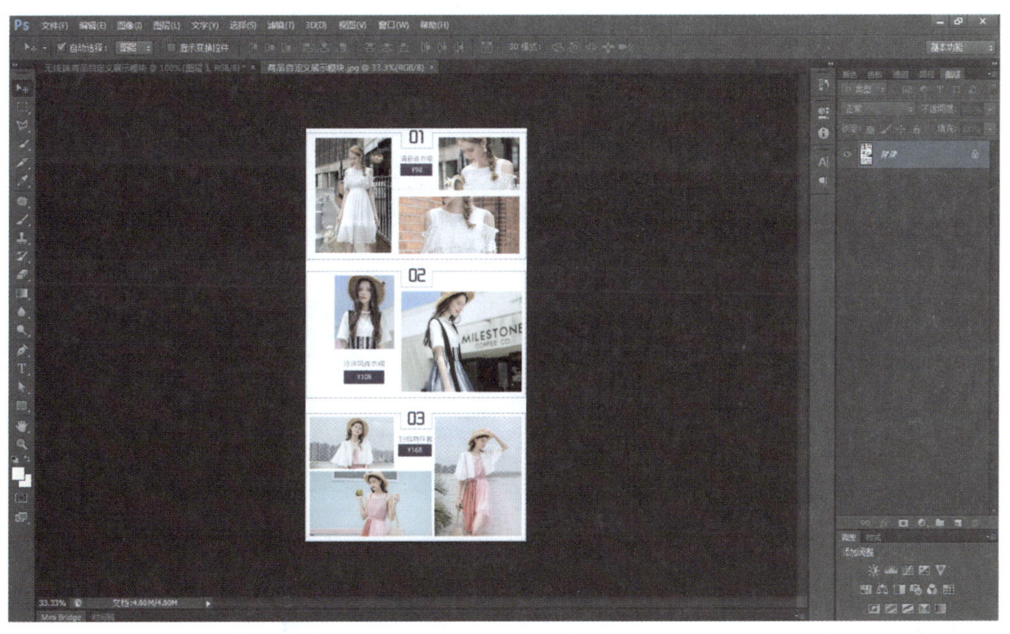

图6-143　打开素材文件

Step3. 选择“矩形选框工具” ，将 01 模块框选，如图 6-144 所示。

Step4. 选择“移动工具” ，将选框内内容拖曳至“无线端商品自定义展示模块”文档中，调整大小及位置如图 6-145 所示。

图6-144　框选内容

图6-145　拖曳01模块

Step5. 按 Ctrl+Shift+Alt+S 组合键，在弹出的“存储为 Web 所用格式”面板中设置“优化的文件格式”为“PNG 24”，如图 6-146 所示。单击“存储”按钮，在弹出的对话框中更改文件名称，如图 6-147 所示。单击“保存”按钮将其保存到指定文件夹内。

Step6. 按 Step3 ~ Step5 的方法制作其余优惠券。至此，无线端商品自定义展示模块制作完成。

图6-146　存储为Web所用格式

图6-147　更改文件名称

5. 分类导航的制作

无线端的分类导航和PC端的分类导航一样，只是无线端尺寸较小，无法对PC端的分类导航进行适配，因此需要对无线端的分类导航进行重新设计。无线端的分类导航尺寸宽度要求在640像素以内。为了实现可视化区域的最大化展示，本案例将针对“大魔树”女装店铺制作一款尺寸为 640 像素 ×640 像素的分类导航，具体操作步骤如下。

Step1. 打开 Photoshop CS6 软件，新建一个“宽度”为 640 像素、“高度”为 640 像素、“分辨率”为 72 像素 / 英寸、“背景内容”为白色的文件，并命名为“无线端分类导航”，如图 6-148 所示。

Step2. 选择“矩形工具”，绘制一个大小为 316 像素 ×312 像素的粉色（R:249，G:167，B:159）矩形，如图 6-149 所示。

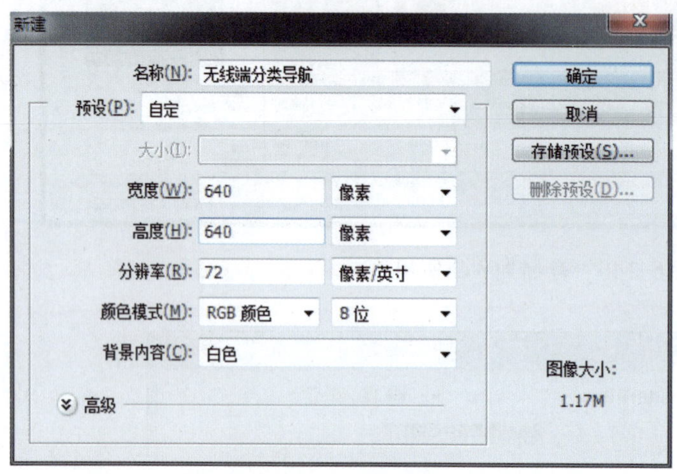

图6-148 新建文件

图6-149 绘制矩形

Step3. 用相同方法再绘制如图 6-150 所示的 6 个矩形，大小都为 316 像素 ×154 像素，颜色分别为填充为“青色”（R:122，G:207，B:226）、“黄色”（R:247，G:190，B:134）和紫色（R:181，G:166，B:214）。选中所有矩形图层，按 Ctrl+G 组合键进行编组，并将组命名为“底色”。

Step4. 选择“横排文字工具”，输入相关文本，设置字体为“方正小标宋简体”、颜色、字体大小及摆放位置如图 6-151 所示。

图6-150 底色

图6-151 输入文本

Step5. 选择"矩形工具"绘制如图 6-152 所示的白色矩形，将"点击查看"文本颜色改为"粉色"（R:249，G:167，B:159），效果如图 6-153 所示。

Step6. 选择"椭圆工具"，在选项栏中设置填充为"无"、描边粗细为"1 像素"、描边颜色为"粉色"（R:249，G:167，B:159），绘制一个 18 像素 ×18 像素的正圆形，如图 6-154 所示。

图6-152 绘制矩形

图6-153 改变字体颜色

图6-154 绘制圆形

Step7. 选择"自定义形状工具"，在选项栏中选择"箭头 6"，在正圆形内部绘制一个箭头形状，如图 6-155 所示。

Step8. 选中椭圆图层和形状图层，在选项栏中分别单击"水平居中对齐"按钮和"垂直居中对齐"按钮将其居中对齐。效果如图 6-156 所示。选中这两个图层按 Ctrl+E 组合键合并图层。

Step9. 选中除"底色"图层组和背景图层外的所有图层，按 Ctrl+G 组合键对选中图层进行编组，命名为"唯美裙装"，如图 6-157 所示。

图6-155 绘制形状

图6-156 居中对齐

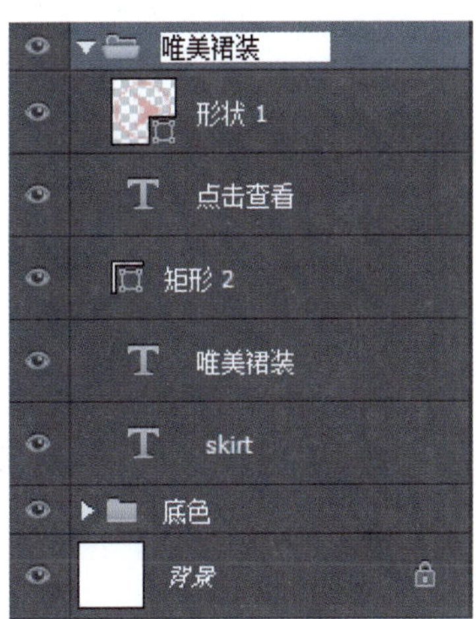

图6-157 图层编组

Step10. 使用 Step4 ~ Step9 的方法制作其他模块，效果如图 6-158 所示 。

图6-158　完成其他模块

Step11. 置入如图 6-159 所示的素材“新品 .png”“套装 .png”“裤子 .png”“上装 .png”“T 恤 .png” 等，调整大小及位置如图 6-160 所示。

图6-159　选择素材图片

Step12. 将新置入的图片图层按照如图 6-161 所示的排列方式放置在“底色”图层组内相对应图层模块的上方。

Step13. 选中“唯美裙装”图层，按 Ctrl+Alt+G 组合键为图层创建剪切蒙版，如图 6-162 所示。剩余的智能对象也按相同方法创建剪切蒙版。至此，分类导航的设计制作完成，最终效果图如图 6-163 所示。

图6-160　置入素材

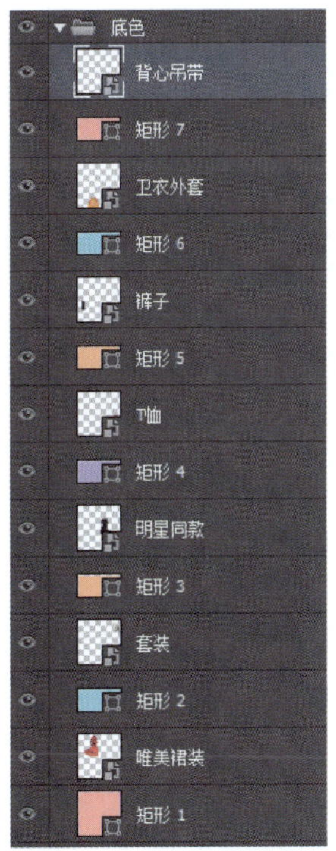

图6-161　更改图层位置

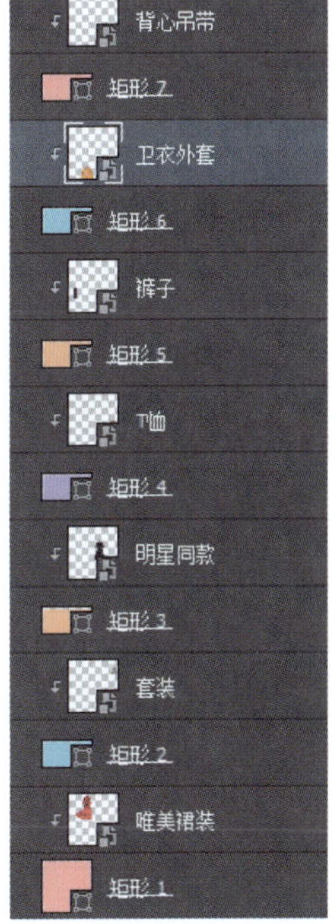

图6-162　创建剪切蒙版

图6-163 手机分类导航效果

6.4 本章小结

本章主要介绍了快速制作店铺首页的相关知识，包括 PC 端首页规划方案、PC 端首页和无线端首页的设计与制作。

通过本章内容的学习，读者应掌握 PC 端首页规划的方法，能够对 PC 端首页及无线端首页进行设计装修。

第7章

宝贝详情页的设计

学习目标

知识目标	• 认识宝贝详情页及其主要模块 • 了解无线端宝贝详情页特征
技能目标	• 掌握PC端宝贝详情页设计技巧 • 掌握无线端宝贝详情页制作技巧

买家在淘宝首页搜索并浏览商品时，一般会直接进入宝贝详情页。据统计，99%的顾客是在查看宝贝详情页后进行购买的，所以详情页的好坏会直接影响店铺转化。本章将从详情页的认识、详情页布局、详情页设计等方面详细讲解宝贝详情页的设计技巧。

7.1 认识宝贝详情页

7.1.1 什么是宝贝详情页

宝贝详情页不仅可以向顾客展示商品的规格、颜色、细节、材质等具体信息，还能向顾客展示宝贝的优势，通常一个好的详情页可以深入人心，打动消费者。图 7-1 与图 7-2

图7-1 宝贝详情页（1）

所示即为某款毛毯的详情页效果，设计师从材质属性、细节展示、情景展示等方面入手进行宝贝详情页的设计，诠释了宝贝精良的品质，以吸引消费者购买。

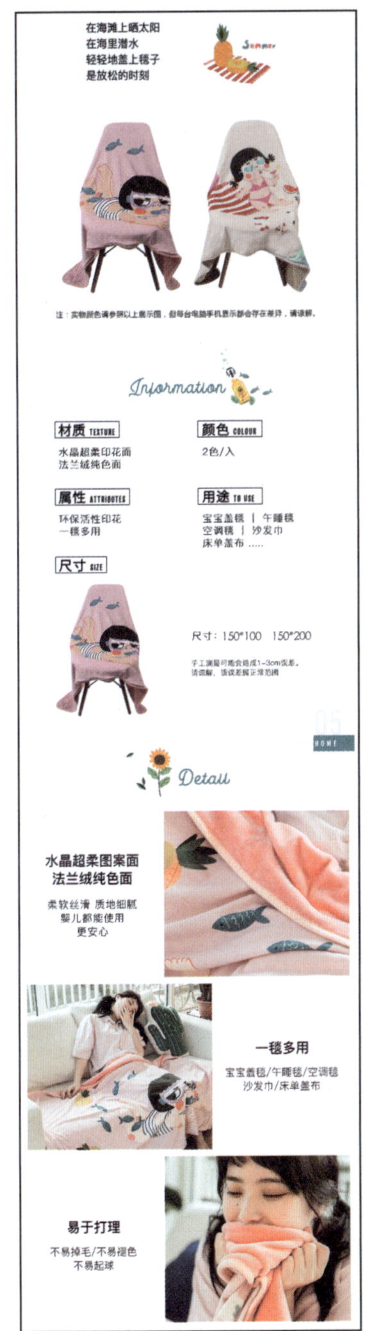

图7-2 宝贝详情页（2）

本章将为“大魔树”女装店设计店铺详情页，在搭配时可以以常规的详情页为出发点进行详情页的规划。

7.1.2 宝贝详情页的主要模块

宝贝详情页同样由不同的模块组成，其中顶部为店招和导航条，和首页模块类似。导航条下方为宝贝基础信息，该区域内容会根据发布宝贝时填写的信息自动生成。宝贝基础信息下方可以分为侧栏和宝贝描述信息两部分，具体结构如图 7-3 所示。

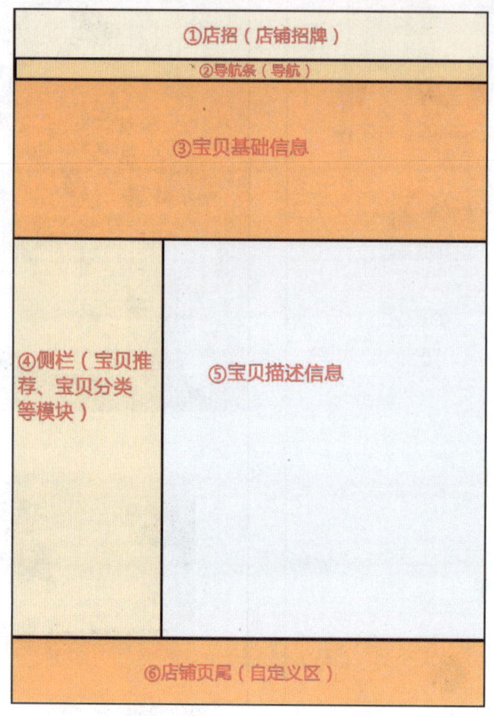

图7-3 宝贝详情页结构

在图 7-3 所示的宝贝详情页结构中，左侧的区域可放置搜索模块、宝贝分类模块、宝贝排行模块、收藏模块和宝贝推荐模块等。右侧区域有固定的宝贝描述信息模块，除该模块外，还可在其下方放置旺铺关联模块以及自定义区。

在宝贝详情页模块中，美工设计的重点是自定义区与宝贝描述信息描述区域。其中宝贝描述信息区域一般包括宝贝展示、宝贝细节、产品规格、产品功能等。

- 宝贝展示：宝贝展示是买家了解宝贝的主要界面。在设计宝贝展示部分时，可以将宝贝做一个巧妙的摆拍，或为其添加一个吸引人的场景与广告文案，这样才能更好地展示店铺商品自身的优势，使买家充分了解宝贝，如图 7-4 所示。
- 宝贝细节：宝贝的细节是消费者在购买商品时最想要了解部分，所以在制作宝贝描述图的时候，应最大限度地把宝贝的优势细节展示出来，例如采用对比、放大等手法，图 7-5 展示了宝贝细节的放大图。
- 产品规格：买家购买某些商品时，需要根据尺寸购买适合自己的商品，如一些数码产品、服装、鞋等。买家通过图片并不能准确把握尺码的大小，此时加入产品规格

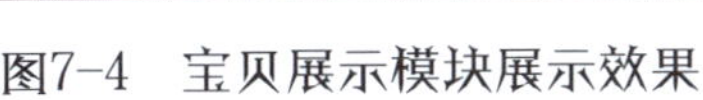
图7-4　宝贝展示模块展示效果

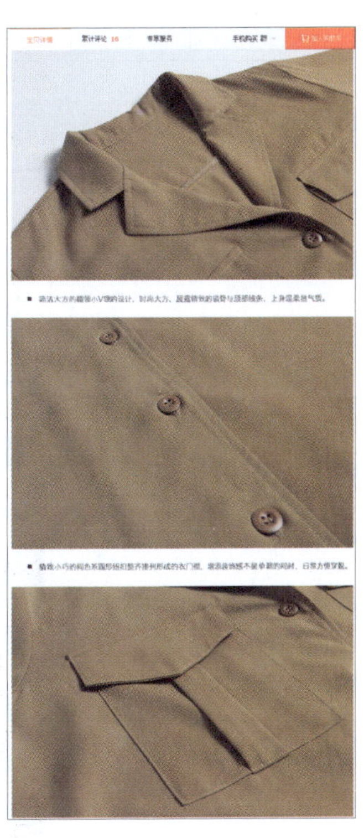
图7-5　宝贝细节放大

参数模块就能给买家一个选择参考，减轻客服压力，如图 7-6 所示。

- **功能展示：**若买家在购买商品时重视它的功能性，那么在进行店铺装修时需要添加功能展示模块，将商品的各个功能进行详细介绍。
- **搭配展示：**很多买家在购买商品时不懂得搭配，此时通过搭配展示可以为其提供专业的搭配建议。并且，搭配展示还可以让买家一次性购买更多的商品，提升店铺销售业绩，如图 7-7 所示。

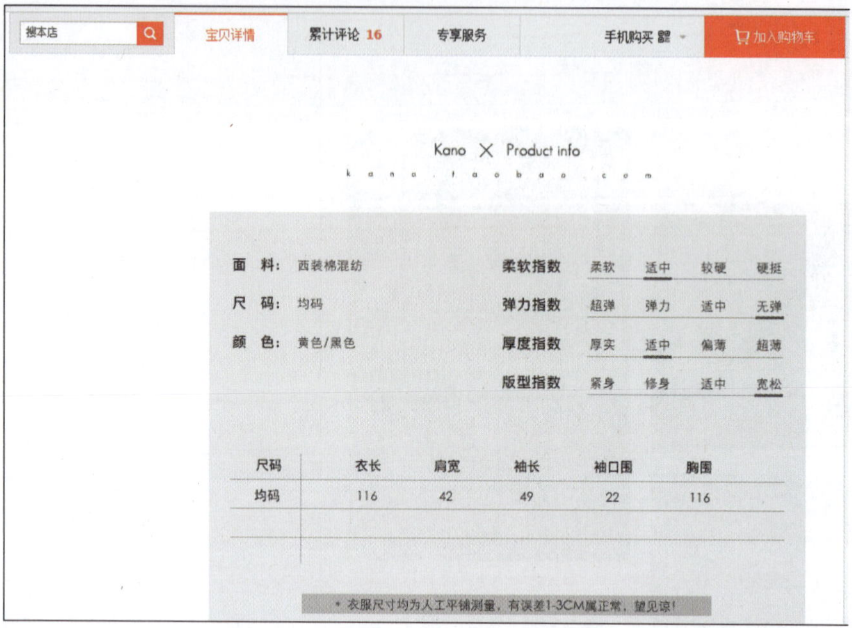

图7-6　产品规格模块

图7-7　商品搭配模块

- **包装展示**：精美的包装可以提升商品的价值，是店铺品质和实力的体现，对包装进行展示能够提升买家对商品认同感，进而促进转化。
- **促销活动**：开网店需要做一些促销活动，适当让利给买家，以获得更多的流量和订单，最终获得更大的利益。详情页中添加宝贝促销信息，能够促进消费者做出决策，如图 7-8 所示。

图7-8　促销活动版块

- **关联营销**：关联营销模块主要用于推荐搭配宝贝或推荐类似宝贝。推荐搭配的宝贝可以增加客单价，而推荐类似宝贝，可以在买家不满意当前商品时给出更多产品选择，尽可能留住客户，提高店铺的流量转化率。
- **会员营销**：一个成功的店铺既要能够招揽到新的顾客，还需要对旧顾客具有吸引力。会员营销模块可以促进消费者进行二次甚至更多次的消费，同时会员制也可以带来间接的客源，增加店铺订单。会员营销的常用手段是组建粉丝群、开设各种会员活动、会员折扣等，这些都可以通过会员营销模块展示。
- **证书保证**：买家在网购时，质量是很多买家较担心的问题，通过展示质检合格证书、好评以及三包服务可以打消顾客这一顾虑。
- **买家须知**：买家须知模块可以规避在购买时的不必要误会，减少很多售后问题，如图 7-9 所示。

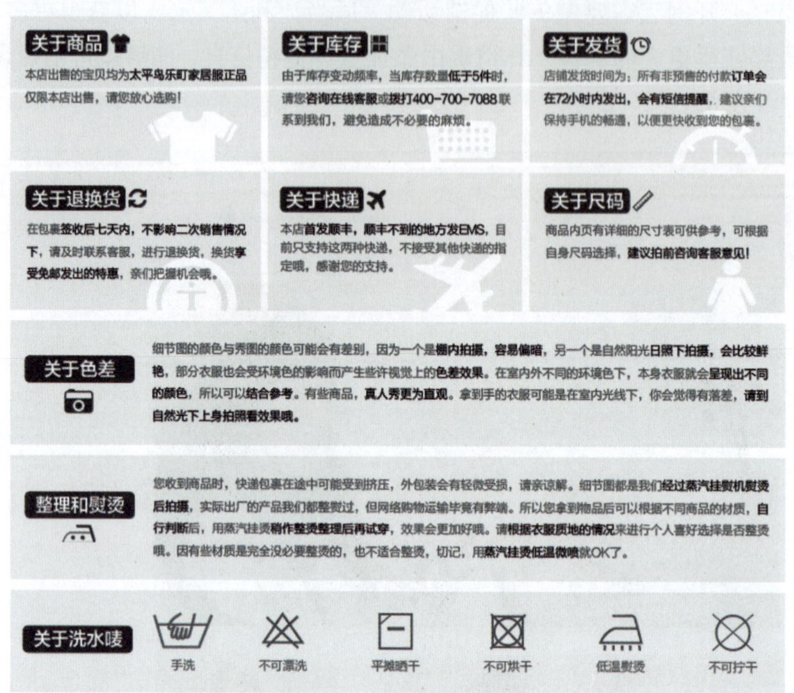

图7-9　买家须知

7.2　PC端宝贝详情页设计与制作

在宝贝详情页中，宝贝描述信息图是需要美工重点制作的部分。一个内容具体、详细的宝贝描述信息图才可以突出商品品质、展示商品细节，从而促使消费者下单购买。本节将讲解详情页的设计与制作方法。

7.2.1　设计宝贝详情页布局

宝贝详情页的主要作用是向买家介绍产品并展示店铺风格，它是买家与商品接触的桥梁。设计宝贝详情页首先要做的就是页面布局，然后再根据布局进行细节设计。下面介绍详情页布局的设计方式。

Step1. 登录淘宝网，进入“卖家中心”页面，单击左侧导航栏中的“店铺装修”，进入店铺装修页面，选择“PC 端”→“宝贝详情页”，单击“装修页面”按钮，进入宝贝详情页，如图 7-10 和图 7-11 所示。

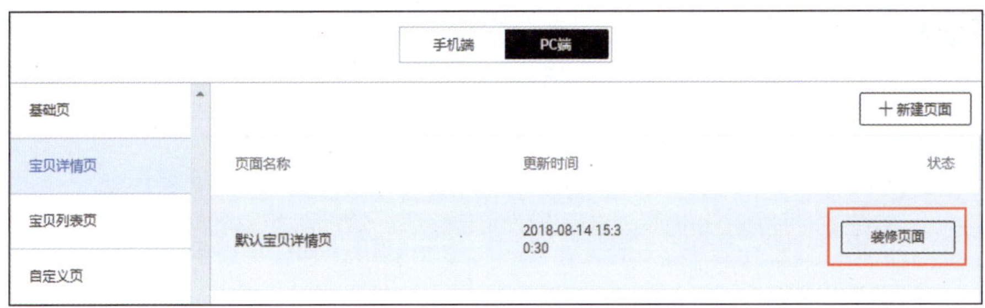

图7-10　店铺装修后台

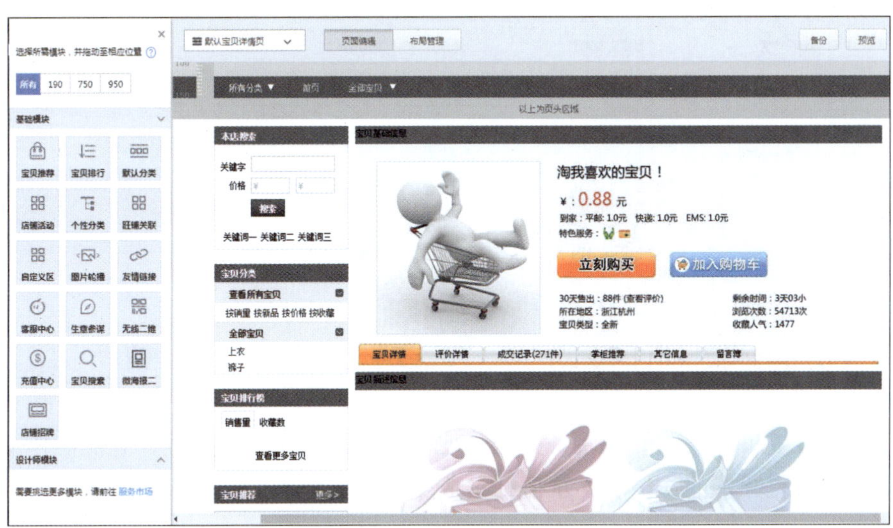

图7-11　详情页装修布局页面

Step2. 选择“自定义区”模块，拖动模块到“宝贝描述信息”模块下方，使用相同的方法再根据需求添加自定义区模块，如图 7-12 所示。自定义模块主要用来上传宝贝促销活动等内容的图片。

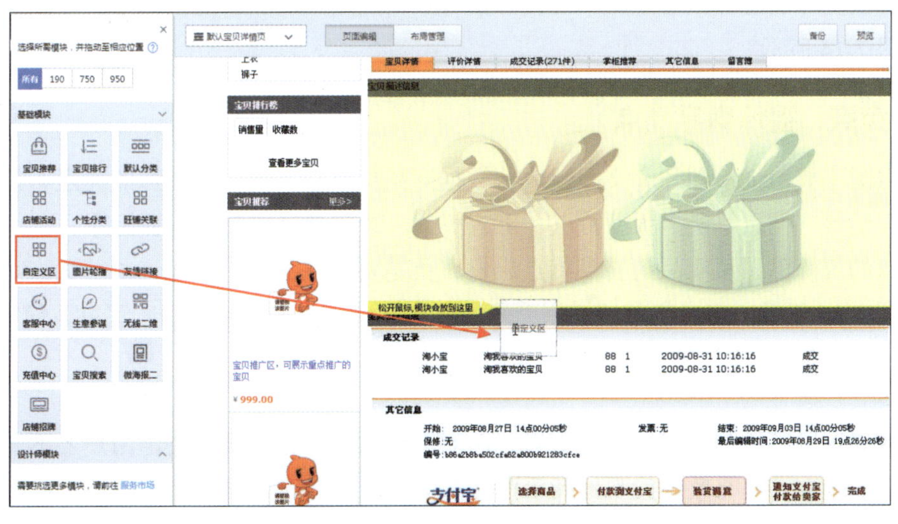

图7-12　添加自定义区

Step3. 模块添加完成后，单击“布局管理”选项卡标签，进入布局管理界面，该界面可看到整个详情页布局样式，如图 7-13 所示。

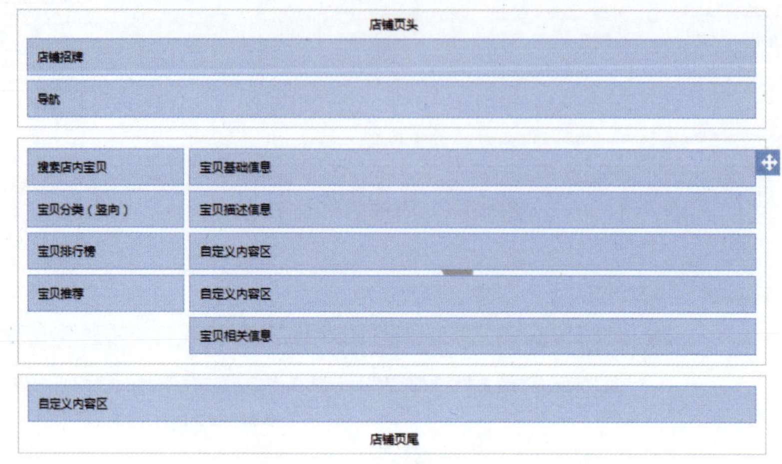

图7-13　详情页布局管理

7.2.2　宝贝描述图制作技巧

美工在设计宝贝描述图的时候，要充分地了解商品功能、卖点等，才能制作出凸显商品亮点、吸引买家眼球的详情页，从而提升成交量和转化率。宝贝描述图制作技巧可以总结为以下几点。

1. 添加焦点图展示，抓住顾客眼球

一张优质的焦点图能立刻吸引消费者的注意力。焦点图要选择具有视觉冲击力的图片，一般是商品的模特图或者场景图。

同时在图片的设计中搭配文字等设计素材来增加用户对品牌的认知度，以此来渲染气氛，如图 7-14 所示。

2. 优化卖点，提炼商品亮点

卖点图主要由细节图片和文案组成，根据商品特点从不同角度提炼的亮点，如设计师说、潮流趋势、亮点解说、版型特点、工艺解读、细节卖点以及面料解析等。

卖点的提炼除了从商品的自身特点出发，更是要站在买家的角度，了解买家需求与关注，如图 7-15 所示。好的文案能够用简短的几个字就直接提升买家的购买欲，简洁明了。

3. 保证商品信息翔实准确

卖点展示区可以提起用户的购买欲，而商品信息区域就是直接决定用户要不要购买的关键。准确、真实，有效且美观地展示商品的面料、指数、尺码等信息能够直接促成客户购买行为，如图 7-16 所示。

图7-14　焦点图

图7-15　卖点优化

尺寸表	裙长	腰围	臀围	摆围	/	/	/
S (155)	40	65	/	231.2	/	/	/
M (160)	41	68	/	236	/	/	/
L (165)	42	71	/	240.8	/	/	/

此数据在衣服平铺下测量所得，因测量方法不同会有2-4厘米的误差

- 因个人体型差异，请根据穿衣习惯选择尺码，如有疑惑，可咨询客服
- 客服应邀提供尺码仅供参考，请勿以此作为退换理由

试穿参考

RECORD	饭粒	梦悦	马儿	困困	粥粥	小绿
身高	165	161	164	165	162	167
体重	49	43	50	49	60	56
胸围	/	/	/	/	/	/
腰围	68	66	68	65	74	70
臀围	87	86	91	90	95	91
试穿体验						
试穿码	M	S	M	M	L	L
感受	M适中 穿着舒适 可活动 可塞衣服	腰部有点紧 尺码偏小 建议腰细妹子穿	大小合适 完全舒适 可以塞件衣服 大腿显瘦显长	S码有点紧 M码合适 可以塞件衣服 裙子偏短	L码合适 腰部有点紧 不能塞衣服 74-75腰围 刚刚好穿	L码合适 裙子偏短 可以塞一件衣服

图7-16　商品详细信息

4. 添加搭配推荐

根据市面上不同的搭配形式，搭配推荐一般分为三大类，分别是关联搭配、同类推荐、场景化搭配。关联搭配与同类推荐只需在后台进行设置即可，而场景化搭配是最能体现商品的特性，提升用户购买代入感的搭配方式。场景化搭配基于着装搭配逻辑，在商品拍摄时，可以让模特穿上搭配好的多款同期在售商品进行拍摄，并在详情页中合理地嵌入对应搭配产品图片以及链接，将用户带入着装搭配场景中，从而实现用户联单购买，如图 7-17 所示。

图7-17 搭配推荐

目前除了规模较大、人力充足的服装商家，多数商家不会制作场景化搭配。主要由于其操作难度比较大，需要从摄影策划端开始规划，搭配图片以及链接的制作，后期还需要花费比较多的时间进行维护，而且还涉及一定难度的代码编写。

5. 模特展示，全方位呈现

模特展示区是服装商品上身效果展示的重点，因为买家更注重商品穿在身上的效果，可以让买家通过模特图效果全面了解商品。一般在模特拍摄阶段，会从模特的正、侧、背面来采集图片，并且在详情页中全方位展示，如图 7-18 所示。而且对于一款多色的服装商品，穿着不同颜色服装的模特图的排列逻辑显得至关重要。商家可以按主、副色依次展示，先展示四五张主推颜色商品图片，然后再展示三四张辅推颜色的商品图片。

这里需要强调的是，很多商家会误认为模特展示图的数量越多越好，其实这是错误的，就比如讲故事，越长的故事越容易让读者找不到重点。而且图片太多会造成详情页冗长，加载慢，从而容易导致用户流失。所以，在模特展示部分，建议商家通过 4 ~ 6 张不同角度的商品图片多方位地展示商品。

图7-18　产品多方位展示

6. 平铺细节，多角度展示

由于平台化的购物方式无法让买家直接多角度地全面感受商品质量以及触感，因此平铺图、细节图是唯一能够参考的依据。一般要求平铺图能够规整地展示商品的正反面效果，而细节图则更多地通过近距离的商品细节拍摄和展示商品的做工、色彩、面料等，如图 7-19 所示。品牌附加值较小的商家，通过精修细节图，辅于匹配文案来画龙点睛，更有助于引导买家下单。

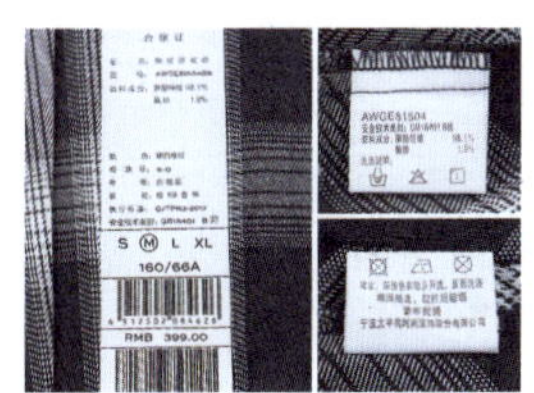

图7-19　平铺细节展示

7.2.3　PC端宝贝描述图制作

了解了宝贝描述图制作技巧，下面以“大魔树”女装店铺内某款雪纺衫的详情页面为例，制作一个宝贝描述图。宝贝描述图主要包含焦点图和详情图两个部分，它们的宽度小于 750 像素即可，高度没有限制，但是为了消费者在打开页面时更流畅，建议不要太长。本案例将制作一个宽度为 750 像素的宝贝描述图，具体制作方法如下。

1. 焦点图制作

焦点图一般位于宝贝描述的最上方，类似于首页中的轮播海报。焦点图中可以展示商品卖点、促销活动和优惠特价等信息，以及品牌形象和设计理念。在设计焦点图时，要注意风格的统一，不要与下方的详情图产生严重的色差对比。

Step1. 新建一个“宽度”为 750 像素、“高度”为 412 像素、“分辨率”为 72 像素/英寸、“背景内容”为白色的文件，并命名为“详情页焦点图”，如图 7-20 所示。

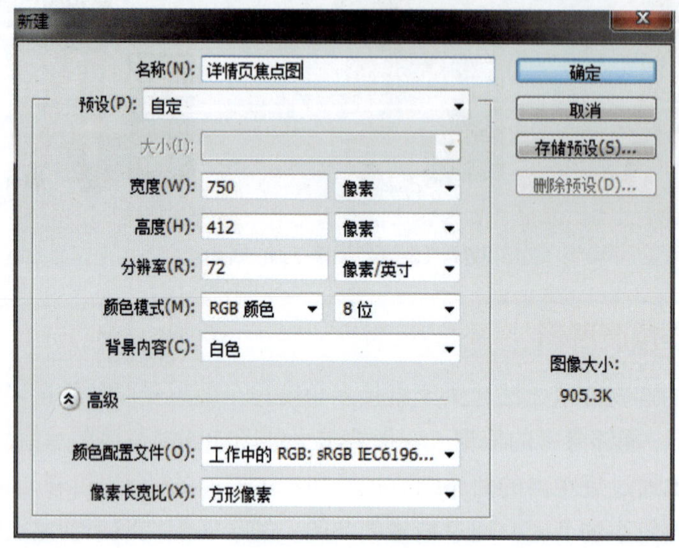

图7-20　新建文档

Step2. 将背景填充为“浅灰色”（R:248,G:248,B:248），置入如图 7-21 所示的“雪纺衫模特 01.png”和“雪纺衫模特 02.png”素材，调整大小并移动至合适位置，如图 7-22 所示。

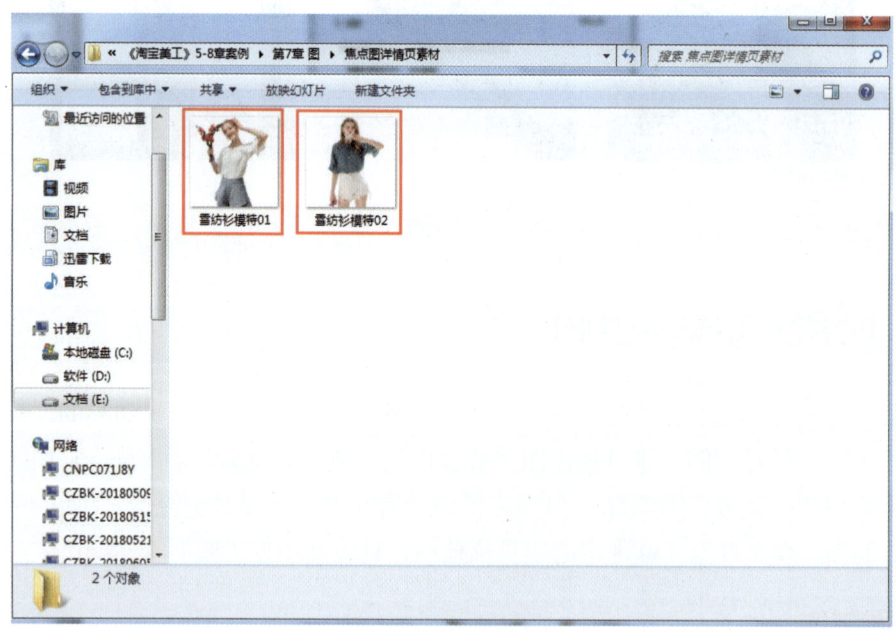

图7-21　选择素材图片

图7-22　置入素材

Step3. 输入横排文本“夏日型动”等相关文本，中文字体分别为“方正正黑中简体”和“黑体”、英文字体为 Arial、字体颜色为“粉红色”（R:218，G:133，B:156），大小如图 7-23 所示。

图7-23　输入文本

Step4. 选择“矩形工具”，绘制一个大小为 279 像素 ×26 像素的矩形，设置填充颜色为“粉色”（R:218，G:133，B:156）、描边为“无”，将“7/10 新品…”等文本颜色替换成“白色”。至此，详情页焦点图制作完成，如图 7-24 所示。

图7-24　详情页焦点图效果

2. 详情图模板制作

由于每个宝贝的详情页中的商品类型大多是相同的，因此为了节省时间，需要先设计一个宝贝详情图的模板，该模板中主要包含商品展示、信息描述和快递与售后三个模块，具体操作步骤如下。

Step1. 新建一个“宽度”为 750 像素、“高度”为 1200 像素、“分辨率”为 72 像素 / 英寸、“背景内容”为白色的文件，并命名为“设计模板”，如图 7-25 所示。

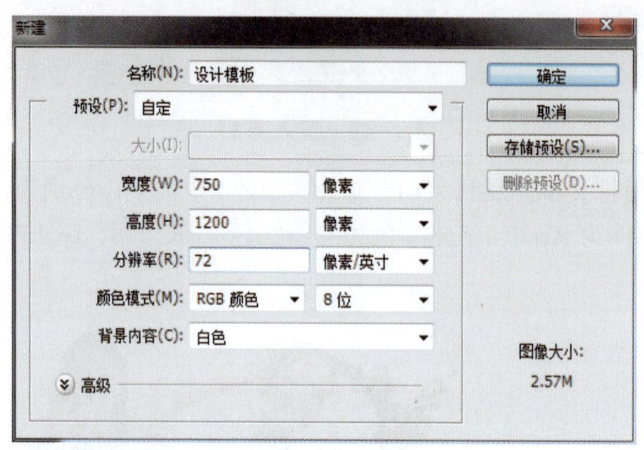

图7-25　新建文件

Step2. 将背景填充为“灰色”（R:247, G:247, B:247）。选择“横排文字工具” T，输入相关文本，设置字体为“张海山锐线体简”、字体颜色为“紫色”（R:58, G:37, B:75）、字体大小及粗细如图 7-26 所示。

Step3. 选择“直线工具” ／，绘制一个填充为“无”、描边粗细为“1 像素”、描边颜色为“紫色”（R:58，G:37，B:75）、宽度为“14 像素”、高度为“4 像素”的线段，如图 7-27 所示。

Step4. 按 Ctrl+J 组合键复制该线段，并按 Shift 键将其副本平移至合适位置，效果如图 7-28 所示。

商品展示
BRIGHT SPOT OF GOODS

图7-26　输入文本

- 商品展示
BRIGHT SPOT OF GOODS

图7-27　绘制线段

- 商品展示 -
BRIGHT SPOT OF GOODS

图7-28　复制线段

Step5. 选中非背景图层的所有图层，按 Ctrl+G 组合键对选中图层进行编组，并更改名称为“商品展示”，如图 7-29 所示。

Step6. 按两次 Ctrl+J 组合键复制该组，分别命名为“信息描述”和“快递与售后”，修改相关文本，并移动位置，如图 7-30 所示。

3. 详情图制作

下面依照模板分别对这三个部分的制作方法进行讲解，具体操作步骤如下。

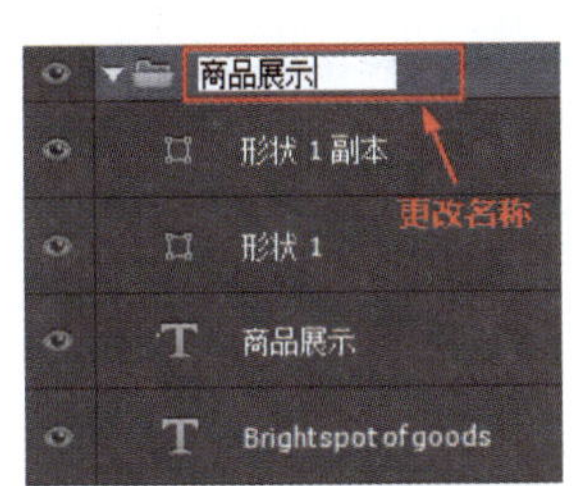

图7-29 更改名称

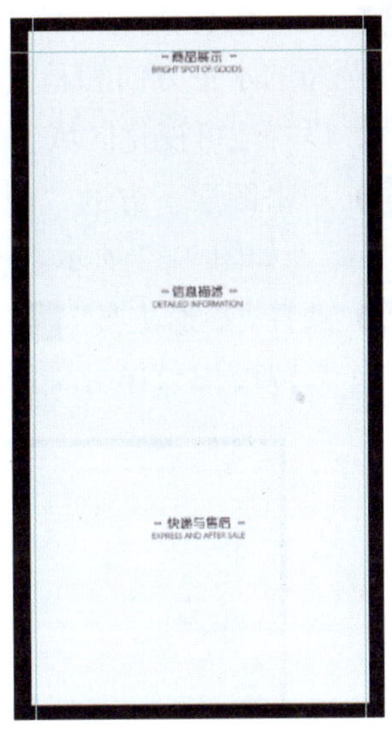

图7-30 模板效果图

❶ 商品展示制作

商品展示模块包括模特展示、领口设计展示、袖口设计展示、布料展示和平铺展示几个模块，其具体操作步骤如下。

Step1. 使用 Photoshop CS6 软件打开素材文件“模板 .psd”，将其另存为“pc 端详情页”，如图 7-31 所示。并选中非背景图层的所有图层组，按 Ctrl+G 组合键对选中图层组进行编组，并重命名为“模板”。

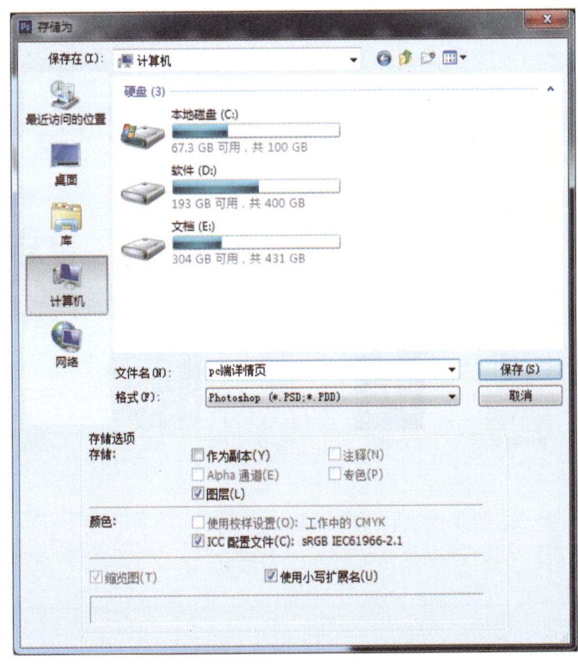

图7-31 文件另存为

Step2. 将“信息描述”和“快递与售后”两组内容移动至底部。在画布的水平方向和垂直方向分别绘制距离边缘 10 像素的参考线，以规范可视化区域。

图7-32 创建新组

Step3. 单击图层下方的“创建新组”按钮，将其改名为“商品展示”，如图 7-32 所示。

Step4. 选择“矩形工具”绘制两个大小为 356 像素 ×414 像素的矩形，填充为“红色”（R:233，G:72，B:116），将图层不透明度改为“10%”，如图 7-33 所示。

图7-33 绘制矩形

Step5. 置入图 7-34 所示的“纯色 .png”和“竖条纹 .png”素材图片，调整素材位置，如图 7-35 所示。

图7-34 选择素材图片

图7-35　调整素材位置

Step6. 在画布中输入横排文本“纯色”“竖条纹”,字体都设置为“张海山锐线体简”、大小都为 18 像素，将其放置在合适位置，效果如图 7-36 所示。

图7-36　置入素材

Step7. 绘制两个大小如图 7-37 所示的矩形。

Step8. 置入图 7-38 所示的“模特展示 1.jpg”和“领口 .png”素材图片，调整素材位置，如图 7-39 所示。将素材图层分别放置在“矩形 1”图层和“矩形 2”图层上方。

Step9. 依次选中“模特展示 1”和“领口”图层，按 Ctrl+Alt+G 组合键分别为其创建图层剪切蒙版，如图 7-40 所示。

图7-37 绘制矩形

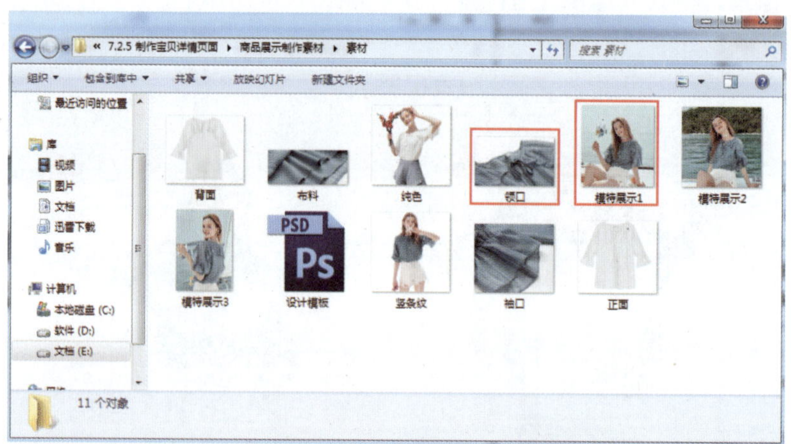

图7-38 选择素材图片

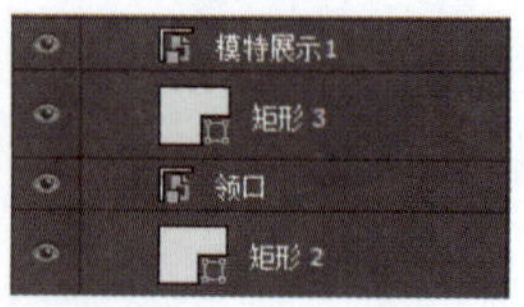

图7-39 调整素材及图层位置

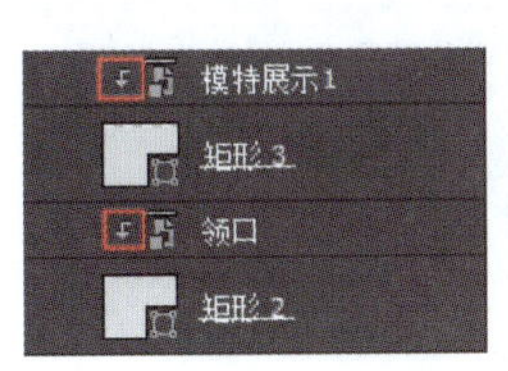

图7-40 为图层创建剪切蒙版

Step10. 选择“横排文字工具” T，输入相关文本，设置字体都为“方正中倩简体”、颜色分别为粉色（R:233，G:72，B:116）、灰色（R:50，G:50，B:50），大小及样式如图7-41所示。

图7-41 输入文本

Step11. 选中如图7-42所示的所有相关图层，按Ctrl+G组合键对其进行编组，将组命名为“领口展示”。

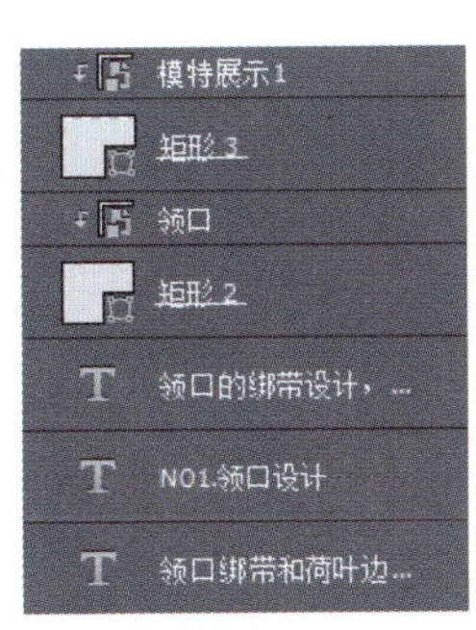

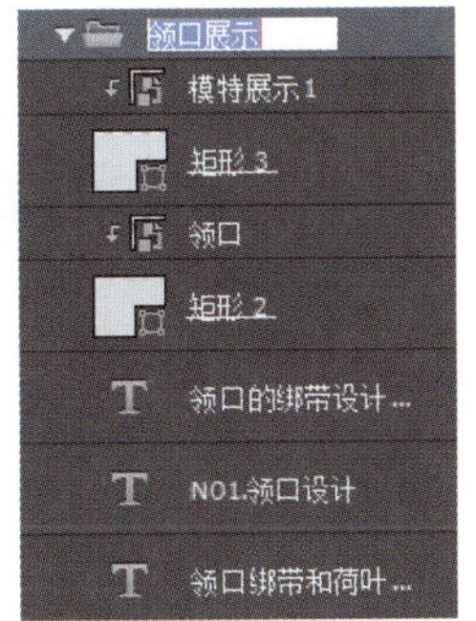

图7-42 对选中图层进行编组

Step12. 用Step5 ~ Step8的方法制作袖口和布料展示模块，如图7-43 ~ 图7-46所示。

图7-43　袖口展示

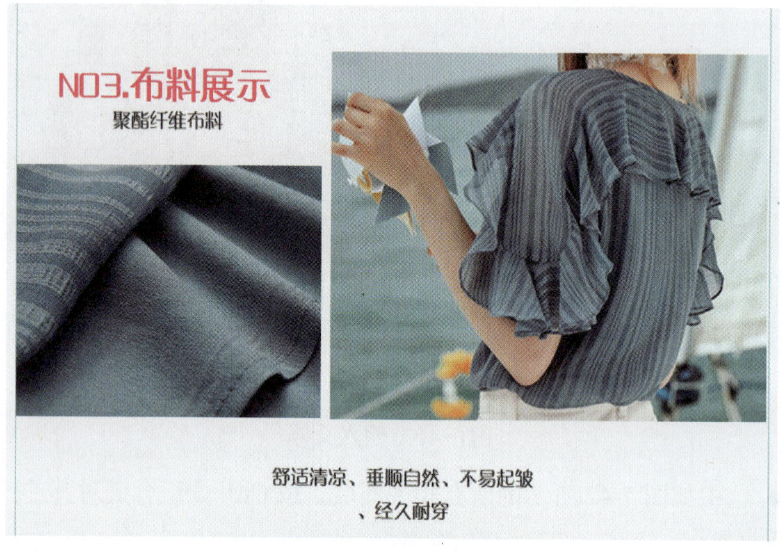

图7-44　布料展示

图7-45　图层组命名

Step13. 选择“直线工具”，在选项栏设置“填充”为无、“描边”颜色为深灰色（R:50,G:50,B:50）、粗细为“2 点”，在如图 7-47 所示的位置绘制三条虚线。

Step14. 在图 7-48 所示的位置处绘制一个大小为 750 像素 ×397 像素的白色矩形。

图7-46　效果图

图7-47　绘制虚线

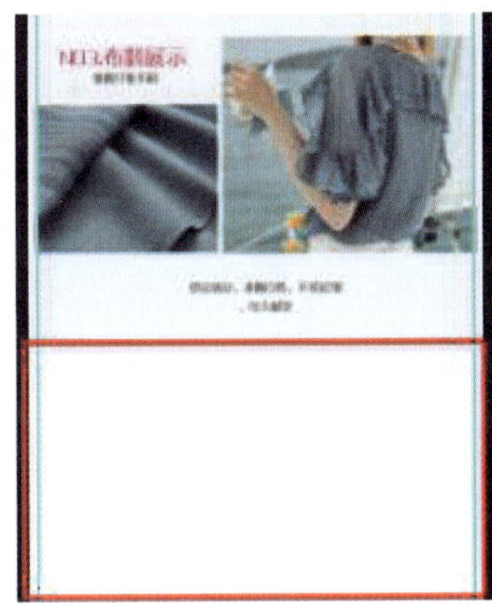

图7-48　绘制矩形

Step15. 置入图 7-49 所示的“背面 .png”和“正面 .png”素材图片。调整素材大小位置，并输入相关文本，如图 7-50 所示。

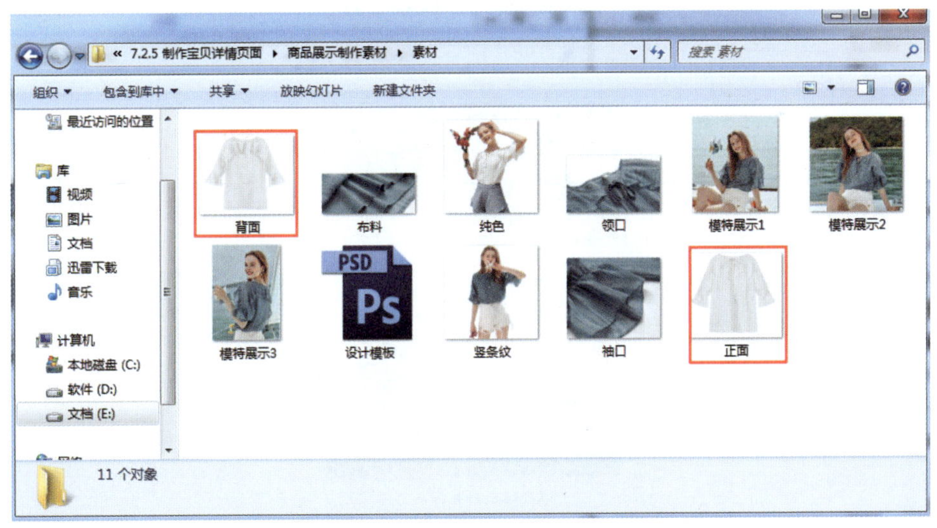

图7-49　选择素材图片

Step16. 选中如图 7-51 所示的图层，按 Ctrl+G 组合键对其编组，并重命名为 “平铺细节”。至此，商品亮点图制作完成，效果如图 7-52 所示。

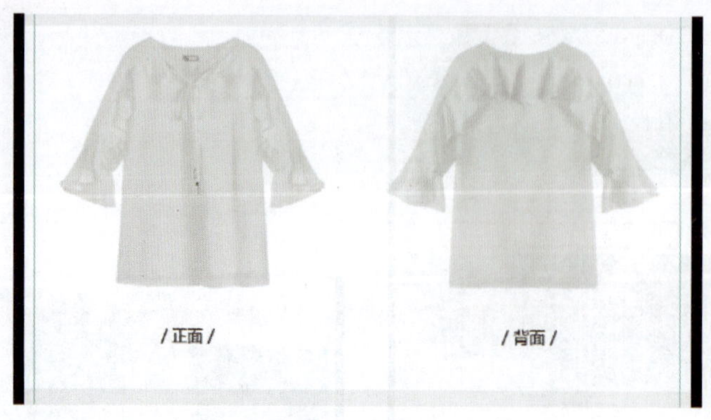

图7-50　置入素材及输入文

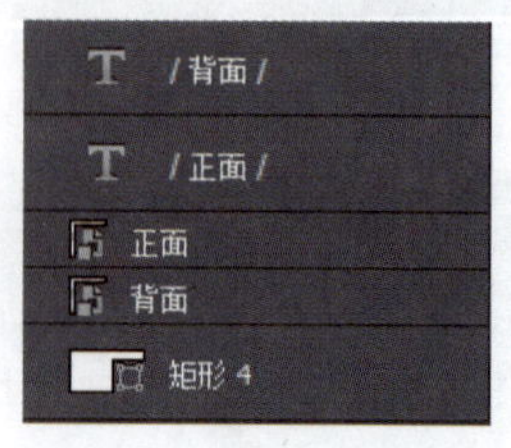

图7-51　选中图层

图7-52　商品展示效果图

❷ 商品信息描述图制作

商品信息描述图是详情图中必不可少的组成部分，它能让买家了解到商品的尺寸、材质等详细信息，能帮助买家加深对商品的认识。本案例通过商家提供的相关信息，制作该商品信息描述图。由于商家提供的文本素材大多没有格式，因此商品信息描述图的制作只需要设计其版式即可。

Step1. 使用 Photoshop CS6 打开素材文件“PC 端详情页面 .psd”，将“信息描述”图层组向上移动，选择“矩形工具”，在选项栏中设置“填充”颜色为白色、“描边”为无，绘制一个大小为 726 像素 ×410 像素的矩形，如图 7-53 所示。

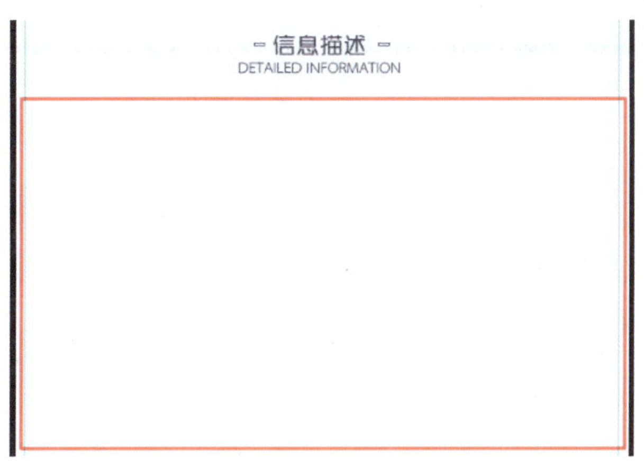

图7-53 绘制矩形

Step2. 选择“横排文字工具”在画布上绘制一个文本框，如图 7-54 所示。

图7-54 绘制文本框

Step3. 打开对应的素材文件夹，双击素材文件夹内的“商品信息 .txt”，打开该雪纺衫的文本素材，如图 7-55 所示。依次将其复制到“商品详情页 .psd”文档中，并以图 7-56 所示的样式进行排版。

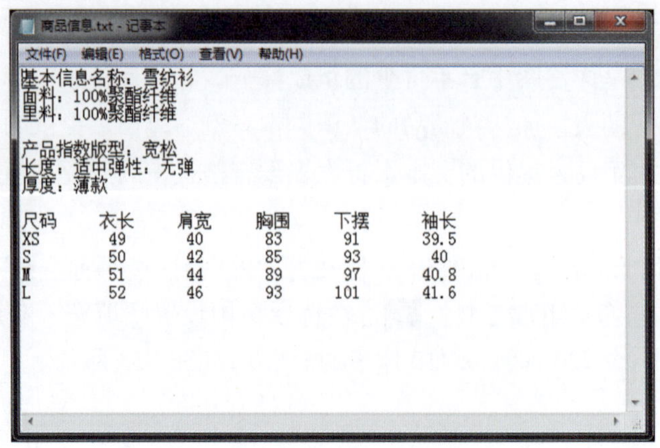

商品信息.txt - 记事本

文件(F) 编辑(E) 格式(O) 查看(V) 帮助(H)

基本信息名称：雪纺衫
面料：100%聚酯纤维
里料：100%聚酯纤维

产品指数版型：宽松
长度：适中弹性：无弹
厚度：薄款

尺码	衣长	肩宽	胸围	下摆	袖长
XS	49	40	83	91	39.5
S	50	42	85	93	40
M	51	44	89	97	40.8
L	52	46	93	101	41.6

图7-55　文本素材展示

－信息描述－
DETAILED INFORMATION

基本信息
名称：雪纺衫
面料：100%聚酯纤维　　里料：100%聚酯纤维

产品指数
版型：宽松　　长度：适中
弹性：无弹　　厚度：薄款

尺码	衣长	肩宽	胸围	下摆	袖长
XS	49	40	83	91	39.5
S	50	42	85	93	40
M	51	44	89	97	40.8
L	52	46	93	101	41.6

图7-56　输入文本

Step4. 选择“直线工具”，在选项栏设置相关参数，如图 7-57 所示；绘制两条线段，如图 7-58 所示。

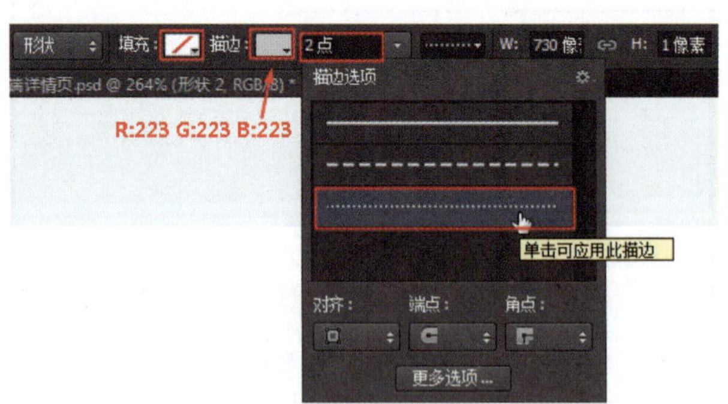

图7-57　设置参数

Step5. 用 Step4 的方法绘制剩余线段，如图 7-59 所示。

Step6. 置入如图 7-60 所示的“衣服 .png”素材图片，调整素材图片的大小位置，如图 7-61 所示。至此，商品信息描述图制作完成。

- 信息描述 -

DETAILED INFORMATION

基本信息

名称：雪纺衫

面料：100%聚酯纤维　　里料：100%聚酯纤维

产品指数

版型：宽松　　长度：适中

弹性：无弹　　厚度：薄款

尺码	衣长	肩宽	胸围	下摆	袖长
XS	49	40	83	91	39.5
S	50	42	85	93	40
M	51	44	89	97	40.8
L	52	46	93	101	41.6

图7-58　绘制线段

- 信息描述 -

DETAILED INFORMATION

基本信息

名称：雪纺衫

面料：100%聚酯纤维　　里料：100%聚酯纤维

产品指数

版型：宽松　　长度：适中

弹性：无弹　　厚度：薄款

尺码	衣长	肩宽	胸围	下摆	袖长
XS	49	40	83	91	39.5
S	50	42	85	93	40
M	51	44	89	97	40.8
L	52	46	93	101	41.6

图7-59　绘制剩余线段

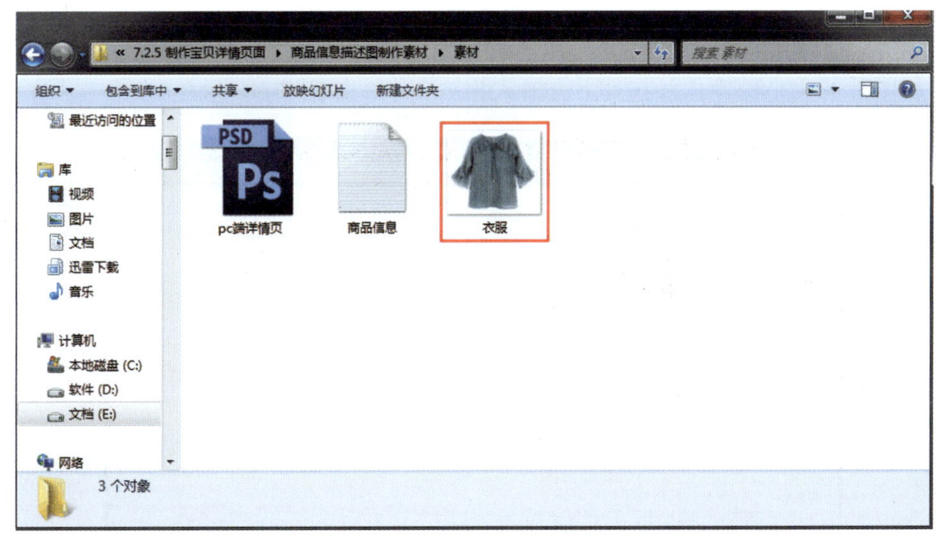

图7-60　选择素材图片

- 信息描述 -
DETAILED INFORMATION

基本信息

名称：雪纺衫

面料：100%聚酯纤维　　里料：100%聚酯纤维

产品指数

版型：宽松　　长度：适中

弹性：无弹　　厚度：薄款

尺码	衣长	肩宽	胸围	下摆	袖长
XS	49	40	83	91	39.5
S	50	42	85	93	40
M	51	44	89	97	40.8
L	52	46	93	101	41.6

图7-61　置入素材

③ 快递与售后图制作

在商品详情页中，一般都会有快递和售后的信息展示，以便向买家进一步介绍店铺品牌理念和售后服务。要求包括包装信息、快递信息以及售后信息，其制作步骤如下。

Step1. 选择“矩形工具”，绘制三个大小为“233 像素 ×152 像素”、填充颜色为“灰色”（R:238，G:238，B:238）、描边为“无”的矩形，使其平均分布，如图 7-62 所示。

图7-62　绘制矩形

Step2. 置入如图 7-63 所示的“打包箱 .png”“快递员 .png”和“时间 .png”素材图片，调整素材图片的大小位置，并在其下方输入相关文本，如图 7-64 所示。

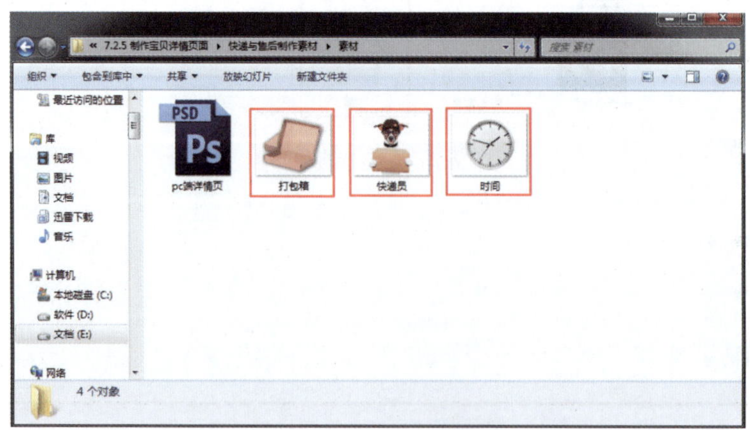

图7-63　选择素材图片

图7-64　置入素材与输入文本

Step3. 选择“矩形工具”，在选项栏设置参数，具体参数设置如图 7-65 所示。在如图 7-66 所示的位置绘制一个大小为 726 像素 × 74 像素的矩形，并在内部输入相关文本，效果如图 7-67 所示。至此，快递与售后模块制作完成。

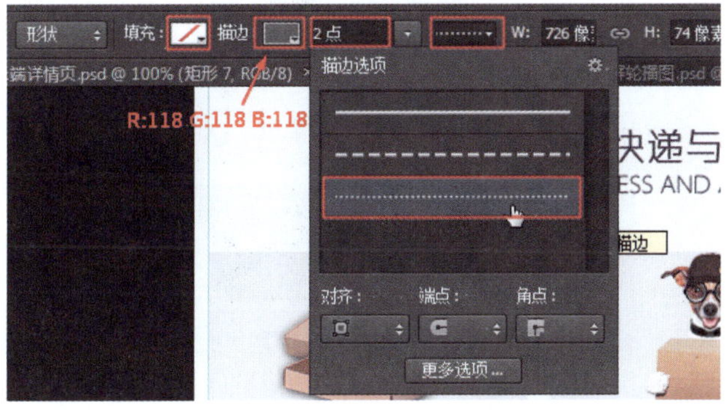

图7-65　设置参数

图7-66　绘制矩形

图7-67　快递与售后效果

Step4. 按Ctrl+Shift+S组合键将其保存到指定文件夹内。至此，宝贝详情页制作完成，最终效果如图7-68所示。

图7-68 效果图

7.2.4　宝贝促销图制作

为吸引买家的目光，一些店铺会在详情页中放置店铺其他商品的关联销售或折扣活动，这个区域称为宝贝促销区。制作精美的促销图片不仅能吸引买家，还可以增加其他商品的点击率和曝光率。尤其是打造店铺爆款商品时，宝贝促销区是一个非常重要的商品曝光区域。

1. 制作宝贝促销图的注意事项

初次使用旺铺的卖家，在制作宝贝促销区之前，应先了解一些注意事项，主要有以下几点。

- **商品不易过多：** 宝贝促销图的商品不易过多或过于杂乱，以免买家挑花眼，反而失去挑选宝贝的耐心，最终放弃购买商品。
- **图片高度不宜过高：** 宝贝促销图的宽度是固定的尺寸 750 像素，高度不限，但是为更好的流量体验，高度不宜超过 700 像素。
- **支持发布的模块：** 宝贝促销图的图片大部分使用自定义内容模块发布，该模块支持 HTML 编辑，卖家可以通过编写和修改 HTML 代码来发布宝贝促销区。

2. 设计与制作宝贝促销图

制作宝贝促销图的方法有三种。第一种方法是在网上寻找免费的宝贝促销模板，下载到本地计算机上进行修改，这种方法的优点是方便快捷，缺点是设计受到局限；第二种方法是购买模板，既省力又能挑选到满意的设计，但需要支付一定的费用；第三种是自己设计，这种方法需要买家掌握一定的图像设计能力，优势是能根据自己的意向制作图片。下面以第三种方法为例，讲解宝贝促销图的制作方法。

Step1. 新建一个“宽度”为 750 像素、“高度”为 450 像素、“分辨率”为 72 像素 / 英寸、“背景内容” 为白色的文件，并命名为 “商品促销”，如图 7-69 所示。将背景填充为 “红色”（R:127，G:12，B:9），如图 7-70 所示。

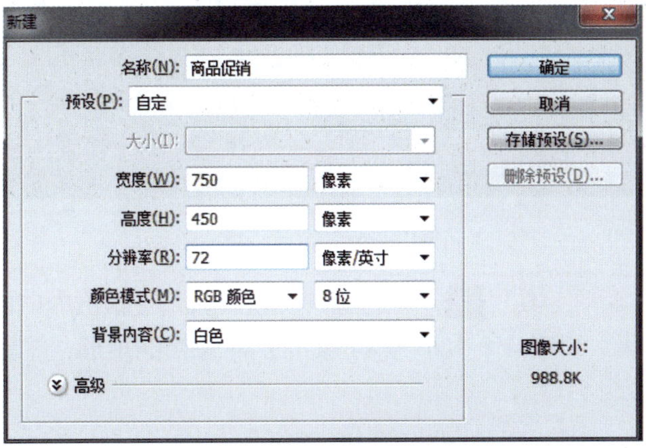

图7-69　新建文件

图7-70　填充颜色

Step2. 选择“横排文字工具” T，输入如图 7-71 所示的相关文本，设置字体为“华文细黑”、颜色为“白色”。

图7-71　输入文本

Step3. 选择“矩形工具”，在选项栏设置“填充”颜色为白色（R:218，G:133，B:156）、“描边”为无，绘制一个大小为 84 像素 × 84 像素的矩形，并复制矩形，如图 7-72 所示。

图7-72 绘制矩形

Step4. 置入“商品图 1”~“商品图 4”4 个素材图片，如图 7-73 所示。调整素材位置，将素材图层分别放置在矩形的上方，依次选中素材图片，按 Ctrl+Alt+G 组合键为素材图片创建剪切蒙版，如图 7-74 和图 7-75 所示。

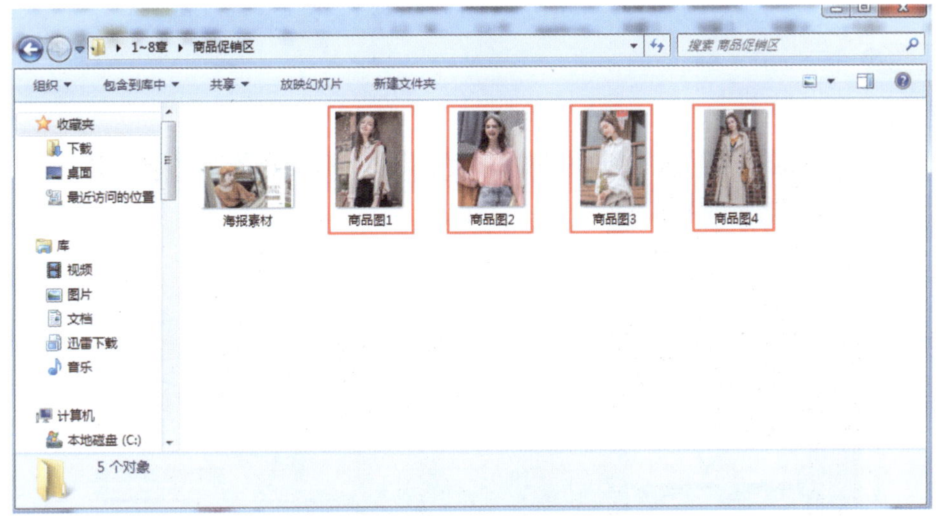

图7-73 选择素材图片

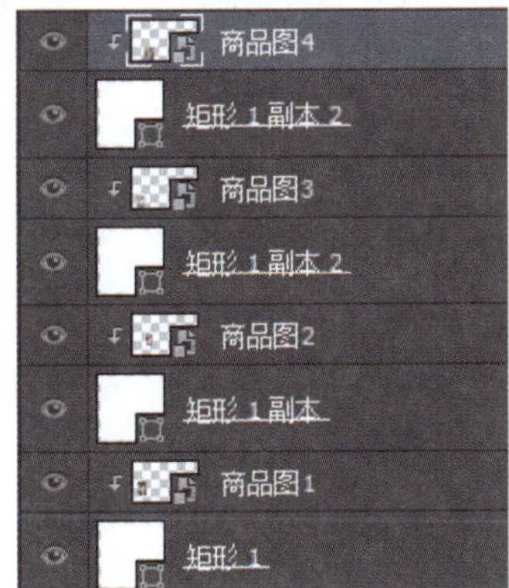

图7-74 创建剪切蒙版

图7-75 效果图

Step5. 按 Step3 ~ Step4 的方法，选择对应的海报素材，做出如图 7-76 所示的样式。至此，商品促销模块制作完成。按 Ctrl+S 组合键将其保存至对应文件夹内。

图7-76 商品促销效果图

3. 给宝贝促销区添加商品链接

宝贝促销图制作完成后，需要给图片中的商品添加链接，以便买家快速进入该商品详情展示页面。下面介绍如何添加商品链接，具体操作步骤如下。

Step1. 将“商品促销区 .jpg”图片上传到图片空间，将鼠标指针移动至该图片，在显示的一排按钮中单击“复制代码”按钮，即可复制该图片的代码，如图 7-77 所示。

Step2. 打开 Dreamweaver 软件，单击 HTML 选项，即可新建一个空白文档，如图 7-78 所示。

Step3. 单击“拆分”按钮，切换至拆分窗口，删除左侧窗口中的代码，按 Ctrl+V 组合键将图片代码粘贴到该窗口中，此时右侧窗口将出现相对应的图片，如图 7-79 所示。

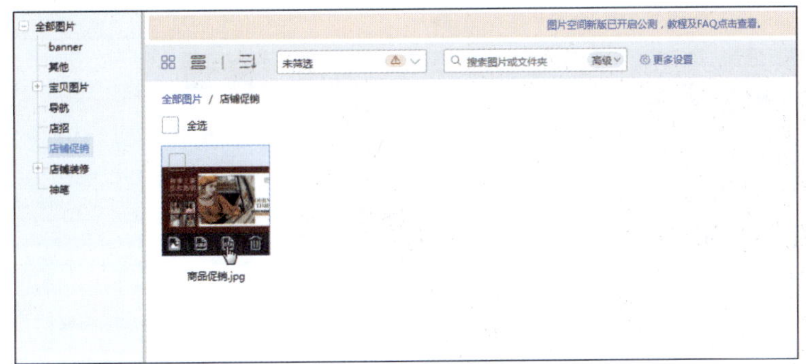

图7-77　复制代码

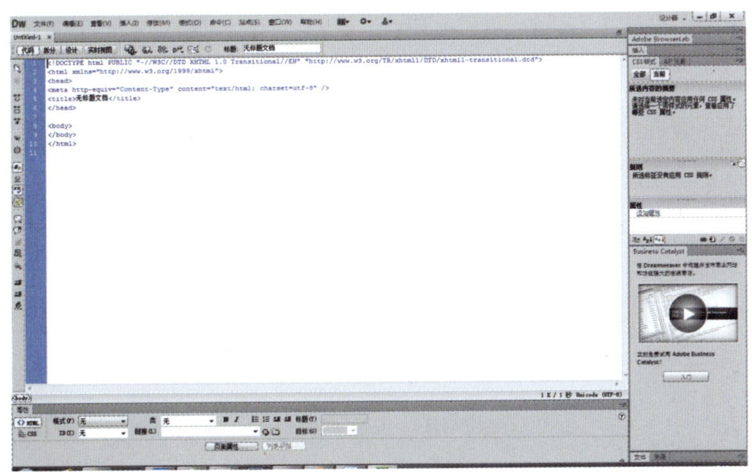

图7-78　新建空白文档

图7-79　粘贴代码

Step4. 单击“设计”按钮，切换至“设计”窗口，单击“属性”面板中的“矩形热点工具”，按住鼠标左键，在第一排第一个商品上绘制一个矩形，如图 7-80 所示。在弹出的对话框中单击“确定”按钮。

图7-80 设计窗口

Step5. 在“属性”面板中，将对应的商品链接粘贴到“链接”文本框中，设置“目标”项为“_blank”，如图 7-81 所示。

图7-81 设置属性值

Step6. 重复 Step4 ~ Step5，为所有商品图片添加上超链接，如图 7-82 所示，此时已完成所有链接的添加。

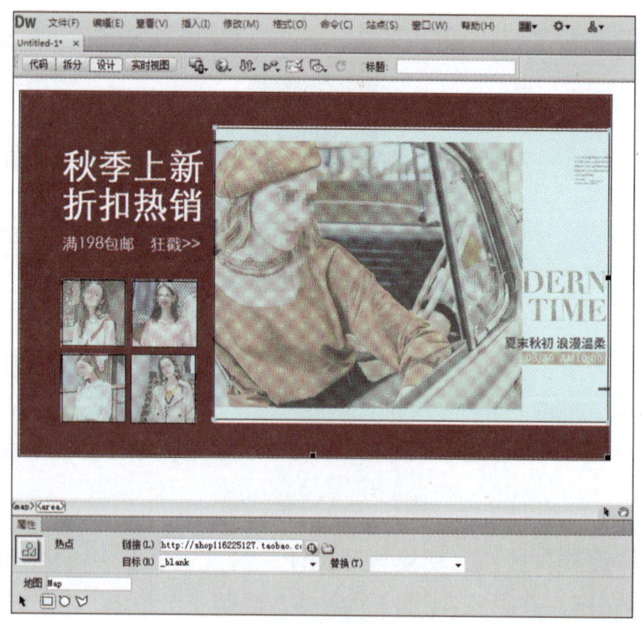

图7-82 添加超链接

Step7. 单击“代码”按钮，切换至“代码”窗口，分别按 Ctrl+A、Ctrl+C 组合键选择和复制该窗口中的代码，如图 7-83 所示。

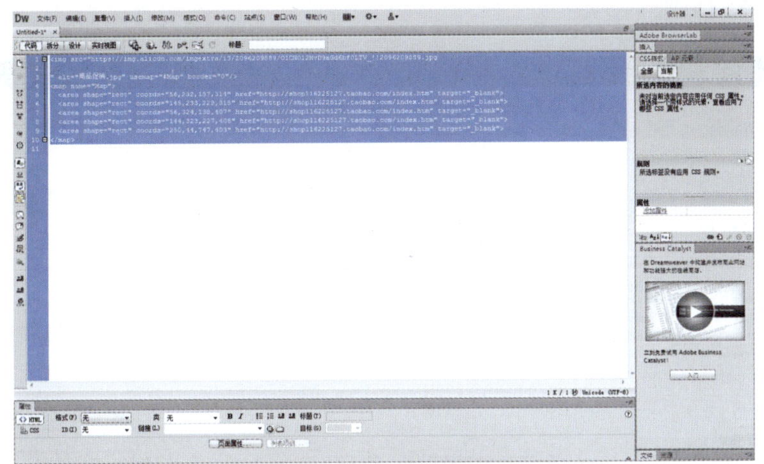

图7-83　复制代码

4. 发布宝贝促销到宝贝描述模板

在店铺装修后台，可以通过设置默认宝贝详情页模板，一键为所有宝贝详情页添加宝贝促销区。但是默认模板只支持在宝贝详情页下方添加相应的模块。如需要在宝贝详情页描述最上方区域添加宝贝促销区，只能在宝贝描述页面中单独添加。

下面介绍一键为所有宝贝详情页添加宝贝促销图的方法，具体操作步骤如下。

Step1. 进入“默认宝贝详情装修”页面，在 7.2.1 小节中已经添加了自定义区，所以此时页面中心已经新建了“自定义内容区”模块，单击该模块中的“编辑”按钮，如图 7-84 所示。

图7-84　编辑“自定义内容区”模块

Step2. 进入“自定义内容区”对话框，选择“显示标题”后方的“不显示”选项，单击“源码”按钮，在编辑框中按 Ctrl+V 组合键粘贴宝贝促销图代码，最后单击“确定”按钮，如图 7-85 所示。

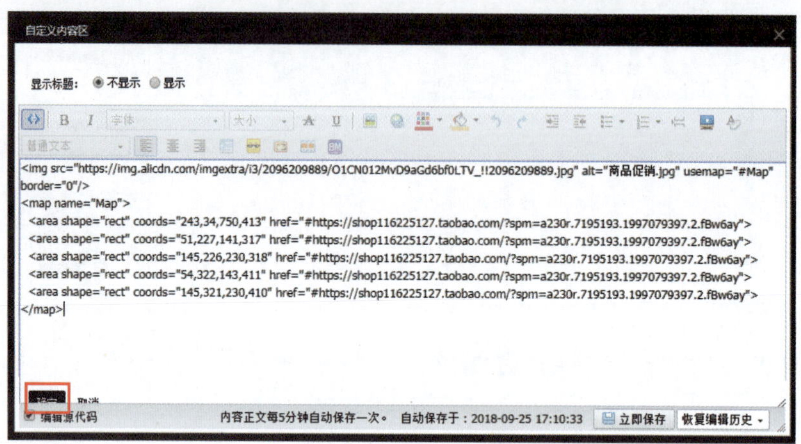

图7-85 粘贴代码

Step3. 单击默认宝贝详情编辑页面中的“发布站点”按钮，如图 7-86 所示，根据提示完成操作即可。

图7-86 发布宝贝促销区

7.3 无线端宝贝详情页设计与制作

无线端宝贝详情页与 PC 端宝贝详情页并不是同步的，也需要在后台上传发布。由于越来越多的网民喜欢用手机上网购物，无线端无论在店铺流量还有成交额等方面都占据着非常重要的位置，所以无线端详情页的装修就显得尤为重要。本节将对无线端宝贝详情页的设计与制作进行讲解。

7.3.1 无线端宝贝详情页特征

详情页的好坏会影响店铺流量的转化率，由于网络的迅速发展，使用手机购物已经成为一种潮流和新的生活方式。因此，无线端详情页的装修势在必行。与 PC 端宝贝详情页相比，无线端宝贝详情页具有以下几个特征。

- 尺寸更小：无线端详情页尺寸需要适配手机，所以尺寸往往比较小，宽度一般为 620 像素，每屏高度不超过 960 像素，有时商家为了能让买家在一层内看到一些具体连贯的信息，就需要考虑页面的长度。
- 卖点更精练：无线端详情页的卖点设计可参考 PC 端详情页，但是无线端详情页更加注重在最短时间内，把买家的购买欲望激发到最大，因此无线端详情页的卖点应该更加精练。
- 场景更加丰富：由于无线端用户可以在很多种场合进行购物，如车上、床上、步行中，所以在无线端详情页页面添加多种场景可以更加贴合生活，提高买家对商品的兴趣。
- 页面切换不便：PC 端可以很方便地通过页面文字或按钮切换页面，而无线端页面的切换就不是很方便，因此无线端的图片以及图片上的引导文字一定要清晰并且有吸引力，能够快速打动消费着购买。
- 页面文件的容量更小：在 PC 端浏览 Web 页面平均需要 9M 流量，若直接将 PC 端详情页转化为无线端详情页，将导致页面加载速度慢，容易耗费买家更多的流量，因此无线端详情页的页面文件更小。

7.3.2 无线端宝贝详情页设计要点

基于无线端店铺详情页的特点，在设计详情页时要注意以下几点。

- 图片设计要点：图片的体积不能过大，否则容易出现加载慢的情况，影响购物体验，此时应在保证图片清晰度的同时压缩图片。同时要注意，细节图不能太小，要保持图片清晰，这样买家才能通过细节图片了解宝贝，从而产生购买欲。
- 文字设计要点：图片文字、宝贝信息和宝贝描述文字都不能太小，否则容易造成描述不清楚的问题。

- **宝贝重点的设计：**宝贝重点需要突出，这就要求合理控制页面展示的信息流，省略一些无关紧要的内容，提升购物体验。
- **尺寸要求：**无线端宝贝描述图宽度为 480 像素 ~ 1242 像素之间，但建议将宽度设计为 750 像素，高度不超过 1920 像素。

7.3.3 无线端宝贝描述图制作

无线端的宝贝描述图和 PC 端类似，也分为焦点图和详情图两部分。此时，为了节省时间且能更好地与 PC 端风格匹配，焦点图直接用 PC 端的进行适配上传即可。

无线端宝贝详情图制作有两种方法，一种是适配法，另一种是自定义法，具体介绍如下。

- **适配法：**将 PC 端详情图保存为图片后在淘宝后台自动适配，这种方法既便捷又能将 PC 端和无线端的风格进行统一。
- **自定义法：**由于 PC 端详情页里面会有很多诸如描述信息或者宝贝细节图会在无线端显示不清晰，此时可根据 PC 端详情页设计无线端详情页。

本案例将采取第二种方法制作一个宽度为 750 像素的详情图，具体操作步骤如下。

Step1. 新建一个“宽度”为 750 像素、“高度”为 1870 像素、“分辨率”为 72 像素 / 英寸、“背景内容”为白色的文件，并命名为“无线端详情页”，如图 7-87 所示。并在画布四周创建参考线。

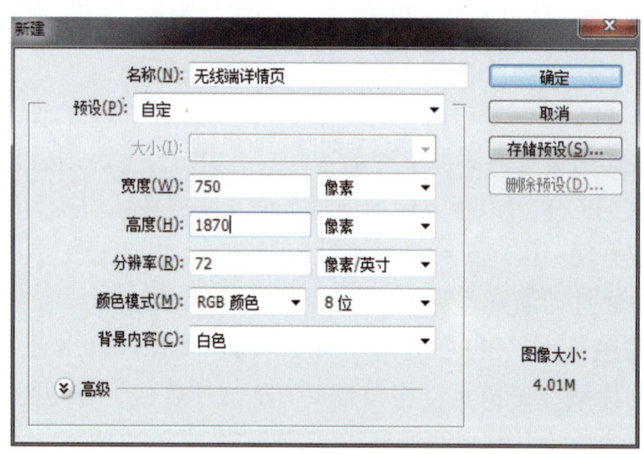

图7-87 新建文件

Step2. 打开素材文件“设计模板 .psd”，选中“商品展示”和“信息描述”图层组，右击，在弹出的对话框内选择“复制图层”选项，将其复制到“无线端详情页”文档，如图 7-88 所示。

Step3. 切换到“无线端详情页”文档，按 Ctrl+T 组合键对图层组进行缩放操作，缩放至画布大小，如图 7-89 所示。

Step4. 按照制作 PC 端详情页的方法制作出如图 7-90 所示的样式。

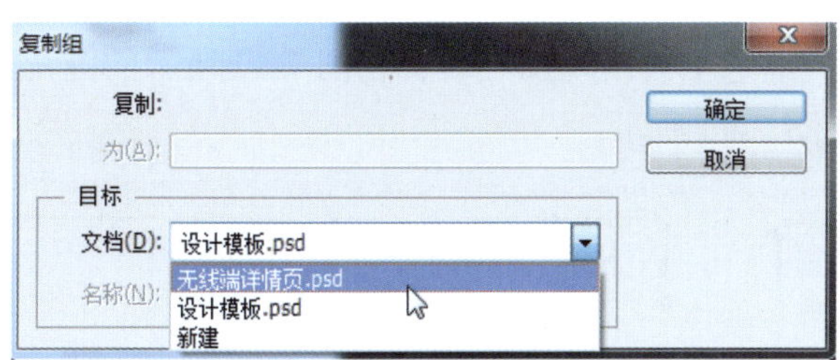

图7-88　复制图层

图7-89　缩放图层

图7-90　移动图层

Step5. 选择“圆角矩形工具” ，在选项栏设置“填充”为无、“描边”为1像素、“半径”为3像素，绘制一个204像素 ×153像素的圆角矩形。选择“路径选择工具” ，在圆角矩形上单击，显示锚点，如图7-91所示。

图7-91　绘制矩形

Step6. 选择“钢笔工具”，当钢笔工具出现加号时，在图 7-92 所示的圆角矩形边框上添加锚点，添加完成后的效果如图 7-93 所示。

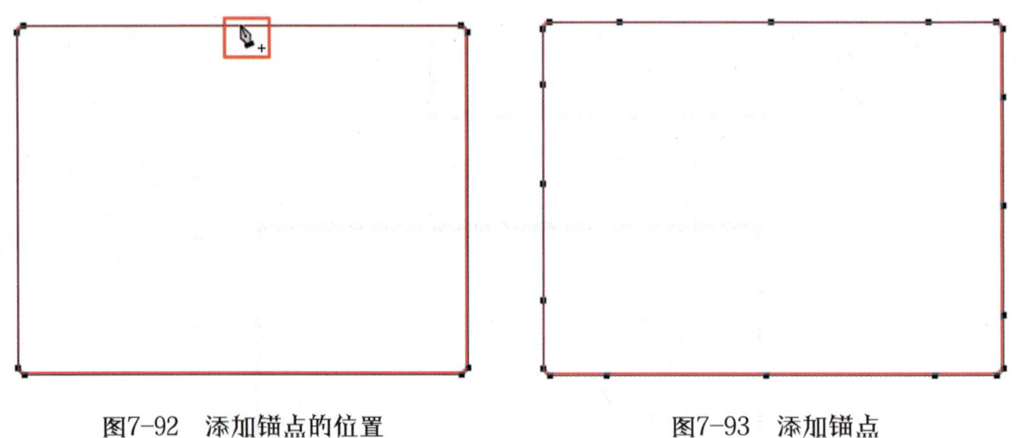

图7-92　添加锚点的位置　　　　图7-93　添加锚点

Step7. 选择“直接选择工具”，选中圆角矩形每个边的中间的锚点，如图 9-94(a)所示。按 Delete 键删除选中锚点，效果如图 7-94(b)所示。将其摆放至如图 7-95 所示的位置。

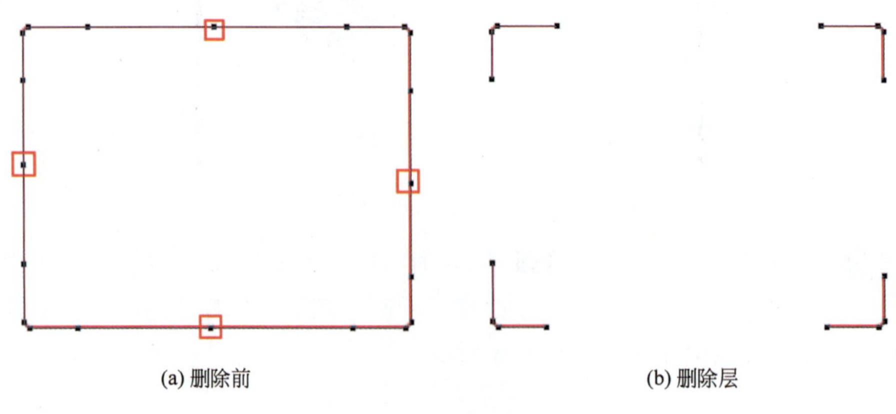

(a) 删除前　　　　(b) 删除层

图7-94　删除锚点

图7-95　摆放位置

Step8. 置入如图 7-96 所示的素材文件“纯色上衣 .png”，调整大小及位置如图 7-97 所示。

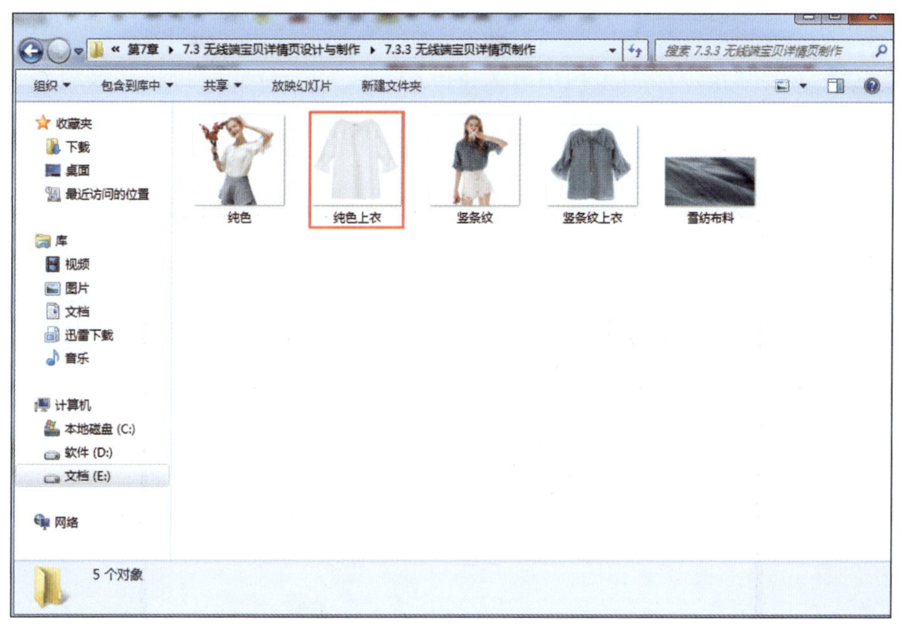

图7-96　素材展示

图7-97　置入素材

Step9. 选择“横排文字工具”T，输入相关文本，字体分别为“张海山锐线体简”和“方正中倩简体”，颜色分别为“粉色”（R:233,G:72,B:116）和“灰色”（R:50,G:50,B:50），如图 7-98 所示。

图7-98　置入素材，输入文本

Step10. 复制圆角矩形图层和相关文本图层，按 Ctrl+G 组合键将其编组，并重命名为“纯色上衣展示”；复制“纯色上衣展示”图层组，修改相关文本及素材图片，效果如图 7-99 所示，更改其组名为“竖条纹上衣展示”。

图7-99　复制图层组

Step11. 使用 Photoshop CS6 软件打开素材文件“竖条纹 .png”，制作细节图后将其复制到“无线端详情页”文档中，调整位置及大小，如图 7-100 所示。

Step12. 选择“圆角矩形工具”，在选项栏设置参数，具体参数设置如图 7-101 所示，绘制两个圆角矩形，并输入相关文本，效果如图 7-102 所示。

图7-100　制作细节图

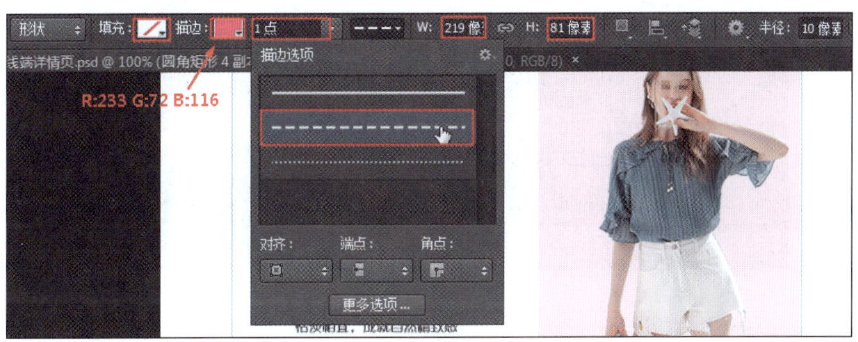

图7-101　参数设置

图7-102　输入文本

Step13. 选择“多边形工具”，绘制两个大小、颜色如图 7-103 所示的三角形。

Step14. 导入“雪纺布料 .jpg”素材，选择“矩形工具”，绘制一个大小样式如图 7-104

所示的矩形，随后输入相关文本，效果如图 7-105 所示。选中布料图层及其相关图层，按 Ctrl+G 组合键进行编组，将该图层组更名为“布料展示”。

图7-103　绘制多边形

图7-104　绘制矩形

图7-105　输入文本

Step15. 使用 Photoshop CS6 软件打开素材文件“PC 端详情图 .psd”，将“信息描述”图层组复制到“无线端详情页”文档中，调整位置及文字大小，如图 7-106 所示。至此，无线端宝贝详情图制作完成。按 Ctrl+Shift+S 组合键将其保存到指定文件夹内。

尺码	衣长	肩宽	胸围	下摆	袖长
XS	49	40	83	91	39.5
S	50	42	85	93	40
M	51	44	89	97	40.8
L	52	46	93	101	41.6

图7-106 无线端详情图

7.4 本章小结

本章主要介绍了宝贝详情页设计的相关知识，包括认识宝贝详情页、PC 端宝贝详情页设计与制作、无线端宝贝详情页设计与制作等内容。

通过本章内容的学习，读者应该对宝贝详情页有基础认识，能够设计与制作 PC 端和无线端宝贝详情页。

第8章

店铺推广图设计

学习目标

知识目标	• 了解宝贝主图的制作要求及设计要点 • 了解直通车概念及展示位置 • 了解钻展概念及展示位置
技能目标	• 掌握主图的设计要点及制作方法 • 掌握直通车推广图制作要求及制作方法 • 掌握钻展图设计要求及制作方法 • 掌握店铺二维码的创建方法 • 掌握淘宝视频的制作方式

完成店铺装修及宝贝发布后，许多卖家就等待买家自行进店浏览选购，但是这样的话往往很难产生较好的销量。为了避免这种情况，卖家需要对店铺进行推广，通过推广位置的图片来吸引买家是效果较好的方法之一，本章将就如何设计点击率较高的店铺推广图进行详细讲解。

8.1 制作高点击率的主图

无论是在平台上还是店铺中，买家在搜索和查看商品时，最先看到的就是宝贝主图，所以宝贝主图的好坏很大程度上影响着买家是否会点击查看商品。本节对主图的制作要求、设计要点以及制作方法进行介绍。

8.1.1 主图的制作要求

在 PC 端编辑发布宝贝时，宝贝图片最多可上传 5 张，最少要一张。其中第一张图片会在宝贝搜索页面中显示，也就是主图，因此需要重点制作，商品主图的大小必须控制在 500KB 以内。

淘宝宝贝图片的标准尺寸是 310 像素 ×310 像素，而 700 像素 ×700 像素以上的图片，宝贝详情页会自动提供图片放大镜功能。在淘宝中，当买家将鼠标光标移动到宝贝主图上即可查看该主图的细节，如图 8-1 所示。

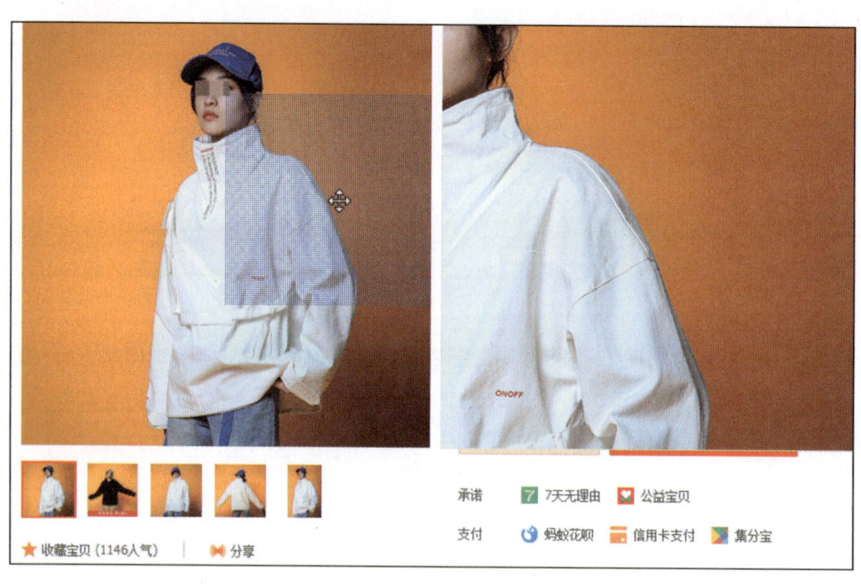

图8-1　查看商品主图细节

> **注　意**
>
> 京东、当当等主图规格为800像素×800像素。

8.1.2 主图的设计要点

好的商品主图能够提高点击率，从而达到引流的目的。买家在浏览主图时的速度一般较快，所以，制作主图的关键就是让主图有足够的视觉冲击力，可以让它在众多主图中吸引买家眼球。设计主图时可以遵循以下几点。

1. 卖点清晰有创意

主图卖点不一定是促销内容，而是吸引买家的亮点及核心竞争力，例如商品的款式、形状、材质，或者是商品的价格等。卖点清晰是指买家的目光即使一扫而过，也能快速明白商品的优势是什么。一个主图的卖点不需要多，但需要直击要害，以最直接的方式吸引买家。许多商品的卖点是大同小异的，这时就需要通过优化卖家的展示方式赢得买家注意。图 8-2 所示主图，通过商品使用前后对比图的方式，展示清洁剂使用前后运动鞋的效果，从而吸引买家关注；图 8-3 所示主图，用模特展示服装时尚、复古、显瘦的款式，远比直接摆放服装更能勾起买家的购买欲。

图8-2　运动鞋清洁剂

图8-3　模特展示服装主图

2. 图片场景的选择

设计图片场景时，选择不同的场景、不同虚化程度的素材，都有可能对图片的效果产生影响，从而影响点击率。如图 8-4 所示，左图为商品搭配了景物的背景，但背景颜色丰富，不利于突出文案，画面整体也很杂乱，容易扰乱买家视线，使主图效果大打折扣；而右图搭配纯色背景，恰好清晰地展示了商品，突出了商品的品牌和价格等信息。

3. 商品大小适中

商品过大则显得臃肿，过小则不利于展现细节，难以突出商品的主体地位。而大小合适的商品主图能增加浏览时的视觉舒适感，提升点击率。如图 8-5 所示，左图的数据线可

图8-4　商品图片背景的选择

以让买家看到数据线的细节特征及柔韧耐用性，极大提高了商品的直观展示效果。右图的数据线比例过小，商品主体不突出，且无法查看细节，容易被买家忽视。

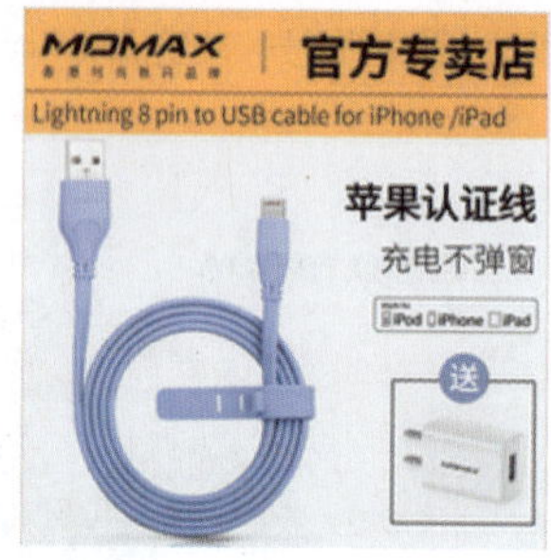

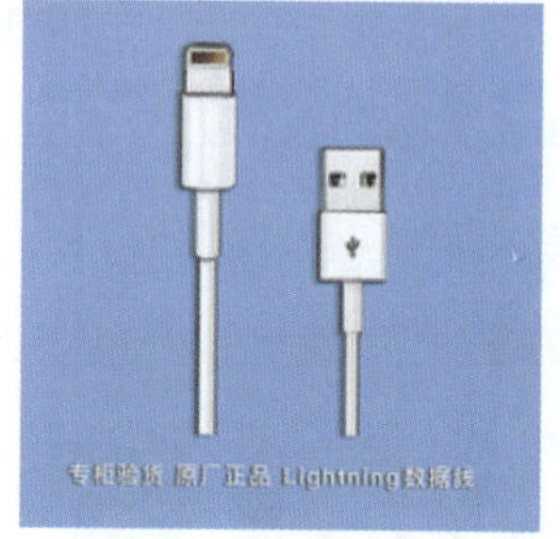

图8-5　商品大小适中

4. 内容简洁

买家在搜索商品时，浏览速度较快，因此主图传达的信息越简单、明确就越容易被接受。产品放置杂乱、产品数量过多、文案信息过多、背景杂乱、水印夸张等都会阻碍信息的传达。图 8-6 所示两图都为榨汁机主图，左侧设计简洁大气，符合该产品的品牌特征，少量的文本很好地阐述了其卖点。而右图用了大量文本说明榨汁机的优点，一般情况下商品描述越多，单件宝贝就越不突出，图片整体越不清楚。

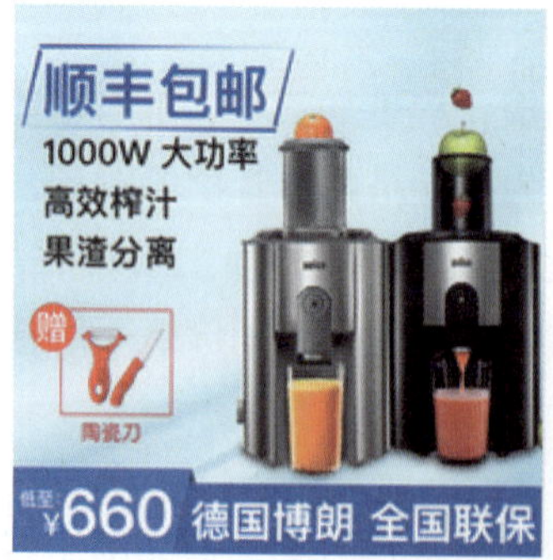

图8-6　内容简洁

5. 宝贝清晰度及细节

作为商品页面中的主图，清晰度是最重要的，如果主图中的宝贝不清晰，会使其效果大打折扣。所以制作主图时要保证主图中宝贝的清晰度，让买家能够了解宝贝的细节。

6. 使用“噱头”文字

使用一些“噱头”文字，也就是将一个容易被买家接受的卖点通过放大等方式放置在图片中，增加说服力，图 8-7 所示直通车图片使用了“0 糖 0 卡，喝出轻盈”作为矿泉水的“噱头”吸引消费者；图 8-8 所示为某款山楂条直通车图片，该图片使用了“0 添加、纯天然、无色素”的“噱头”文字吸引买家关注。

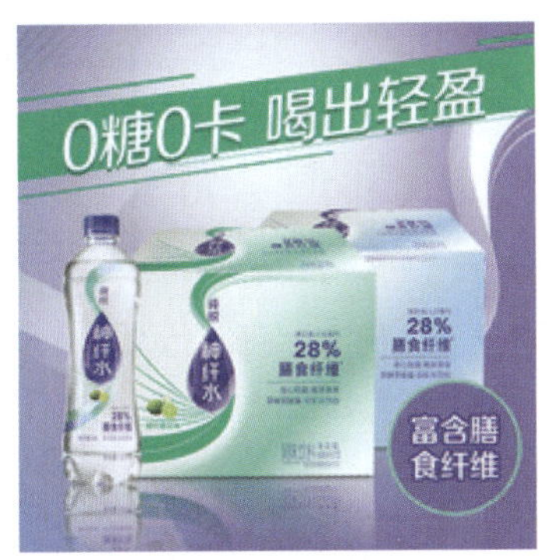

图8-7 矿泉水直通车图片

图8-8 山楂条直通车图片

8.1.3 制作主图

下面为“大魔树”女装店铺的一款雪纺衫设计主图。京东和当当网的主图都是 800 像素 ×800 像素，为了使主图更好地适配其他网站，本案例将按照 800 像素 ×800 像素的尺寸制作宝贝主图，制作后的主图如图 8-9 所示。其操作步骤如下。

图8-9 宝贝主图

Step1. 新建一个“宽度”为 800 像素、“高度”为 800 像素、“分辨率”为 72 像素 / 英寸、“背景内容”为白色的文件，并命名为“宝贝主图”，如图 8-10 所示。

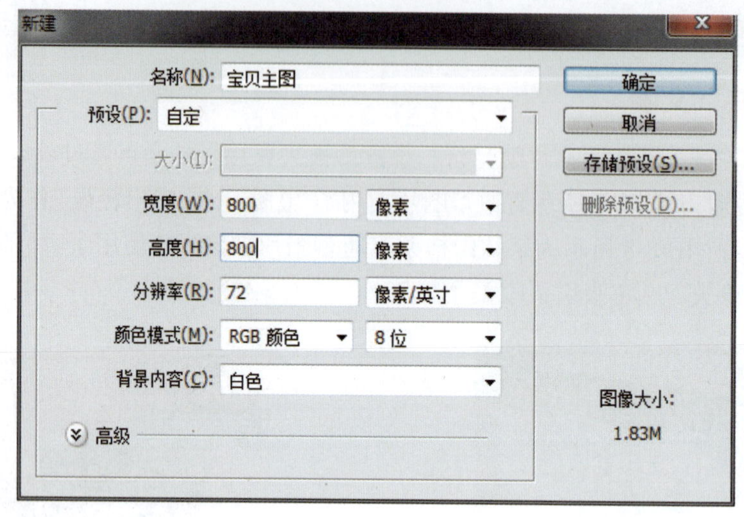

图8-10 新建文档

Step2. 置入素材图片“主图背景 .jpg”，如图 8-11 所示。

Step3. 置入素材图片“竖条纹上衣 .png”，将其缩小并放置在合适位置，如图 8-12 所示。单击图层下方“图层样式”按钮 fx 设置图层样式，为其添加投影，参数如图 8-13 所示，效果图如图 8-14 所示。

图8-11 置入主图背景图片

图8-12 置入素材

Step4. 选择“矩形工具”，绘制一个大小为 307 像素 ×82 像素的矩形，颜色填充为“红色”（R:242，G:33，B:32），在其上方输入相关文本，字体为“Adobe 黑体 Std”，如图 8-15 所示。

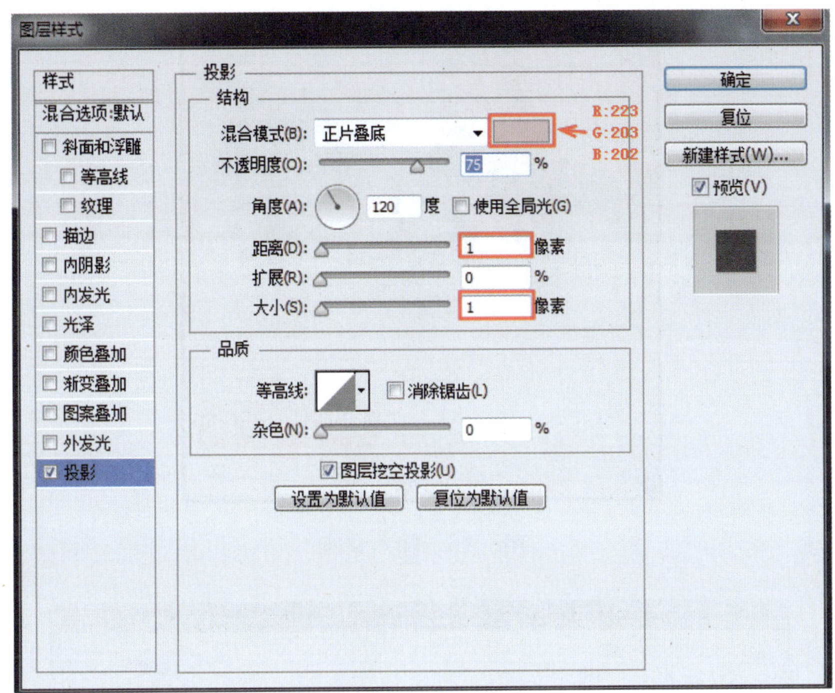

图8-13　投影参数

图8-14　置入素材

图8-15　输入文本

Step5. 根据Step4的方法在红色矩形下方绘制一个大小为379像素 ×43像素的矩形，颜色填充为“白色”，输入相关文本，如图 8-16 所示。

Step6. 最后，在红色矩形的上方，输入价格文本，单击图层下方“图层样式”按钮 fx 设置图层样式，为其添加描边，参数如图 8-17 所示，最终效果如图 8-16 所示。

图8-16 输入文本

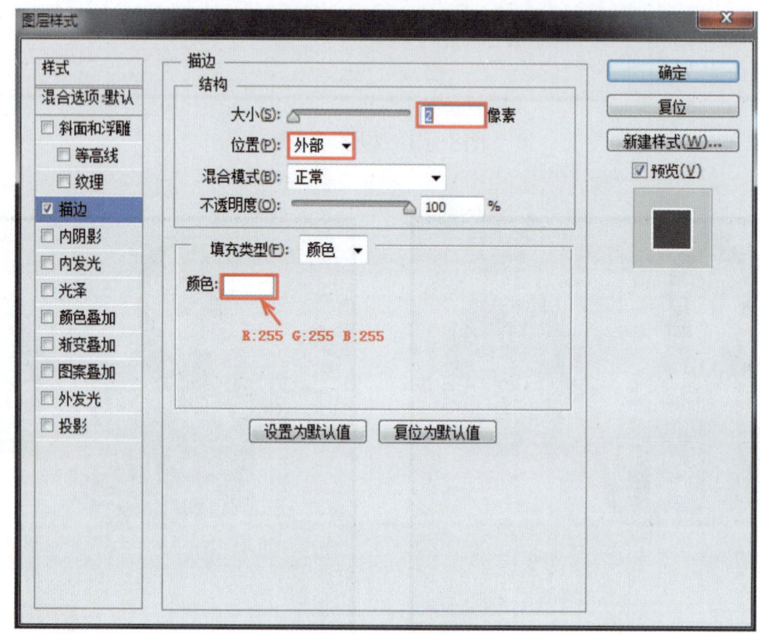

图8-17 描边参数

8.2 直通车推广图设计

淘宝直通车是阿里巴巴推出的一种搜索竞价推广工具。卖家通过对直通车账户的优化，可以使店铺的商品在淘包搜索结果中优先展示，从而获得点击浏览。下面对直通车的概念、直通车图片设计原则及直通车图片制作方法进行介绍。

8.2.1 认识直通车

直通车是一种展示免费、点击扣费、采用竞价形式排名的付费广告。卖家可以为推广的每一个商品设置200个关键词，并针对每个关键词自由定价。值得注意的是，竞价越高，商品推广位置越靠前。卖家如果想推广某款宝贝，需要给宝贝设置相应的创意图、关键词、出价以及宝贝推广标题等，当买家在淘宝网搜索关键词或按照类目分类进行浏览时，推广的宝贝就会出现在相应的展示位，买家点击后产生扣费，不点击不付费。

直通车推广形式包括关键词推广和定向推广，不同的推广形式的展示位置也不相同，具体介绍如下。

1. 关键词推广

关键词推广是直通车主要的推广形式。关键词推广展示位有三种类型，分别为关键词搜索结果列表页、类目搜索结果列表页、热搜词搜索结果列表页。例如，在淘宝PC端首页中直接输入需要搜索的宝贝关键词，搜索结果页面第一排第一个标有“掌柜热卖”宝贝展示的位置，右侧“掌柜热卖”16个竖向宝贝展示的位置，如图8-18所示，以及页面最下方标有掌柜热卖一栏中的5个宝贝展示的位置，如图8-19所示。

图8-18 关键词搜索结果列表页的展示位

图8-19　关键词搜索结果列表页底部的5个展示位

此外，直通车还包括无线端搜索结果页展示位。搜索某关键词后，宝贝右上角带有 Hot 字样的即直通车推广宝贝，如图 8-20 所示。

图8-20　无线端关键词搜索展示位

2. 定向推广展示位

定向推广依靠淘宝网庞大的数据库，构建买家的兴趣模型。系统能从细分类目中抓取那些特征与买家兴趣点相匹配的推广宝贝，并将宝贝展示在目标客户浏览的网页上，锁定潜在买家，实现精准营销。例如，一个女性买家想购买一件甜美风的连衣裙，那么买家在搜索进入的定向推广页面时，系统会在连衣裙类目里选出具有甜美风特征的宝贝展示给此买家。定向推广展示位较多，常见的有以下几种。

- **阿里旺旺中**：登录阿里旺旺后，单击“我的焦点”，该页面顶部导航“热卖”下方的“热卖单品”即定向推广展示位，如图 8-21 所示。

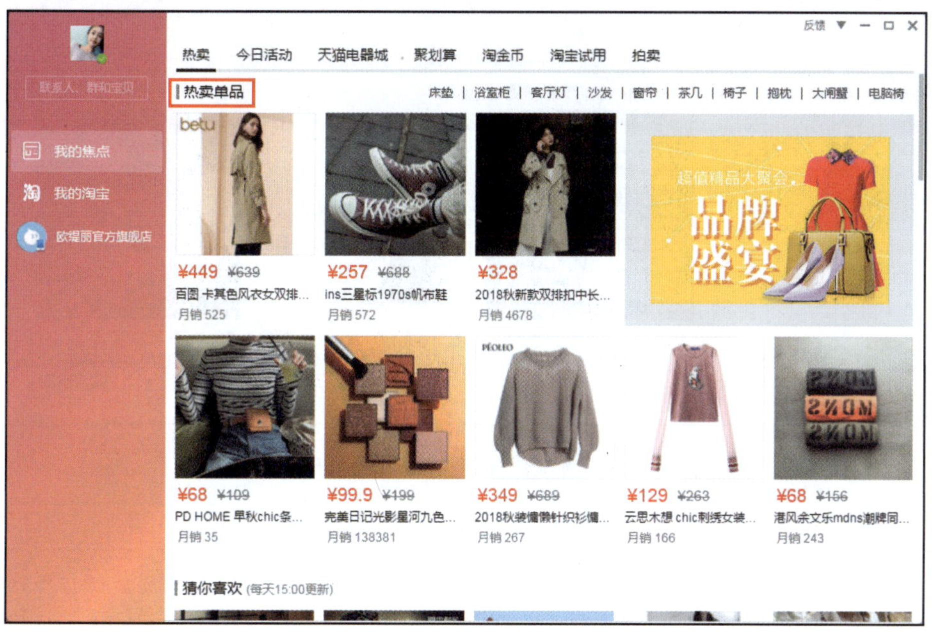

图8-21 阿里旺旺定向推广展示位

- **已买到宝贝下方**：选择淘宝首页导航栏中的“我的淘宝”→“已买到宝贝”，已买到宝贝页面最下方的“热卖单品”一栏即定向推广展示位，如图 8-22 所示。

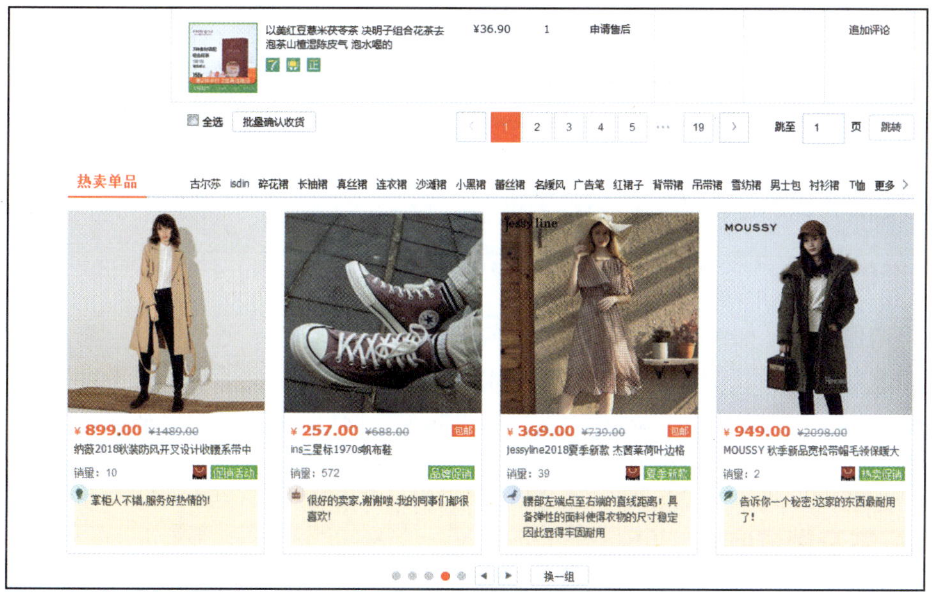

图8-22 已购买宝贝中的定向推广展示位

- **购物车下方**：淘宝账户中“购物车”下方的“掌柜热卖”即定向推广展示位，如图 8-23 所示。

图8-23　购物车页面下方的定向推广展示位

8.2.2　直通车图片制作要求

优质的直通车广告图可以吸引买家的点击，增加直通车的点击率，所以能否快速打动消费者点击是直通车能否成功引流的关键。直通车图片的制作要点与宝贝主图的制作要点基本相同，但除上述主图制作要点外，还要注意以下几点。

1. 分析图片的差异化

确定直通车推广所投放的位置（第几页，第几个商品位置），对该位置附近的直通车图片进行分析。主要分析素材选择、色彩、构图、文案等，找出它们的共同点，然后走差异化路线。例如，竞争对手的图片以深色系为主，那么就需要使用浅色系来突出自己的广告图片，这样可以迅速吸引买家注意。

2. 突出增值服务

突出增值服务，如包邮、货到付款、终身质保、保修包换、上门安装、赠品等，可以增加消费者的兴趣，让消费者觉得店铺服务贴心有保障。图 8-24 所示即为一款旅行箱的直通车推广图，图中使用了“好礼相送、终身质保”“空运包邮”字样的增值服务，消除了消费者对质量问题及运输问题的担心。

3. 添加好评及销量字样

某款商品拥有很大的销量及大量的好评，这无疑是最强有力的卖点。将文字好评的点突出放大，利用可靠的数据去表现商品的特点，可以提高点击率。图 8-25 所示商品使用的“销量突破 25 万把”就充分利用了销量数据，突出商品的受欢迎程度。

图8-24　使用增值服务

图8-25　使用好评及销量数据

4. 合理使用文字

广告文字说明不宜过多，而且要符合淘宝发布规则，还应符合广告法，不得使用顶级词语，例如“最好”“史上第一”等。不得夸大商品特点，例如一款普通的车内挂饰，却标上“具有使人头脑清醒”的文字，这样很容易引起买家投诉和差评。文字数量也应适中，过多的文字会使人产生疲劳感。

5. 使用正确的图片尺寸

直通车图片尺寸通常都是正方形的，一般建议使用 400 像素 ×400 像素以上尺寸，最常用的尺寸是 800 像素 ×800 像素。直通车推广图不建议使用边框。

8.2.3　制作直通车图片

在直通车中添加推广图片时，可以在 5 张宝贝图片中选择一张作为直通车推广图片。若这 5 张图都不符合直通车推广的制作要求，则可以重新设计上传一张图片作为直通车推广图。

图 8-26 所示图片即为重新设计的某款旅行箱的直通车推广图，点击进入该宝贝详情页后，可以看到该宝贝展示的 5 张图片都与直通车推广图不同，如图 8-27 所示。

图8-26　旅行箱直通车推广图

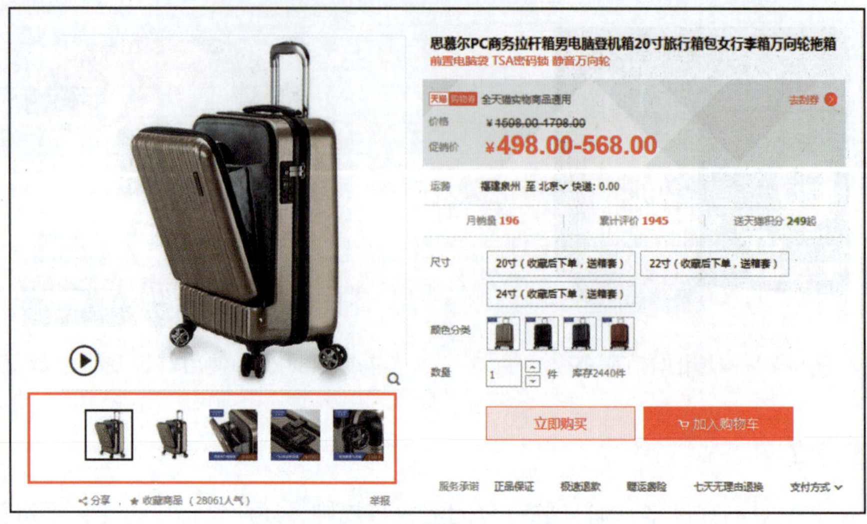

图8-27　旅行箱商品详情页

8.3　钻石展位推广图设计

钻石展位是淘宝系统推出的另一种付费广告，主要依靠图片创意吸引买家点击，获得客户流量，所以设计出一张好的钻石展位图非常重要。本节将详细讲解钻石展位推广图的设计技巧。

8.3.1　认识钻石展位

钻石展位简称“钻展”，是淘宝网推出的另一种付费推广方式，需要卖家出资购买钻展展位，才能放置活动推广图片。钻石展位是按照展示收费的，即广告所在的页面展示在用户面前一次就计费一次。与直通车不同的是，钻展更偏向于人群，属于大范围投放广告；直通车定向推广更偏向于兴趣点，由购物意图圈人。

钻展为卖家提供了很多网站优质展位，根据其展示位置的不同，钻石展位可以分为站内展示位和站外展示位。

站内展示位主要包括天猫首页（如图 8-28 所示）、淘宝首页（如图 8-29 所示）以及各大频道大尺寸展位（如图 8-30 所示）、无线淘宝（如图 8-31 所示）等。例如，淘宝首页焦点钻展图，位于淘宝首页的上方，该位置的 2～4 张轮播图为钻展展示位，是进入淘宝首页后的视觉中心。淘宝首页焦点钻展图标准尺寸为 520 像素 ×280 像素，由于尺寸较大，能够完全展示商品与文案，因此该展位的价格最贵。

站外展示位即卖家投放的钻展广告展示在淘宝站外其他网站上，如新浪微博、优酷、今日头条等网站上面，如图 8-32 所示。

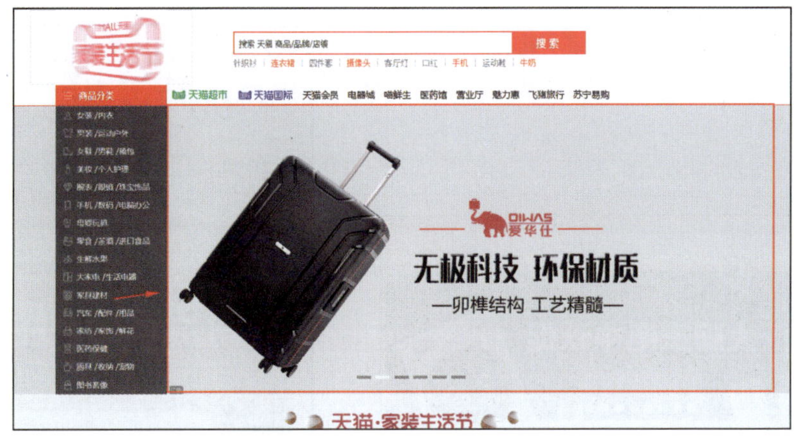

图8-28　天猫首页钻展位置

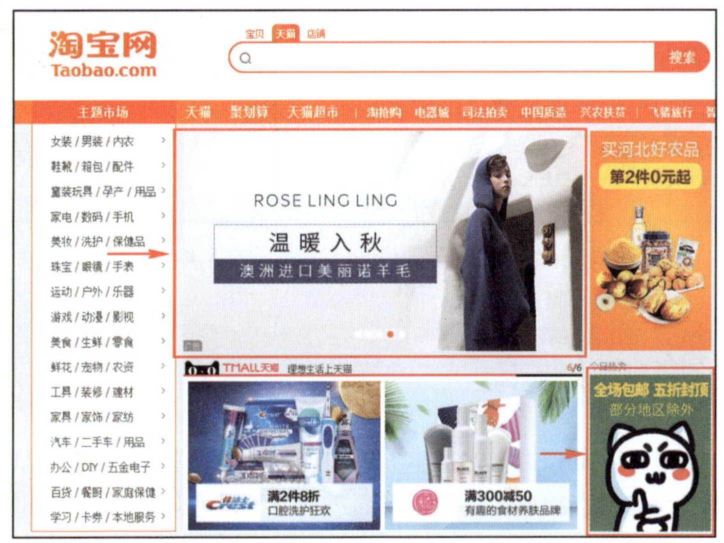

图8-29　PC端淘宝首页钻展位置

图8-30　淘宝频道页钻展位置（箱包频道）

图8-31　淘宝无线端首页钻展位置

图8-32　淘宝站外广告

8.3.2　钻展图的设计要求

钻展图的尺寸虽然丰富，但设计要求和直通车等图片是相同的，常见的要求包括主图突出、目标明确、因地制宜和形式美观，下面进行详细讲解。

1. 主题突出

钻展的主题可以是突出商品、创意方案，还可以是买家诉求。突出主图才能吸引更多买家点击，因此钻展图的主题一定要有亮点，这样才能够吸引更多的买家点击浏览，如图 8-33 所示。

图8-33　主图突出

2. 目标明确

直通车主图更多针对单品引流，目标较单一。但钻展投放的目的有很多种，如通过钻展上新，通过钻展引流到聚划算，通过钻展预热大型活动，以及通过钻展进行品牌形象宣传等。所以，在钻展图的设计制作中，首先要明确自己的营销目标，针对目标进行素材的选择和设计，这样才能保证点击率和转化率，如图 8-34 所示。

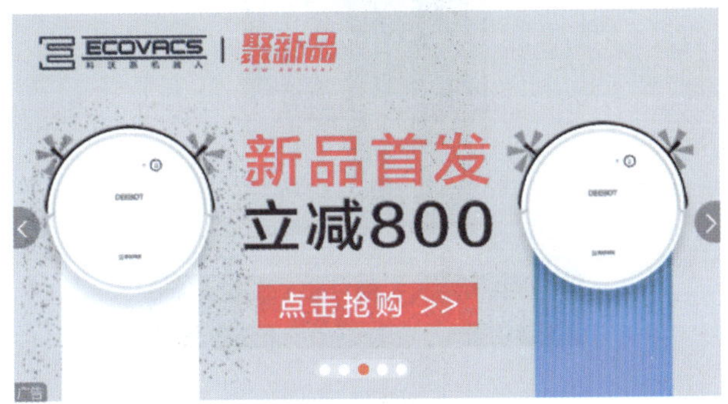

图8-34　目标明确

3. 因地制宜

钻展的位置决定了图片尺寸的大小，不同钻展位置所针对的人群也不同，其消费特征和兴趣点也不同。制作钻展图要根据位置、尺寸等信息调整文案，并采取合适的表达方式展示产品特点，图 8-35 所示即为 PC 端与无线端以及微博首页的钻展图。

(a) PC端钻展图

(b) 无线端钻展图

图8-35　不同位置的钻展图

(c) 微博首页钻展图

图8-35 （续）

8.3.3 制作钻展图

钻展图的目的是为了在有限的空间中更多地展示商品特色，吸引买家点击。特别是在同类产品相较量时，钻展图的美感就成为了决胜的关键。下面使用淘宝首焦钻展图对“大魔树”女装店铺的女士短袖进行推广。该钻展图按照其标准尺寸 520 像素 ×280 像素进行设计，使用粉色背景来吸引女性消费者，然后使用噱头文字，吸引消费者点击。图 8-36 所示为设计后的钻展图。具体操作步骤如下。

图8-36 钻展图

Step1. 新建一个“宽度”为 520 像素、“高度”为 280 像素、“分辨率”为 72 像素 / 英寸、“背景内容”为白色的文件，并命名为“钻展图”，如图 8-37 所示。

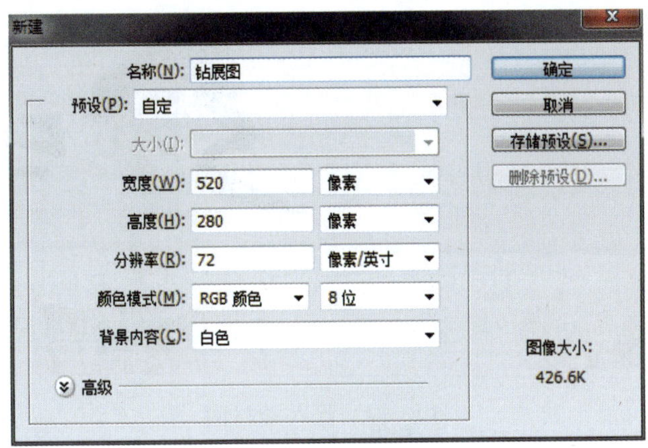

图8-37　新建文档

Step2. 置入素材图片“钻展图.jpg”，如图 8-38 所示。

图8-38　置入素材图片

Step3. 依次置入如图 8-39 所示的“sale.png”“衣服模特.png”等素材图片，调整位置如图 8-40 所示。

图8-39　素材展示

图8-40　置入素材图

Step4. 选择“横排文字工具”输入“特惠专区”等相关文本，字体为“张海山锐线体简”，颜色及大小如图 8-41 所示。

图8-41　输入相关文本

Step5. 选择“矩形工具”，绘制一个大小为 233 像素 ×22 像素、填充为“红色”（R:219，G:135，B:133）、描边为“无”的矩形，按 Ctrl+J 组合键复制该图层，将其向下移动，如图 8-42 所示。

Step6. 输入剩余文本，中文字体为“张海山锐线体简”、英文字体为“宋体”，颜色及大小如图 8-43 所示。最后选中所有文本图层以及矩形图层，单击属性栏上方的“水平居中对齐”按钮对选中图层进行居中对齐操作。至此，宝贝钻展图制作完成，效果如图 8-36 所示。

图8-42　复制矩形效果

图8-43　输入剩余文本

8.4 店铺二维码的制作

二维码是店铺宣传推广的重要方式之一，可以使买家更加方便快捷地进入店铺和查看商品。淘宝店铺可以放置店铺的二维码，让买家通过扫描二维码的方式关注店铺，增加店铺的人气，还可以在宣传册中放入二维码以促进消费者二次购买。本节对二维码的应用以及创建方式进行介绍。

8.4.1 店铺二维码的应用

淘宝为卖家提供了二维码在线生成工具，可以将卖家的店铺或商品的“手机浏览链接”转化成二维码，卖家可以将这些二维码印制在包装上、优惠券中或放入导航条上，利用优惠信息引导消费者二次购买。如图 8-44 所示即二维码在快递包裹上的应用。

图8-44 二维码的应用

合理地利用二维码可以为卖家带来意想不到的订单回报，而现实生活中的店铺二维码有哪些作用呢？下面对这些作用分别进行介绍。

- **帮助促销：**淘宝卖家可以将二维码印制在商品包裹的宣传物上，如优惠券、宣传册，将这些东西放置在包裹中，吸引买家通过二维码进入店铺产生二次购买。
- **快速收藏店铺：**卖家还可以在手机店铺和详情页中贴出二维码，让买家可以使用手机快速收藏，方便买家随时随地光顾店铺。
- **促进活动宣传：**淘宝买家通过手机上的二维码识别软件，扫描卖家的淘宝二维码，可以直接找到卖家的促销活动、店铺首页和宝贝单品等信息，省去搜索或输入网址的麻烦。
- **促进买家再次购买：**卖家还可以在自己的商品上放置相应的二维码，方便有需求的买家再次购买。

8.4.2 店铺二维码的创建

在淘宝店铺中运用二维码需要先创建二维码，二维码可在买家中心后台进行设置。本案例将使用“手机淘宝店铺”中的“码上淘”创建店铺二维码，具体操作如下。

Step1. 在首页中登录商家账号，进入“卖家中心”页面，在“店铺管理”中单击“手机淘宝店铺”链接，进入“手机淘宝店铺”页面，在右侧页面中单击“码上淘”界面的“进入后台”超链接，如图 8-45 所示。

图8-45　手机淘宝店铺后台

Step2. 进入“码上淘”后台，此时左侧的“创建二维码”栏中显示了 3 种创建二维码的方式：“通过工具创建”“通过链接创建”和“通过宝贝创建”，如图 8-46 所示。

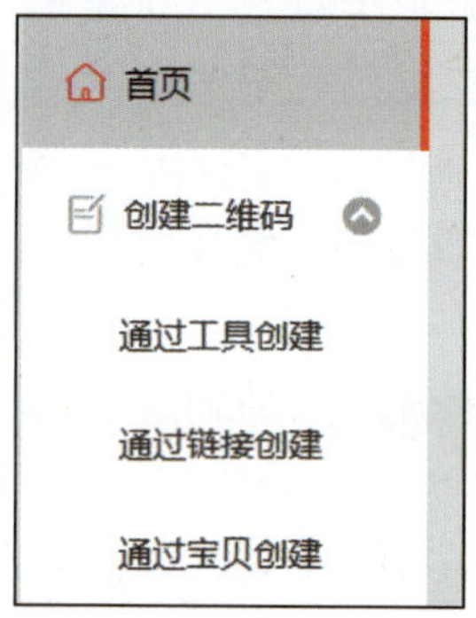

图8-46　码上淘后台导航栏

Step3. 这里单击“通过链接创建”选项，此时右侧将打开“通过链接创建二维码”页面，复制需要制作二维码页面的链接，本案例使用的是店铺首页链接，将链接粘贴至“二维码页面链接”文本框中，并单击“下一步”按钮，如图 8-47 所示。

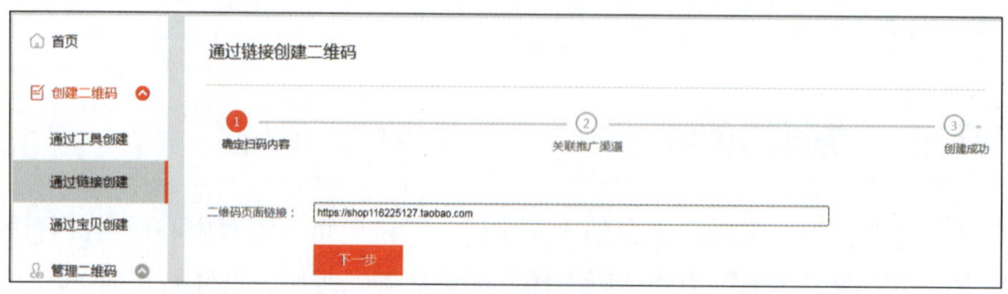

图8-47　通过链接创建二维码

Step4. 进入“关联推广渠道”页面，给该二维码进行命名，填写在“二维码名称”文本框中；在“渠道标签”栏中，选择标签的显示方式，这里选择“宣传彩页”。单击“下一步”按钮，如图 8-48 所示。

图8-48 关联推广渠道设置

Step5. 进入“创建成功”页面，该页面中显示了普通二维码和视觉码两种效果，这里选择普通二维码，然后拖动滑块调整二维码尺寸，完成后单击“美化”按钮，如图 8-49 所示。

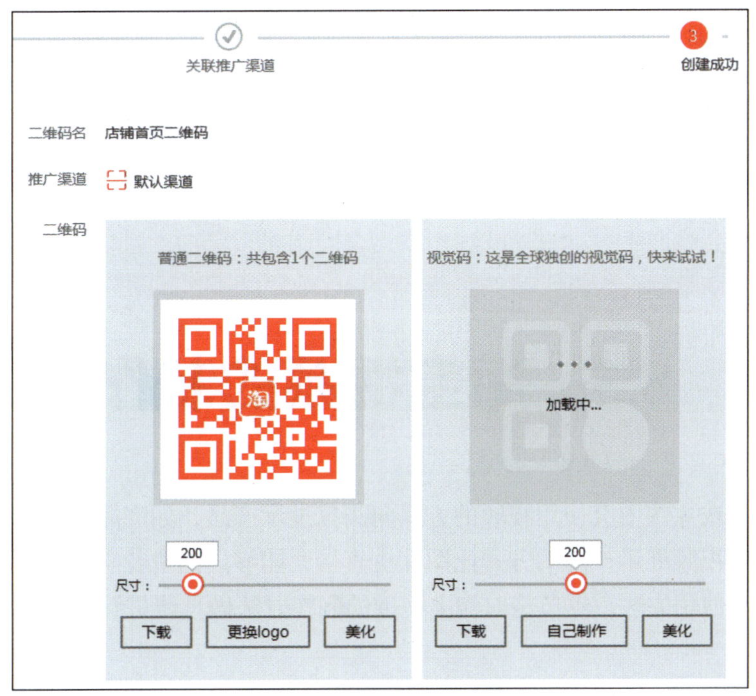

图8-49 选择二维码样式

Step6. 进入“美化二维码”页面，在“官方模板码”选项卡中选择喜欢的二维码样式，完成后单击“下载二维码”按钮，对该二维码进行下载，如图 8-50 所示。需要使用时打开下载后的二维码即可。

图8-50　美化并下载二维码

多学一招

■ 使用logo制作二维码

二维码还可以使用logo进行制作，只需要在“美化二维码”页面中单击“上传品牌logo”按钮，在打开的页面中选择制作二维码需要使用的logo，单击“打开”按钮，即可创建带有logo的二维码。

8.5　淘宝视频的制作

淘宝详情页或主图中会使用视频的方式向买家展示产品，如产品的使用体验、穿着效果展示等。通过视频展示产品的方式比图片更直接，能够让消费者直观、迅速地了解商品的效果、信息和使用方法。本节将对淘宝视频的制作方法做具体讲解。

8.5.1　淘宝视频的拍摄

拍摄视频与拍摄商品图片一样，都常常使用数码单反相机进行拍摄，既方便又实用，是视频拍摄的首选。拍摄时首先要了解商品的拍摄流程及拍摄原则，以便为后期视频制作做准备。

1. 淘宝视频的拍摄流程

拍摄视频需要遵循一定的流程，才能使拍摄的视频更加完整。其拍摄流程主要有 4 步，分别是了解商品的特点、选择场景、拍摄视频和后期合成，具体介绍如下。

- **了解商品特点**：拍摄视频前一定要对商品有相当的了解，包括商品的特点和使用方法，这样才能对商品拍摄时所用到的模特、背景、搭配等进行合理地选择。在拍摄时，需要对商品的特色及细节进行重点展示，帮助消费者了解商品，以打消顾虑，促进购买。
- **选择道具场景**：视频拍摄的道具有很多，但道具的使用还是需要根据商品进行选择。如某款产品需要录制解说，就要选择录音设备；如商品需要进行室内拍摄，就要选择对应的灯光。
- **拍摄视频**：一切准备就绪后，即可进行视频的拍摄。拍摄中应该注意景别和角度。景别是指摄像机与被拍摄对象的距离远近，一般分为远景、全景、中景、近景和特写，图 8-51 即中景和特写的拍摄；角度则是指平视角度、仰视角度和俯视角度。平视角度是指在同一水平线上拍摄，仰视视角是指以仰视的角度拍摄，俯视角度则是指以俯视的角度进行拍摄。图 8-52 所示即为平视角度和俯视角度拍摄的效果。

图8-51　中景和特写效果

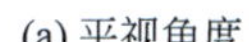
(a) 平视角度

(b) 俯视角度

图8-52　平视角度和俯视角度拍摄效果

- **后期制作：**拍摄视频后，还需要将视频多余的部分进行删除，然后将多个场景进行组合，或添加字幕、音频和场景切换效果等操作。这些操作需要借助视频制作软件进行编辑，常用的视频编辑软件有很多，但本章将使用淘宝官方提供的视频编辑工具——淘拍为例进行讲解。

2. 淘宝视频拍摄原则

淘宝中的视频是不可或缺的，它不仅可以让商品变得更真实，还能对商品的效果和细节进行展示。在淘宝网中，常见的视频应用位置包括主图视频和详情页视频两种。因为模块不同，对应的视频长度和建议长宽也不相同，下面分别对这两种视频进行介绍。

- **主图视频：**主图视频主要应用在商品主图的位置，用于展示商品的特点和卖点。在制作视频时，无线端主图视频时长为 60 秒以内，PC 端为 9 秒以内，视频尺寸可以为 1:1、16:9、3:4 三个比例。现在主推尺寸为 3:4，因为这个尺寸的视频更符合用户浏览习惯。
- **详情页视频：**该视频主要应用在宝贝描述中，常用于对商品的使用方法或产品的效果进行展示。在制作视频时，其视频长度不能超过 10 分钟，一般建议保持在 1 分钟以内，并且视频分辨率一般为 1920 像素 ×720 像素。

8.5.2 使用淘拍制作视频

淘拍是淘宝官方提供的免费的产品视频制作插件，支持 PC 端和无线端。PC 端可对已拍摄完的视频进行剪辑及发布，而无线端既支持视频拍摄也支持视频剪辑。本节将以 PC 端主图视频的剪辑与发布为例进行讲解。

Step1. 在浏览器中输入淘拍网址 https://taopai.taobao.com，登录商家账户，进入淘拍首页。单击“创建视频”按钮，如图 8-53 所示。

图8-53 淘拍首页

Step2. 编辑视频基本信息，填写视频名称，选择视频类目信息以及视频尺寸，单击“创建视频”按钮，如图 8-54 所示。

图8-54 编辑新建视频信息

Step3. 单击“新增片段”，进入“新增片段”页面，单击页面右上角的“上传视频”按钮，如图 8-55 和图 8-56 所示。

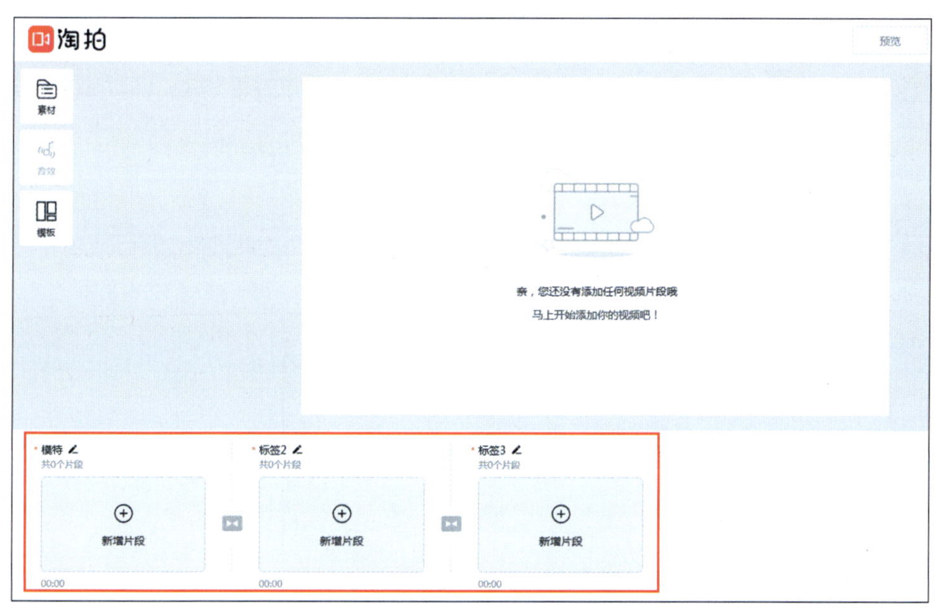

图8-55 选择“新增片段”

Step4. 在“素材标签”下拉菜单中选择素材标签，以便保存及查找，单击“上传”按钮，如图 8-57 所示。

Step5. 单击“模特”后方的“编辑”按钮，设置该视频片段的播放标签，如图 8-58 所示。

图8-56 “新增片段”页面

图8-57 选择素材标签

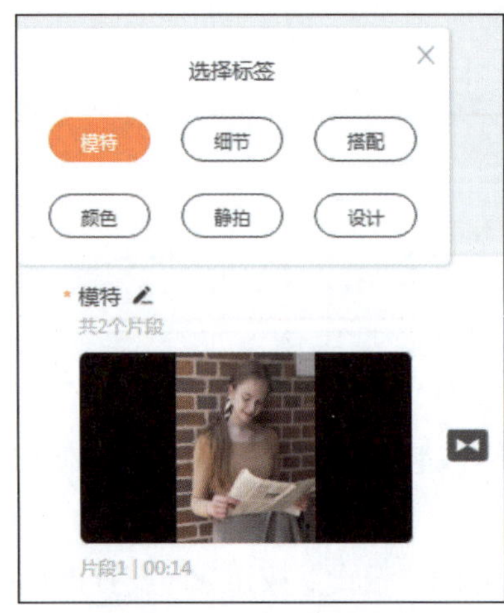

图8-58 设置视频播放标签

Step6. 在本地文件中选择已经拍摄完成的视频，上传完成后对单个视频片段进行编辑，单击下方缩览图中的“剪辑”图标，如图 8-59 所示。

图8-59　剪辑视频

Step7. 拖动视频下方的进度条，可以选择视频区间，选取想要保留的视频，单击右上角的“完成”按钮，如图 8-60 所示。

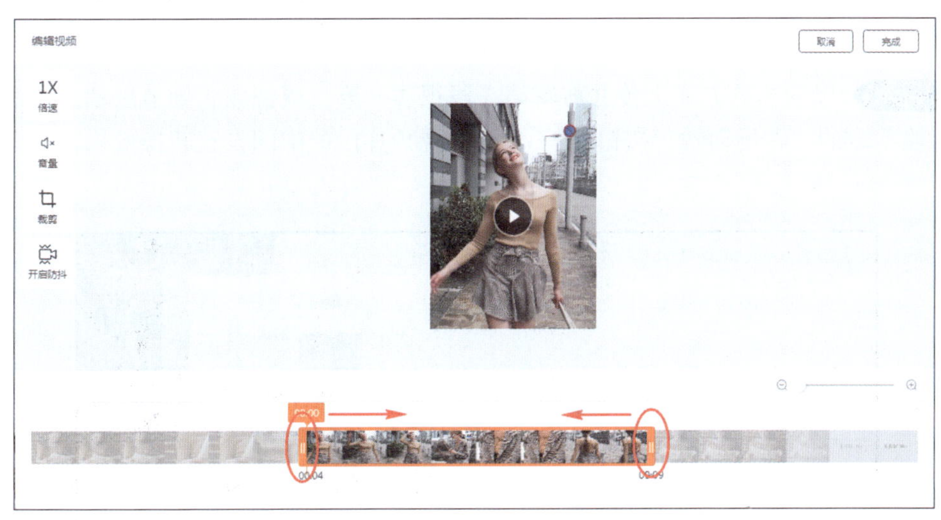

图8-60　选取视频区间

Step8. 单击视频左下角缩览图下方的“字幕”图标，如图 8-61 所示。进入“编辑字幕”页面，选择适合的字幕样式，如图 8-62 所示，单击“确认”按钮。

Step9. 在页面右侧编辑字幕内容及字幕样式，拖动页面下方的时间轴选择字幕出现的时间，如图 8-63 所示，单击右上角的“完成”按钮。

图8-61　选择“字幕”

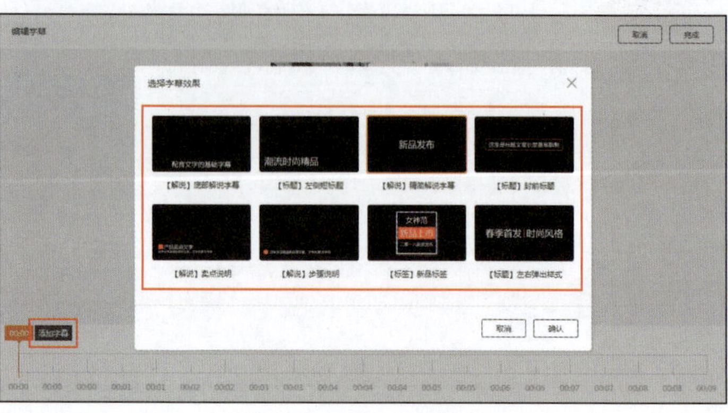

图8-62　选择字幕样式

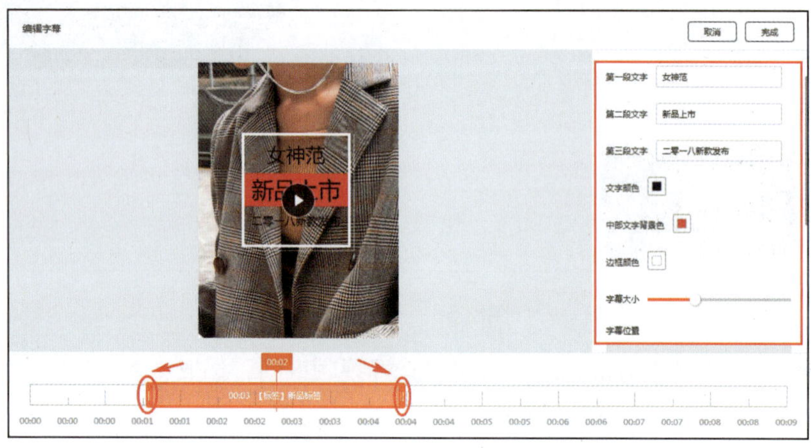

图8-63　编辑字幕样式

Step10. 以同样的方式上传并剪辑第二段视频，第二段视频为细节展示。然后单击细节片段前方的“转场动效”按钮，为两个视频片段的中间设置转换效果，如图 8-64 所示。

图8-64　设置转场动效

Step11. 添加背景音乐，选择左侧导航栏中的“音效”选项，单击“添加音乐”按钮，选择合适的音乐，或选择本地音乐文件进行上传，单击“确认”按钮，如图 8-65 所示。

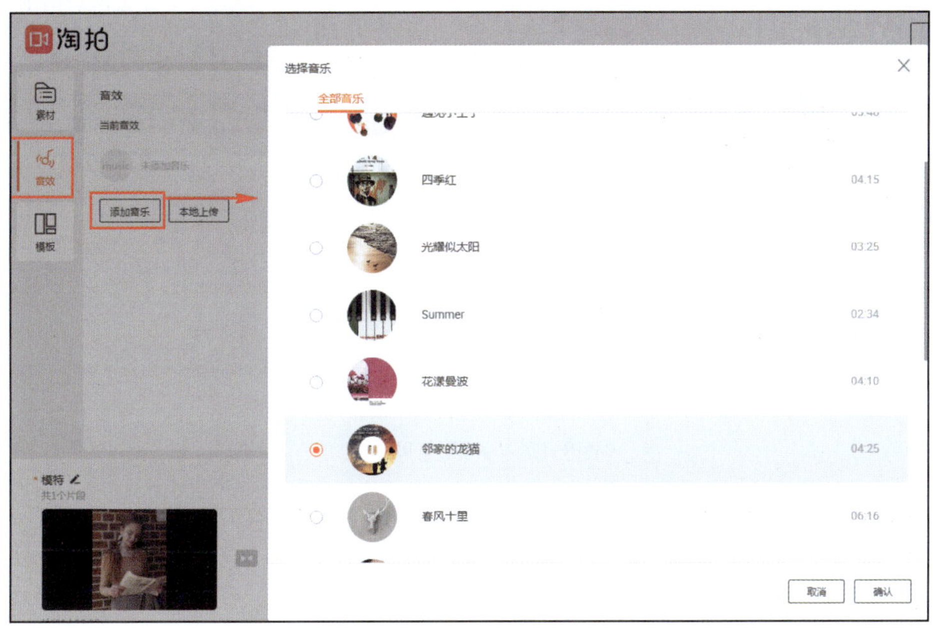

图8-65 添加背景音乐

Step12. 单击页面右上角“预览”按钮，即可对已编辑视频进行效果的预览，如图 8-66 所示。

图8-66 预览视频

Step13. 单击页面右上角“发布”按钮，选择该视频对应的宝贝，关联视频至宝贝主图，单击“确定发布”按钮，如图 8-67 所示。

Step14. 宝贝关联成功后，视频审核完成即可直接展示主图位置，审核约需要 15 分钟，如图 8-68 所示。

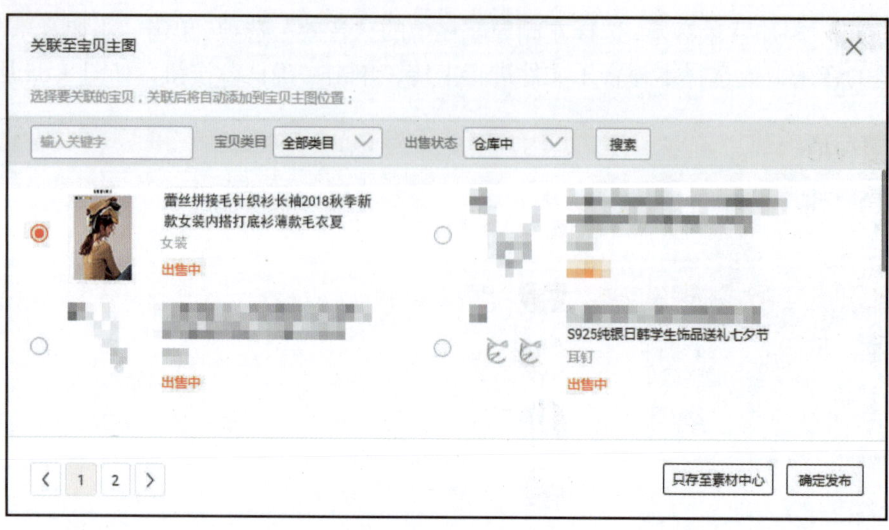

图8-67　关联宝贝主图

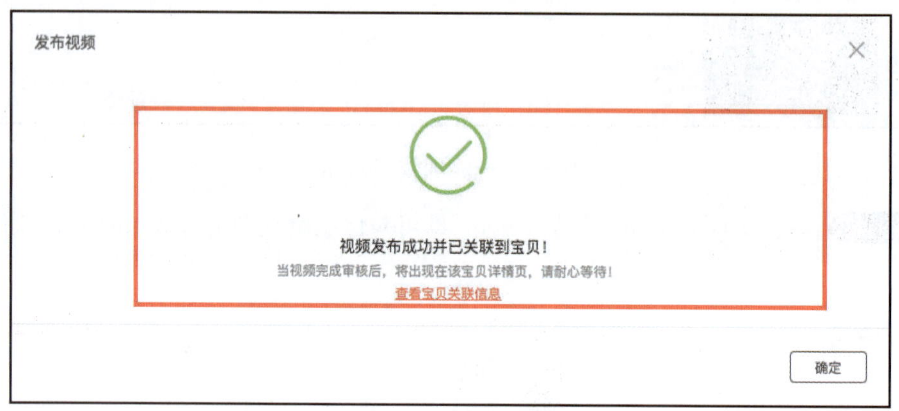

图8-68　视频发布成功

8.6 本章小结

本章主要介绍了高点击率的主图制作、直通车推广图设计、钻石展位推广图设计、店铺二维码的制作、淘宝视频的制作等知识。

通过本章内容的学习，读者应该掌握宝贝主图、直通车推广图、钻石展位图的设计及制作方法，并能熟练创建店铺二维码，使用淘宝制作视频。

第9章

店铺装修及上传方法

学习目标

知识目标	• 了解店铺装修工具——旺铺 • 熟悉PC端与无线端装修基础设置
技能目标	• 掌握PC端店铺装修的流程及操作方式 • 掌握无线端店铺装修的流程及操作方式

店铺装修是网店的“门面”，如在店铺装修上落后于其他店铺，则很难吸引更多的顾客浏览店铺，也就会影响销量，所以店铺装修也是店铺运营中的重要一环。前面章节已经将店铺装修需要的所有素材制作完成，那么该如何将这些素材上传至店铺中并完成整个页面的装修呢？本章将从PC端店铺装修和无线端店铺装修两个方面对淘宝店铺装修的相关知识进行讲解。

9.1 认识店铺装修工具——旺铺

淘宝旺铺是淘宝官方推出的一项增值服务，它既可以使店铺界面更加个性化，也可以帮助卖家更好地经营店铺。为了满足不同卖家店铺装修的需求，淘宝旺铺为卖家提供了3种版本，分别为基础版、专业版及智能版，不同版本具有不同的功能和特点，具体介绍如下。

1. 基础版

新店刚创建时，店铺装修后台的默认模板为基础版，可以免费使用，当然店铺装修的效果也比较简单。接下来进入基础版界面，登录淘宝卖家账号进入卖家中心，如图9-1所示。

图9-1 卖家中心

单击店铺管理左侧导航栏中的“店铺装修”，即可进入淘宝装修后台。在淘宝装修后台页面，选中PC端并单击首页后方的“装修页面”，如图9-2所示。

进入装修后台便可以在左侧工具栏上看到“基础版”这三个字标识，如图9-3所示。

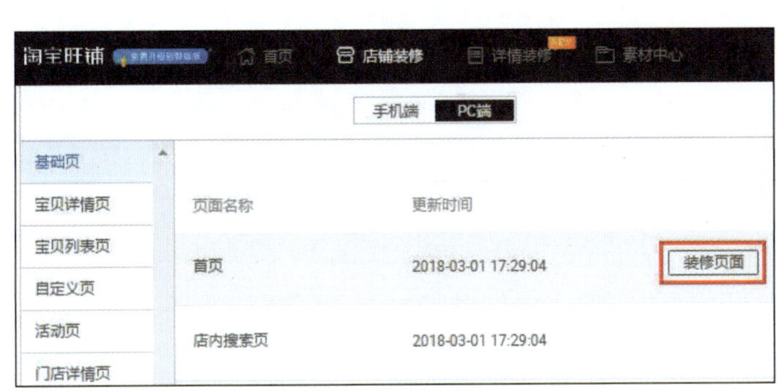

图9-2 旺铺后台

图9-3 店铺装修工具栏

工具栏右侧即为基础版装修界面，基础版装修布局多为两栏结构，如图 9-4 所示，也就是 190 像素和 750 像素两栏布局。在 190 像素和 750 像素之间有一条分隔线，把整个画面一分为二。因为基础版无法设置背景色，所以两边一般都是白色。

2. 专业版

卖家使用旺铺专业版需要付费，但是对于新店来说只要店铺信誉没有超过一个钻，就可以免费使用专业版，店铺信誉在一钻以上的店铺，需要每个月支付一定的费用。新店如果要升级为专业版，只需进入店铺装修后台，并将鼠标放置在“基础版”上，单击“免费升级专业版”按钮，如图 9-5 所示。

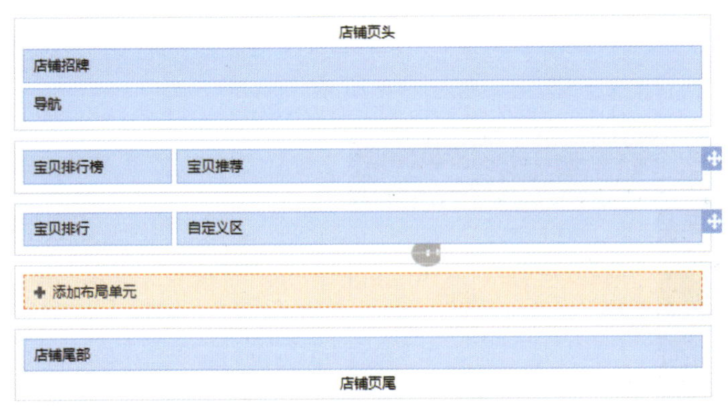

图9-4 旺铺基础版布局

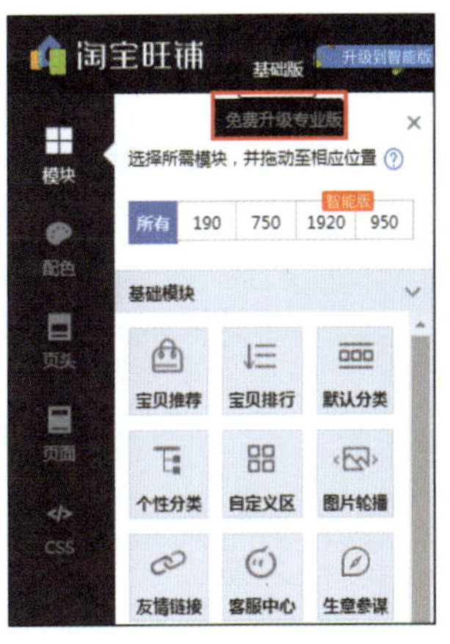

图9-5 店铺装修后

台旺铺专业版模板结构多为 950 像素布局，拥有图片轮播和背景图，能够实现全屏效果，如图 9-6 所示。旺铺专业版还可以更换自己的店招图片以及 950 像素的广告轮播图。

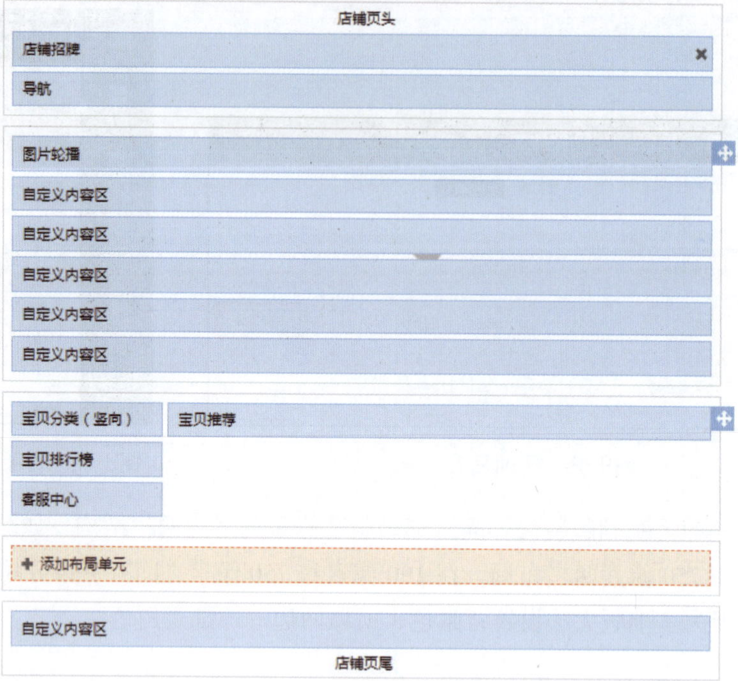

图9-6　旺铺专业版布局

3. 智能版

旺铺智能版于 2016 年 6 月上线，它是在专业版旺铺基础上升级而来，提供了丰富的无线装修功能和营销玩法，为店铺提供更优质的用户体验，拉近买卖关系。同专业版一样，一钻以下的店铺可以免费使用智能版，一钻以上店铺每个月同样需要支付一定的费用，专业版的商家补齐差价后可升级为智能版。新店若要升级为智能版，只需进入店铺装修后台，单击店铺装修页面左上角“升级到智能版”即可，如图 9-7 所示。

图9-7　店铺装修后台

9.2 PC端店铺装修

淘宝网分为PC端和无线端，同样一个店铺对应两个展示端口，即PC端店铺和无线端店铺。本节我们主要介绍PC端店铺装修的相关知识。PC端店铺装修主要对店铺首页的不同模块进行装修，主要在店招、导航区、图片轮播模块、页尾设计等几方面对PC端店铺装修进行讲解。

9.2.1 店招模块装修

上传店招是店铺装修中基础操作部分，常见的店招装修方式有默认方式和自定义方式。不同的店招装修方式，上传方式也不相同，下面针对默认方式和自定义方式的上传店招进行详细讲解。

1. 上传常规店招

默认情况下，店招的尺寸为950像素 ×120像素，超出该尺寸的店招部分将无法显示。上传常规店招的具体操作如下。

Step1. 将常规店招上传至图片空间，将鼠标指针移动至该图片上，在显示的几个按钮中，单击“复制代码”按钮，即可复制该图片的代码，如图9-8所示。

图9-8 复制店招代码

Step2. 打开Dreamweaver软件，单击HTML选项，即可创建一个空白文档，如图9-9所示。

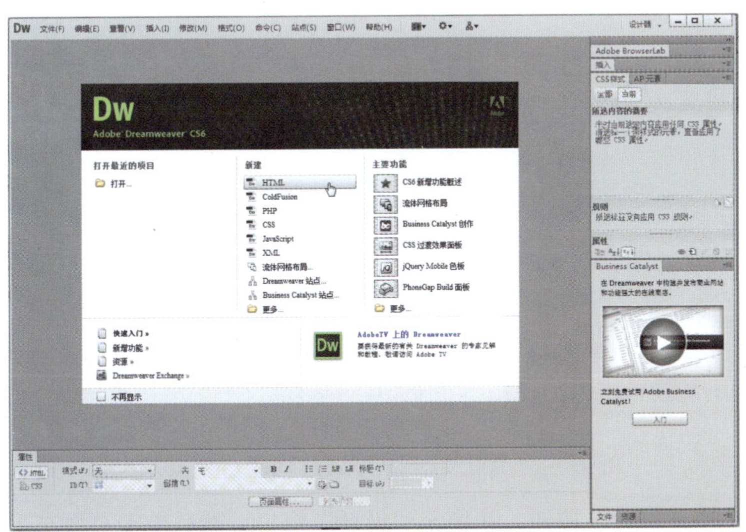

图9-9 新建Dreamweaver文档

Step3. 单击“拆分”按钮，切换至拆分窗口，按 Ctrl+A 组合键选择左侧窗口中的代码，按 Delete 键删除，如图 9-10 所示。

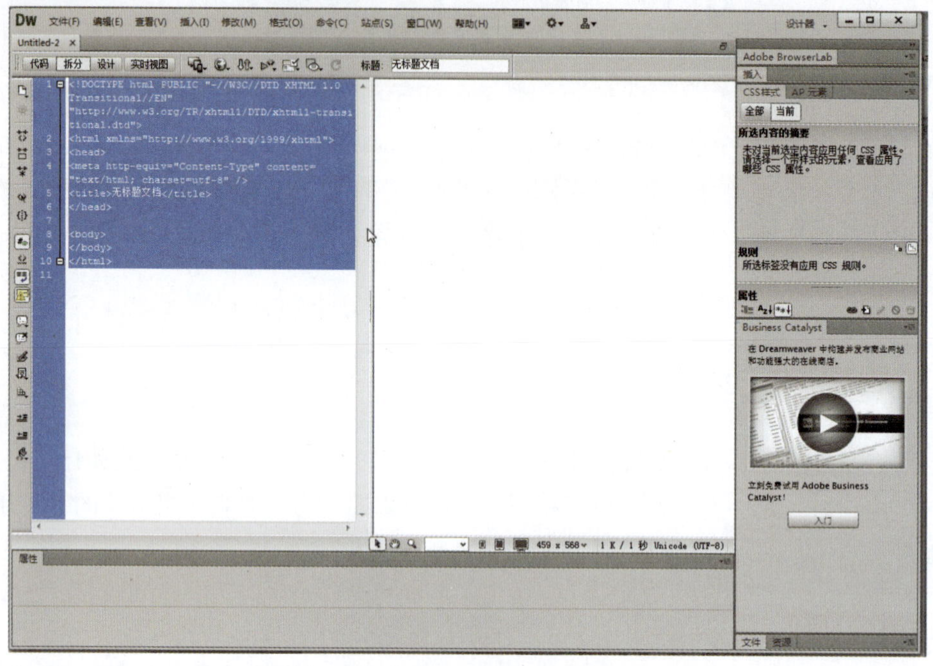

图9-10 删除代码

Step4. 按 Ctrl+V 组合键将图片代码粘贴到左侧的窗口中，此时右侧窗口将出现相对应的图片，如图 9-11 所示。

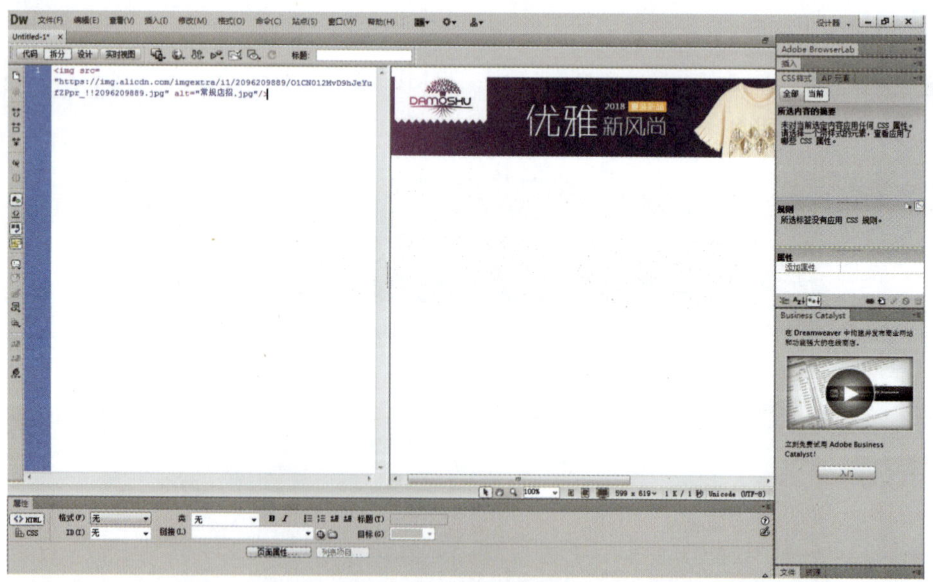

图9-11 粘贴图片代码

Step5. 单击“设计”按钮，切换至“设计”窗口，然后单击页面左下角“属性”栏中的热点矩形工具，按住鼠标左键不放，在“收藏”字样图标出绘制一个矩形，释放鼠标，如图 9-12 所示。

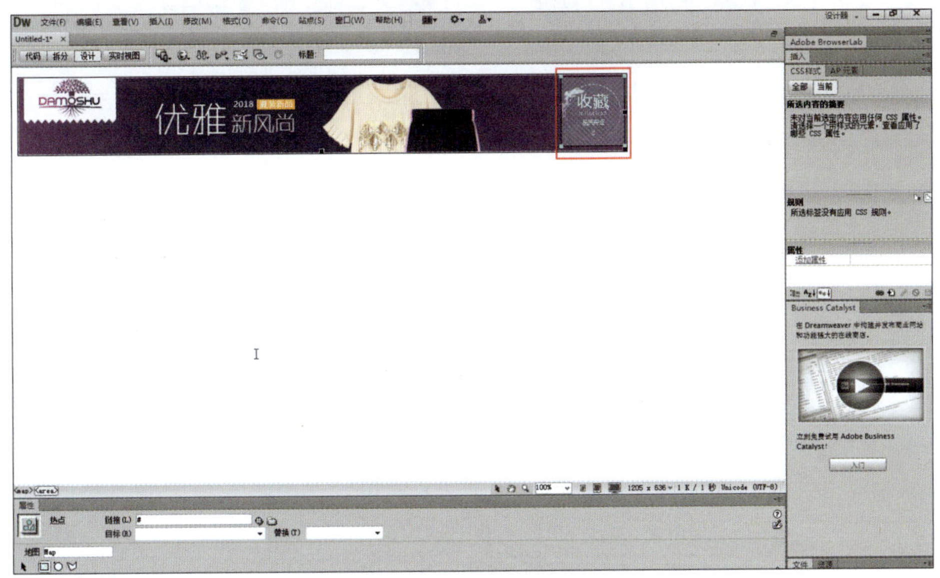

图9-12　添加热点区

Step6. 从淘宝首页搜索店铺，单击店铺首页右上角的“收藏”按钮，进入收藏页面后，复制该页面链接，如图 9-13 所示。

图9-13　复制店铺收藏链接

Step7. 在窗口下方的属性栏中，将上一步中复制的店铺收藏链接粘贴到“链接”右侧的文本框中，设置“目标”为“_blank”，如图 9-14 所示。

Step8. 单击“代码”按钮，切换至代码窗口，按 Ctrl+A 组合键选择窗口中的代码，按 Ctrl+C 组合键复制代码，如图 9-15 所示。

Step9. 进入“卖家中心”页面，单击“店铺管理”→“店铺装修”进入旺铺装修后台，如图 9-16 所示。

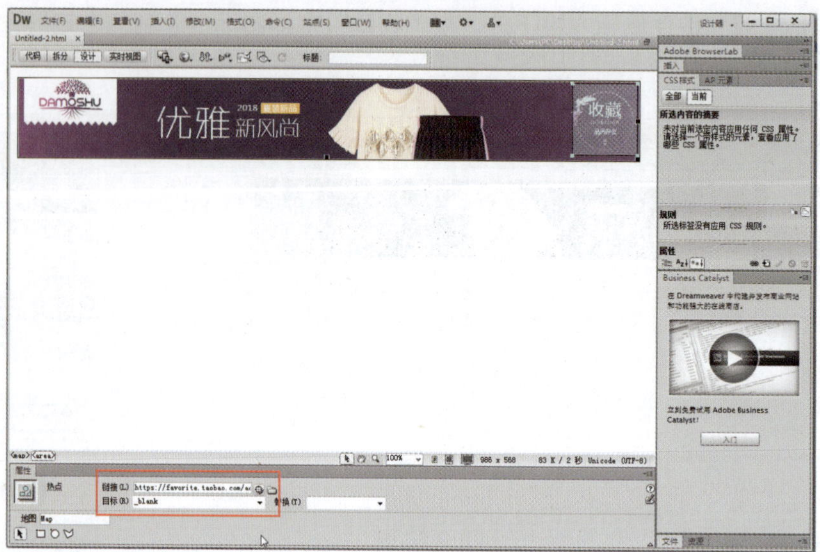

图9-14　添加热点超链接

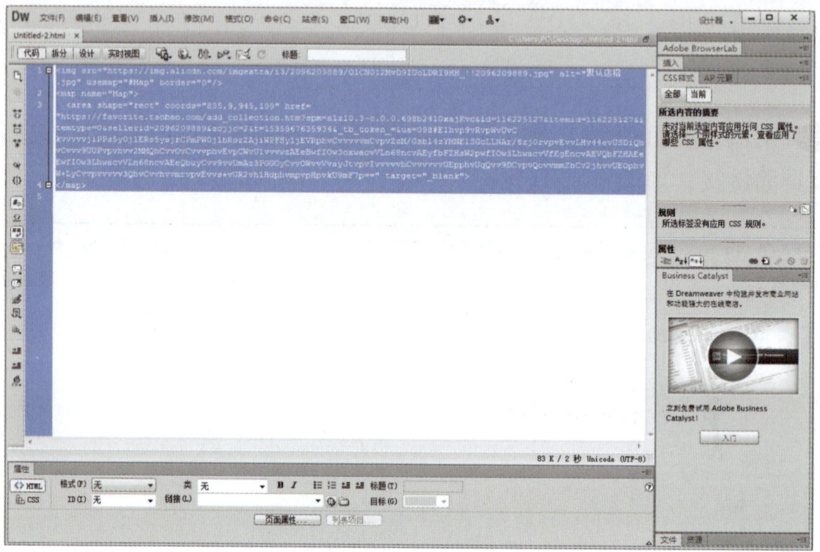

图9-15　复制代码

图9-16　店铺装修后台

Step10. 在图 9-16 所示店铺装修后台中，单击“PC 端”→“基础页”。然后将鼠标放置在“首页”后方，单击“装修页面”进入店铺首页装修页面，如图 9-17 所示。

图9-17　页面编辑

Step11. 单击店招右侧的“编辑”按钮，如图 9-18 所示。

图9-18　编辑店招

Step12. 在打开“店铺招牌”对话框中，单击“自定义招牌”下方的按钮，并将复制的店招代码粘贴至文本框，然后在“高度”数值框中输入“120”，单击“保存”按钮，如图 9-19 所示。

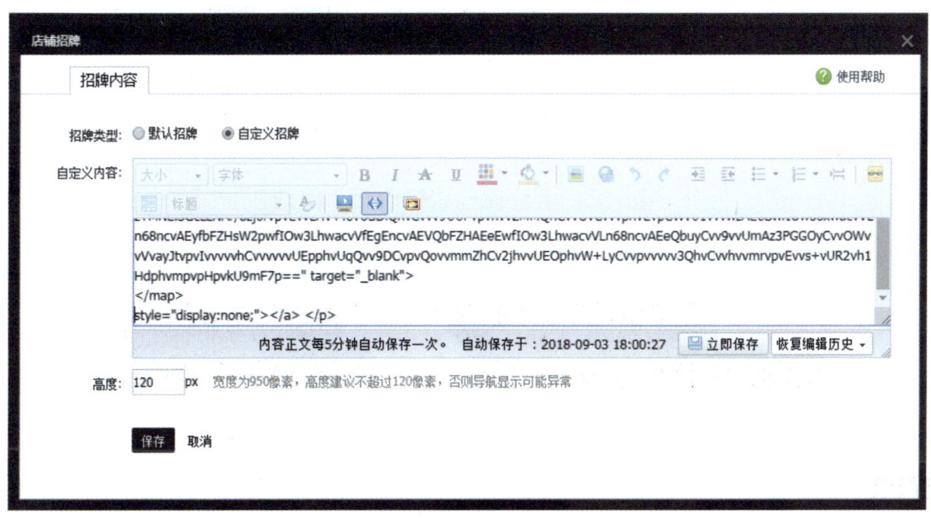

图9-19　粘贴代码

Step13. 单击页面右上角的“预览”按钮，即可查看上传效果，如图 9-20 所示。当单击店招“收藏”热区时，即可跳转到店铺收藏页面。

图9-20　预览效果

2. 上传自定义通栏店招

一般来说，自定义店招尺寸为 1920 像素 ×120 像素或 1920 像素 ×150 像素，但上传通栏店招时，需要将通栏店招分为两部分上传。第 6 章中的通栏店招设计中，将通栏店招存储为两种格式，第一种为 1920 像素 ×150 像素，第二种为 950 像素 ×120 像素。通栏店招的上传步骤如下。

Step1. 将保存的两个不同尺寸的通栏店招上传至图片空间，如图 9-21 所示。然后使用与上传常规店招相同的步骤将通栏店招 950 像素 ×120 像素部分上传至店铺首页的店招部分，如图 9-22 所示。

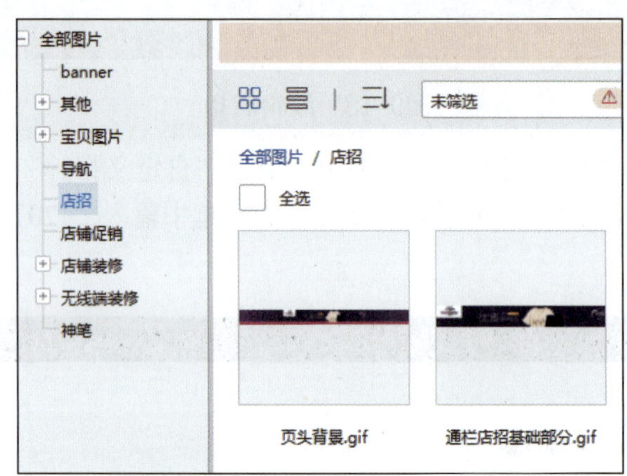

图9-21　上传通栏店招的两个部分

图9-22　通栏店招基础部分上传效果

Step2. 950 像素 ×120 像素的店招上传成功后，选中页面左侧“页头”选项卡，单击页头背景图下方“更换图片”按钮更换店铺背景图片，将 1920 像素 ×150 像素通栏店招上传至该区域，如图 9-23 所示。

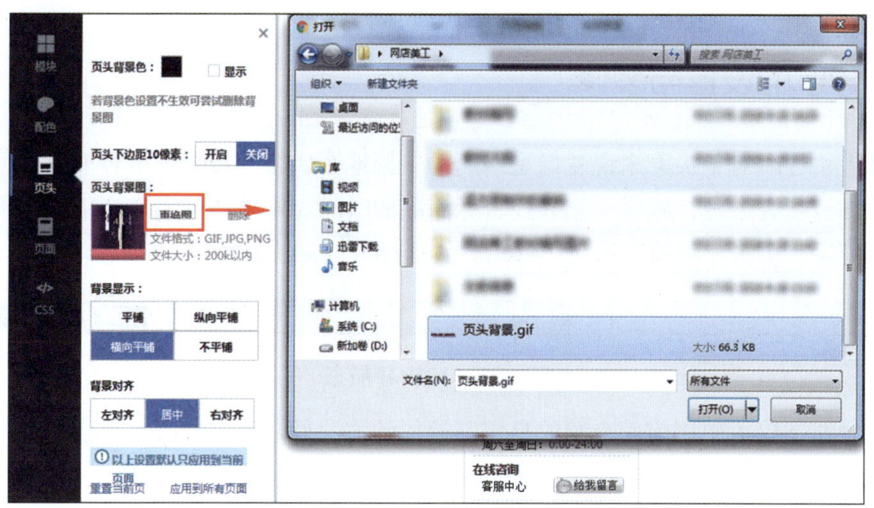

图9-23　上传页头背景

Step3. 图片上传成功后，分别将页头中“背景显示”和“背景对齐”设置为“不平铺”和“居中”，如图 9-24 所示。

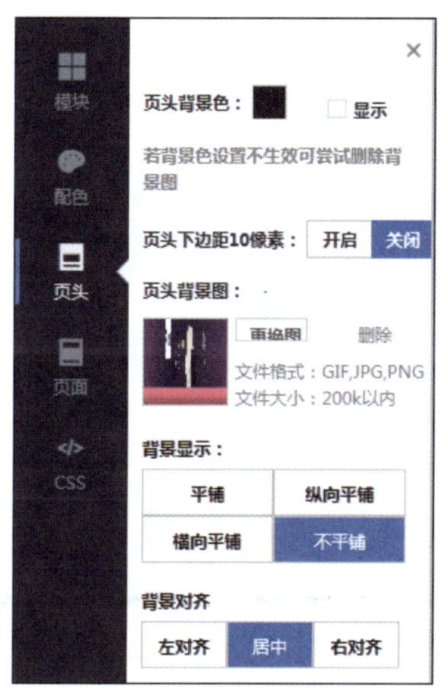

图9-24　设置页头

Step4. 店招设置完成后，可以单击“预览”按钮，查看店招设置效果，如图 9-25 所示。当我们单击店招“收藏”热区时，即可跳转到店铺收藏页面。

图9-25　设置后的通栏店招

9.2.2 导航的设置与装修

店铺首页导航对于买家来说就像是网店的一幅地图，合理设置首页导航可以使网店商品分类更加清晰有条理，缩短买家寻找目标商品的时间。导航条位于店招下方，将鼠标移至导航条模块，单击“编辑”按钮，即可设置店铺导航条，如图 9-26 所示。

图9-26　编辑导航条

设置导航条除了使用前面介绍的自定义通栏的方法外，淘宝官方也提供了一些导航模板供卖家直接使用。设置导航条的具体步骤如下所示。

Step1. 单击图 9-26 中的“编辑”按钮，打开“导航”对话框，如图 9-27 所示。

图9-27　“导航”对话框

Step2. 单击图 9-27 右下方的“添加”按钮，进入“添加导航内容”对话框，如图 9-28 所示。

Step3. 单击图 9-28 中的“管理分类”按钮，进入“分类管理”页面，如图 9-29 所示。

Step4. 单击图 9-29 中的“添加手工分类”按钮，将店铺中的产品进行分类设置，如图 9-30 所示，然后单击右上角的“保存更改”按钮。

Step5. 切换到添加导航内容对话框，单击“页面”选项卡，选中需要在导航栏中显示的分类页面，如图 9-31 所示。

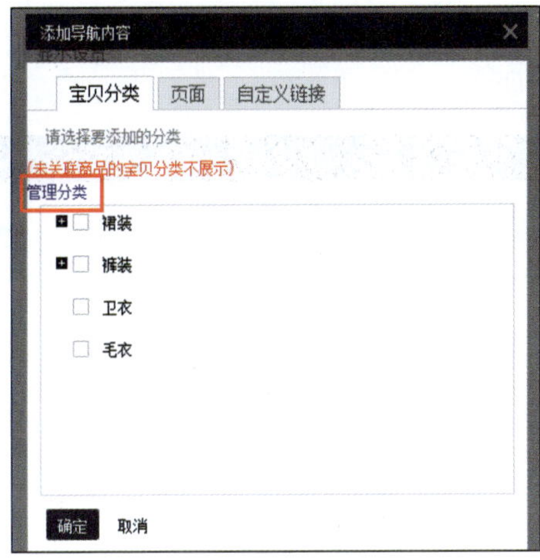

图9-28 添加导航内容——宝贝分类

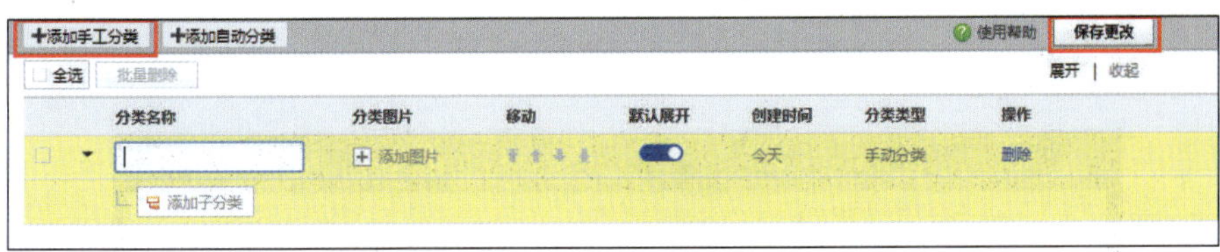

图9-29 分类管理页面一

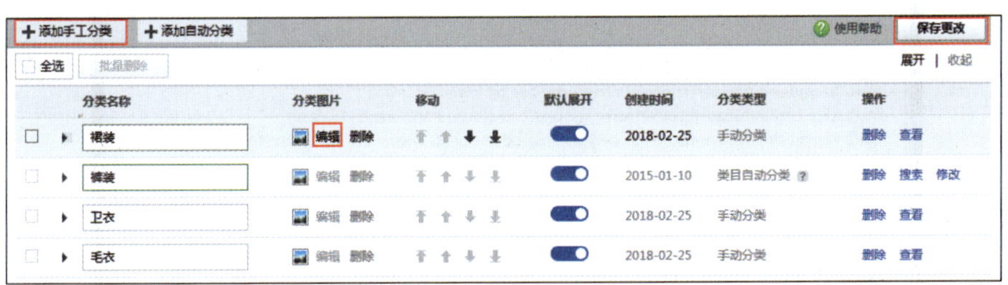

图9-30 分类管理页面二

图9-31 添加导航内容——页面

Step6. 单击图 9-31 中的“确定”按钮，回到“导航”对话框，如图 9-32 所示。然后单击“显示设置”选项卡标签。

图9-32　导航设置

Step7. 为使导航区背景颜色与店招区相统一，需要通过第三方代码生成网站将导航条背景生成代码的方式，然后将选项卡切换至“显示设置”对话框中，将生成的代码粘贴至“显示设置”对话框中，如图 9-33 所示。

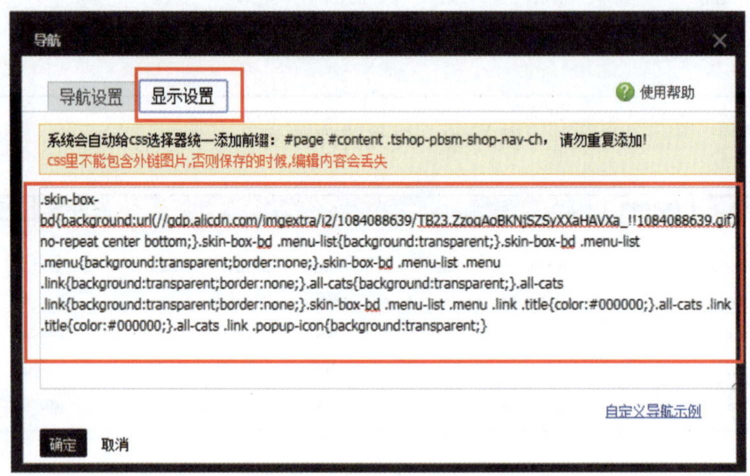

图9-33　粘贴导航条代码

Step8. 单击图 9-33 中“确定”按钮完成导航条设置，单击“预览”按钮查看导航条设置效果，我们可以看到已添加的分类，如图 9-34 所示。

图9-34　导航区设置后效果

多学一招

■ 添加页面背景

店招与导航设置完成后，可以将之前制作的页面背景进行上传，其设置方法与页头背景的上传方式相同。

9.2.3 轮播模块装修

将制作好banner图片上传到图片空间，上传成功后，需要设置轮播效果。图片轮播模块有常规轮播和全屏轮播两种样式，它们的设置方式也是不同的，具体如下。

1. 设置全屏轮播图片

全屏轮播图片的设置与通栏店招的设置相同，也需要通过代码完成。下面在淘宝装修页面中添加自定义模块，然后通过代码制作全屏轮播效果，其具体操作如下。

Step1. 进入店铺装修页面，在左侧列表中拖曳自定义模块至右侧页面中，如图9-35所示。

图9-35 添加自定义模块

Step2. 打开“码工在线”网站并登录，单击“店铺类型”下方的“淘宝天猫”按钮和“效果分类”下方的“全屏轮播”按钮，选择一个适合的全屏轮播效果，如图9-36所示。

图9-36 选择店铺类型及轮播效果

Step3. 打开“全屏轮播”页面，在“店铺类型选择”后方单击选中“淘宝专业版”，设置轮播类型和轮播图装修。依次将图片空间中的全屏 banner 图片地址粘贴至“轮播图设置”下方，如图 9-37 所示。

图9-37 设置图片地址

Step4. 切换到“动画内容设置”选项卡，设置轮播图的动画效果，如图 9-38 所示。

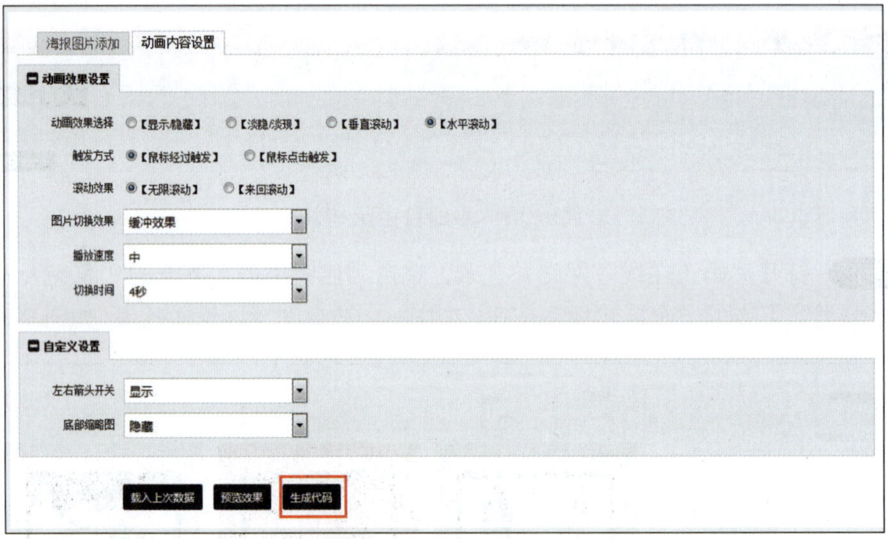

图9-38 设置动画效果

Step5. 设置好轮播图动画效果后，单击图 9-38 下方“生成代码”按钮，在下方的文本框中会自动生成代码，单击“复制内容”按钮复制生成的代码，如图 9-39 所示。

Step6. 返回淘宝装修页面，单击自定义模块右上角的“编辑”按钮，进入“自定义内容区”对话框。选择“显示标题”后方的“不显示”选项，再单击按钮，将复制的代码粘贴至下方文本框中，如图 9-40 所示。

Step7. 单击“确定”按钮，完成自定义轮播图设置。运营人员可通过单击店铺装修操作界面右上角的“预览”按钮，查看店铺轮播图装修效果，如图 9-41 所示。

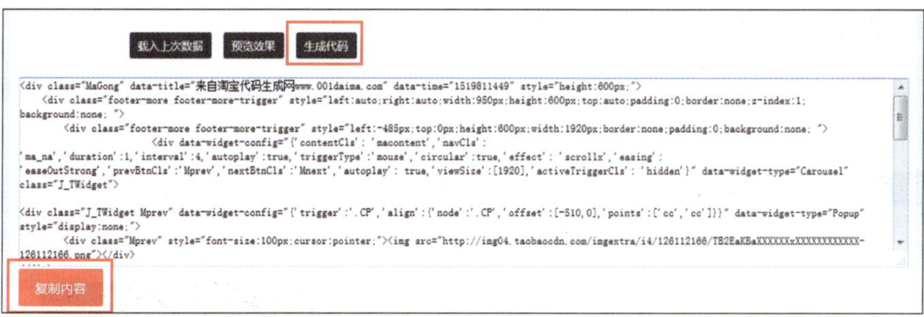

图9-39　复制代码

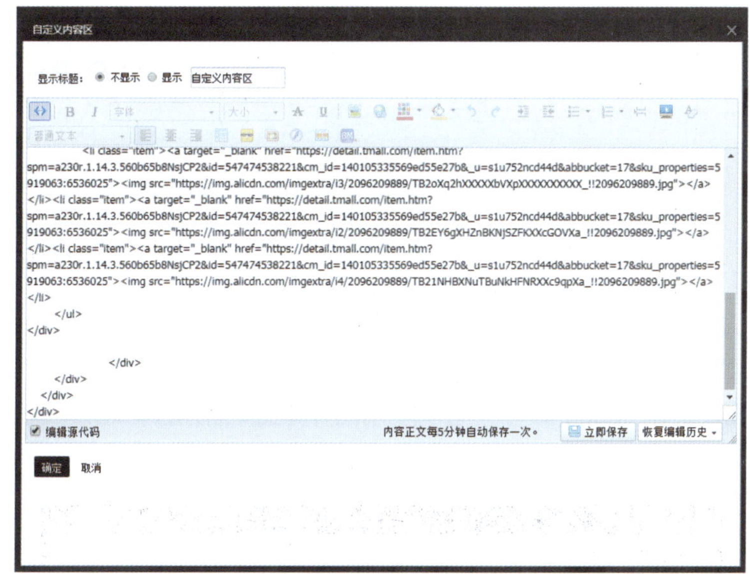

图9-40　粘贴代码

图9-41　通栏轮播效果图

2. 常规轮播效果设置

常规轮播模块的设置方法比较简单，在设置轮播图片之前，要确定是否已将做好的banner图上传至图片空间。下面介绍设置常规图片轮播模块的方法，具体操作如下。

Step1. 返回店铺装修页面，单击“图片轮播”模块右上角的“编辑”按钮，如图9-42所示。

图9-42　编辑图片轮播模块

Step2. 进入“图片轮播”对话框，单击“图片目录”按钮，在打开的列表中选择要上传的轮播图片，也可以在图片空间中复制图片地址，粘贴到“图片地址”文本框中，如图9-43所示。

图9-43　选择轮播banner图

Step3. 单击“添加”按钮，继续添加其他轮播图片，然后将每一张轮播图对应的宝贝链接粘贴至“链接地址”的文本框内，如图 9-44 所示。

图9-44　添加其他图片及链接地址

Step4. 单击“显示设置”选项卡标签，选择“显示标题”后方的“不显示”选项，在“切换效果”下列菜单列表选择“渐变滚动”选项，如图 9-45 所示。

图9-45　设置轮播切换效果

Step5. 单击图 9-45 中的“保存”按钮后，即完成轮播图设置，返回店铺装修页面即可预览图片轮播效果，如图 9-46 所示。

图9-46　预览常规轮播效果

9.2.4 其他模块及页面的装修

全屏轮播图与常规轮播图上传后，还有分类导航、店铺优惠券及商品自定义展示区需要上传，这三部分的上传方式相同，下面以分类导航的上传方法为例进行讲解。

Step1. 将“分类导航.jpg”图片上传到图片空间，将鼠标指针移动至该图片，在显示的按钮中单击“复制代码”按钮，即可复制该图片的代码，如图 9-47 所示。

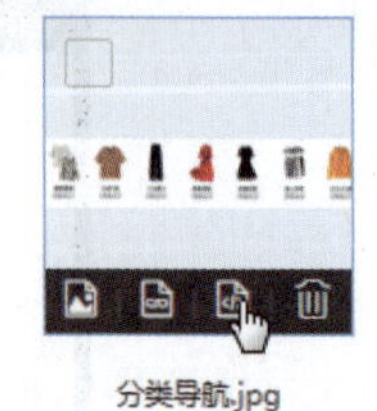

图9-47　复制代码

Step2. 使用Dreamweaver软件，为不同的分类创建热点，并添加链接，如图 9-48 所示。然后将整体代码复制。

图9-48　创建热区

Step3. 单击自定义模块右上角的“编辑”按钮。进入“自定义内容区”对话框，选择“显示标题”后方的“不显示”选项，单击“源码”按钮，在编辑框中按 Ctrl+V 组合键粘贴宝贝促销图代码，最后单击“确定”按钮，如图 9-49 所示。

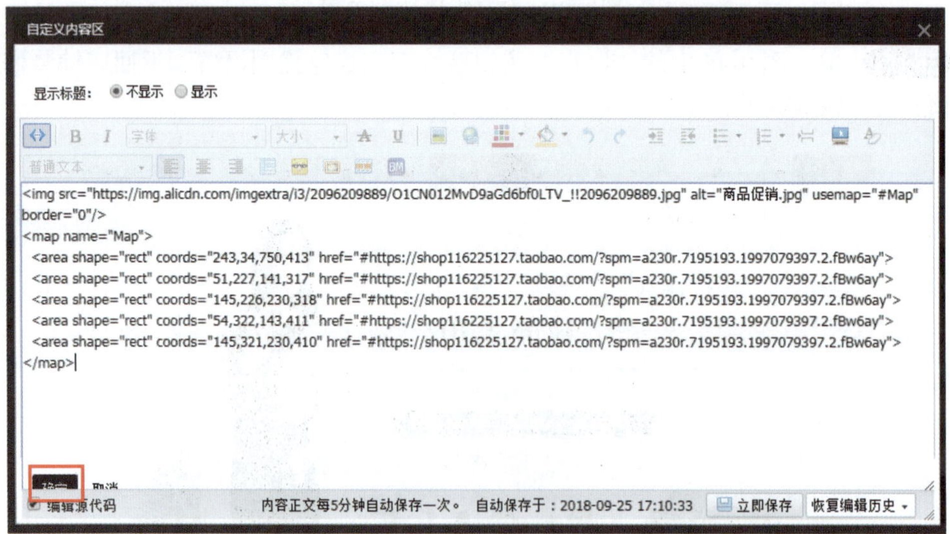

图9-49　粘贴代码

淘宝店铺页面中主要有 4 种页面，分别为基础页、宝贝详情页、宝贝列表页以及自定义页，如图 9-50 所示。其中首页和店铺搜索页属于基础页，也是店铺装修的重点页面，前几个小节中已经对店铺首页和宝贝详情页的装修方法进行了介绍，其他未介绍页面的装修方式与首页的装修方式相同，只需要根据装修需求进行模块添加以及调整即可。

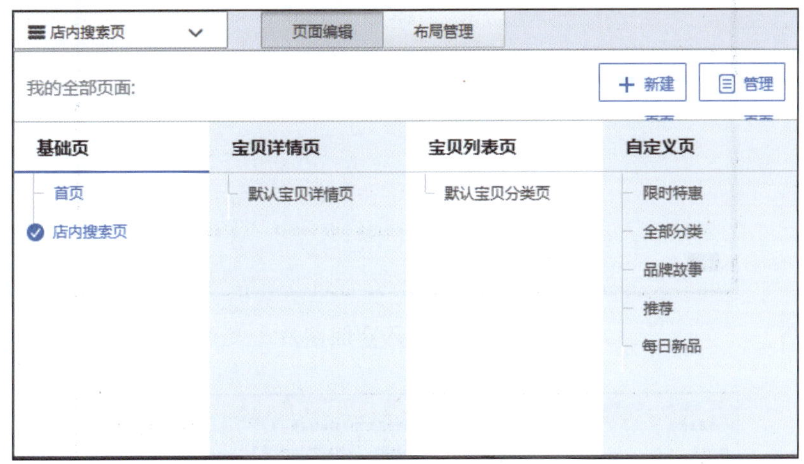

图9-50 淘宝店铺主要页面分布

9.2.5 设置页尾模块

淘宝店铺页尾模块是 PC 端店铺首页装修页面的最后一个自定义内容区，卖家可以根据店铺营销需求自行设计或者直接使用第三方提供的软件（如码工在线）制作页尾内容，放置在店铺首页页尾模块，具体操作步骤如下。

Step1. 进入淘宝店铺装修后台首页，按住鼠标左键拖动滚动条至页面最下方，从左侧列表中拖动“自定义模块”至右侧页面中，如图 9-51 所示。

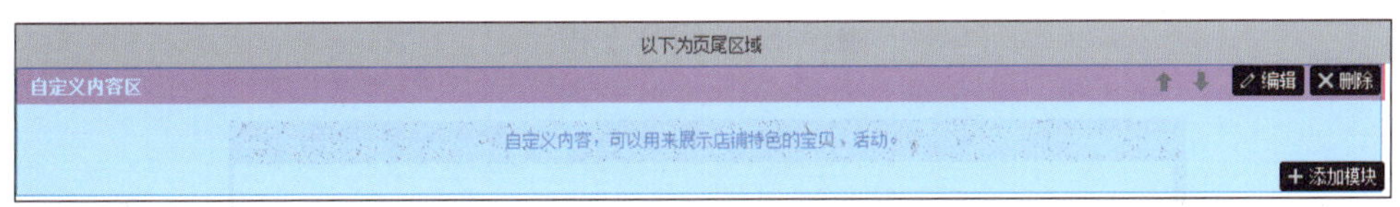

图9-51 设置页尾自定义区域

Step2. 单击“编辑”按钮，进入“自定义区内容”对话框，选择“显示标题”后方的“不显示”选项。然后单击下方的“插入图片空间图片”按钮，选择需要上传的页尾图片，如图 9-52 ~ 图 9-54 所示。

Step3. 单击图 9-54 中的“确定”按钮，完成页尾模块的装修。单击装修页面右上角的“预览”按钮，可以查看店铺页尾装修效果，如图 9-55 所示。

店铺所有模块装修完之后，就可以发布了。店铺发布前，运营人员一定要提前预览下，查看店铺首页装修各部分是否存在问题，如无误可以单击装修页面右上角的“发布站点”按钮，发布装修后的新店铺。这里需要注意的是，发布装修页面之前记得对店铺装修模板备份，方便以后店铺装修改版。

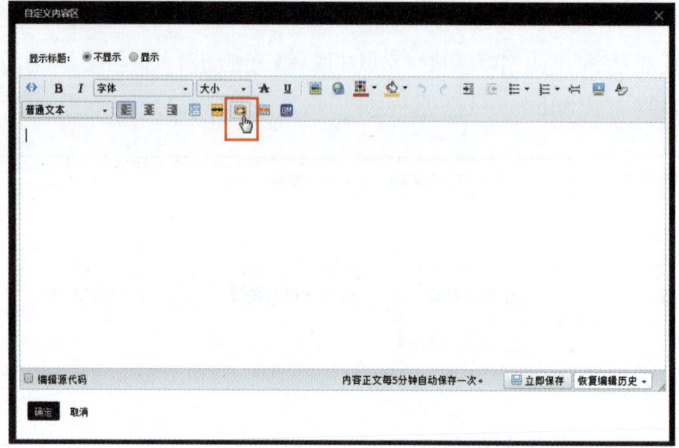

图9-52　插入空间图片

图9-53　图片上传

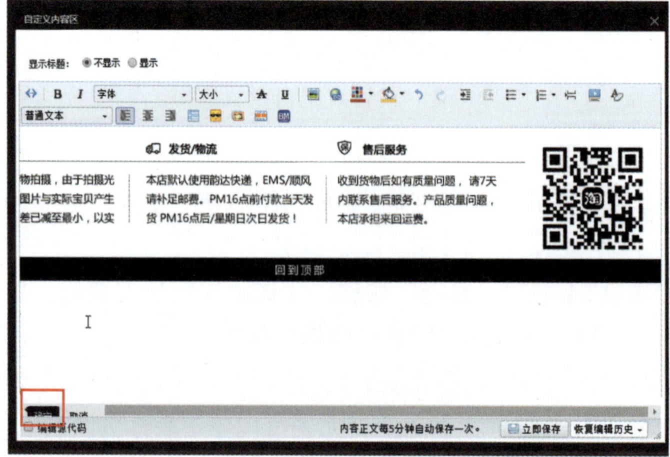

图9-54　插入页尾图片

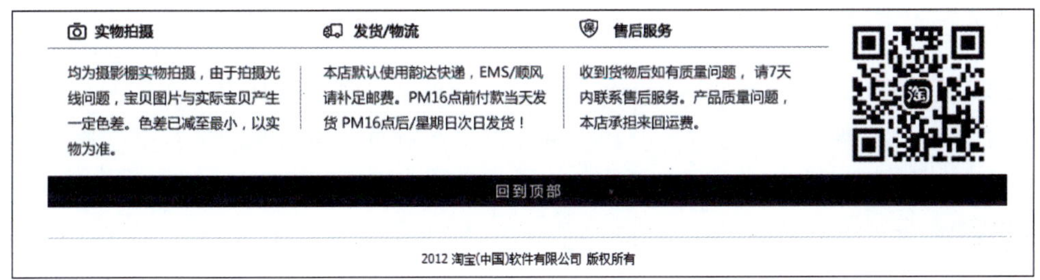

图9-55　店铺页尾效果

9.3　无线端店铺装修

移动互联网的快速发展以及智能手机的普及，网络购物越来越趋向于移动端。因此，在这种趋势下，无线端店铺装修也就显得十分重要。无线端店铺装修模块较多，一般来说，无线端店铺装修模块主要包括店铺首页、宝贝分类、微淘、全局设置、自定义页等几方面，图 9-56 所示为无线端店铺装修各模块的设置位置。

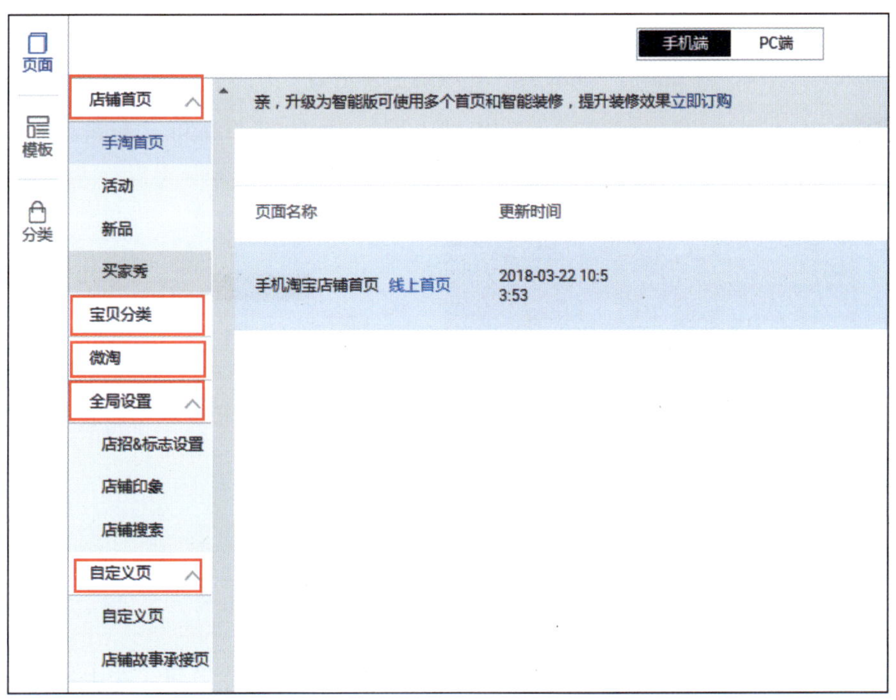

图9-56　无线端店铺装修模块

下面针对店铺首页、宝贝分类、微淘、全局设置与自定义页这几个主要模块装修进行讲解。

1. 店铺首页

无线端店铺首页装修包括手淘首页、活动、新品、买家秀，其中“新品”页面会在店铺发布新品后自动展示，无需进行设置。下面以手淘首页为例讲解店铺首页装修，具体操作步骤如下。

Step1. 进入旺铺装修后台，选择页面顶端“手机端”选项卡，单击左侧导航栏中“店铺首页”→“手淘首页”，单击“手机淘宝店铺首页”后方“装修页面”按钮，进入手淘首页装修页面，如图 9-57 所示。

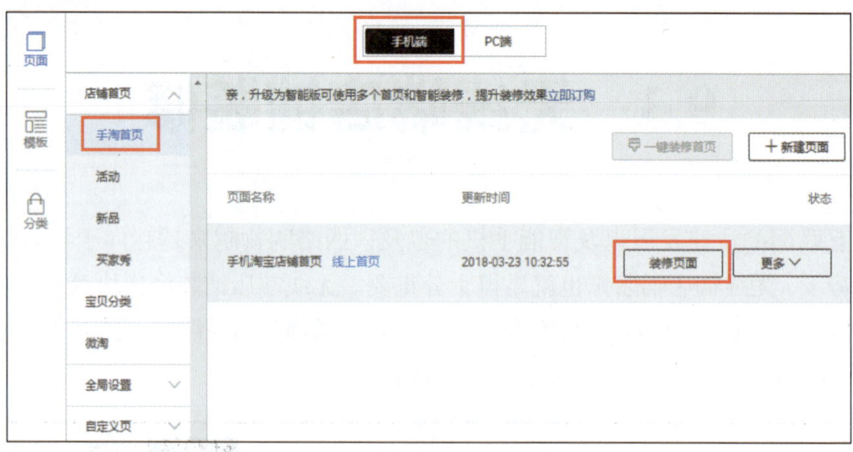

图9-57　无线端运营中心

Step2. 选中店铺招牌部分页面右侧自动出现“店招模块”弹框，如图 9-58 所示。

图9-58　上传店招

Step3. 单击“店铺招牌”→“上传店招”按钮，进入图片空间，选中提前准备好的无线端店招上传至店招模块，单击“确定”按钮，即设置完成店招模块，如图 9-59 和图 9-60 所示。

Step4. 单击店招模块中“搜索栏”→“设置店铺搜索”按钮，进入“店铺搜索”页面，单击“热门关键词”选项卡，设置与本店商品相关的关键词，设置完成后单击右上角“发布”按钮，完成搜索框设置，如图 9-61 所示。

图9-59 上传店招

图9-60 店招上传效果

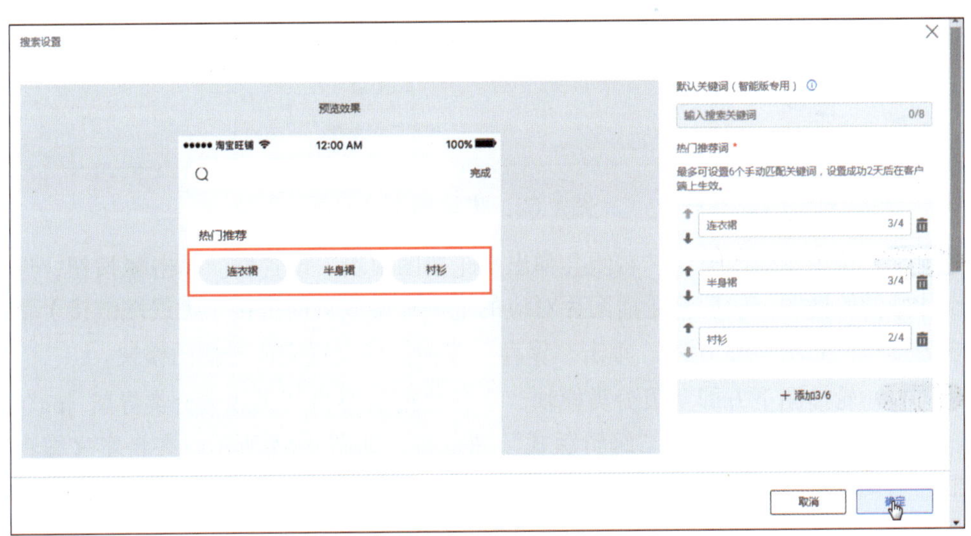

图9-61 设置店铺搜索关键词

Step5. 店招模块设置完成后，下面对店招下方的部分进行设置。中间部分用于展示店铺产品，可以直接根据 PC 端首页布局，将手淘首页装修页面左侧导航栏中“轮播图模块”“自定义模块”“营销互动类”装修模块拖至店招下方，如图 9-62 所示。

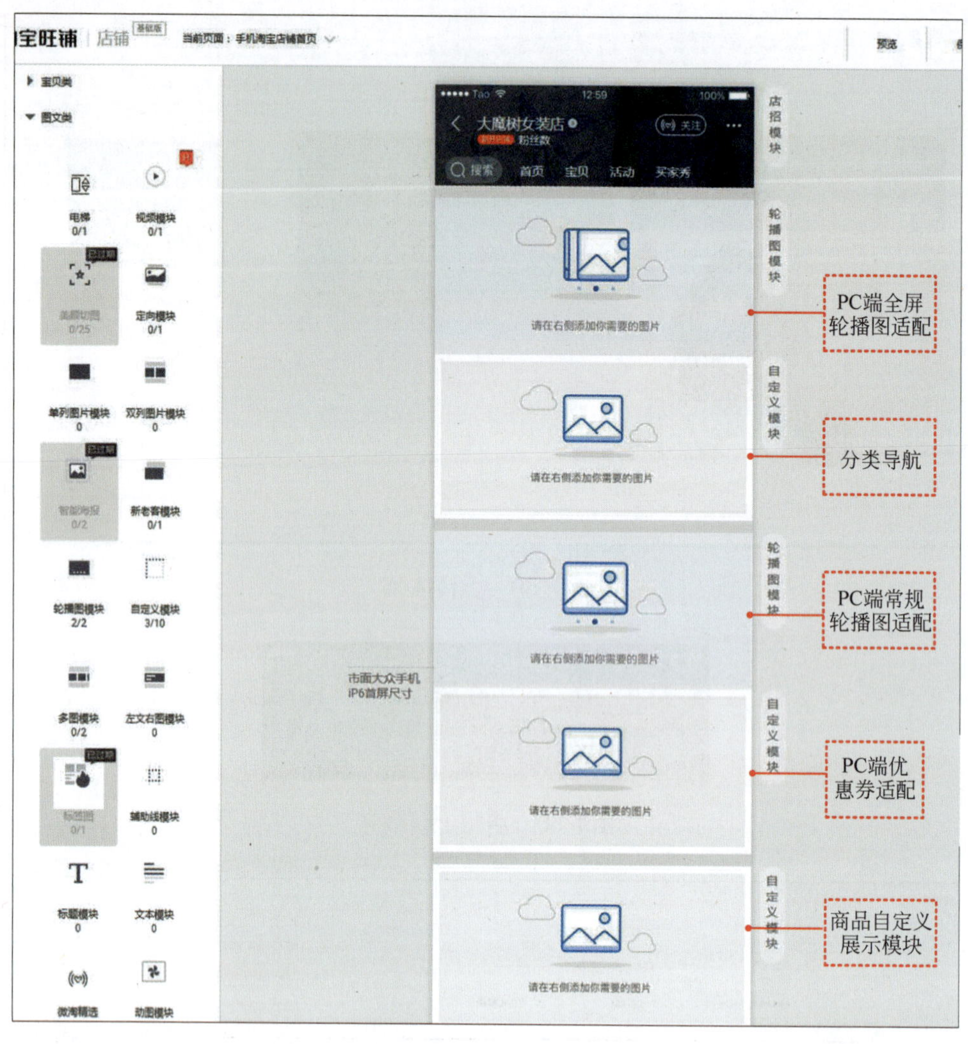

图9-62 模块拖曳

Step6. 选中轮播图模块，右侧会弹出“轮播图模块”设置框。单击 + 按钮，选择并上传设计好的轮播图，然后将轮播图片对应的宝贝链接或页面链接（无线端链接）粘贴至无线端链接框，如图 9-63 所示。单击“保存”按钮，即设置完成轮播图模块。

Step7. 轮播图下方即宝贝分类模块，上传之前需要将“无线端分类导航 .jpg”进行切图。选中自定义模块，单击“编辑版式”超链接，如图 9-64 所示。在自定义编辑器中使用框选工具款选出图片大小的区域，将切好的分类模块图片陆续上传，并放置相对应的链接，单击“保存”按钮完成上传，如图 9-65 所示。

无线端页面基本与 PC 端对应，所以还有三个模块需要上传，分别为轮播图、优惠券与商品自定义展示区，优惠券与商品自定义展示区上传方式相同，这里不再赘述。将所有模块上传完成后，单击页面右上角的“发布”按钮，即完成无线端首页装修，如图 9-66 所示。

图9-63 上传轮播图片及链接

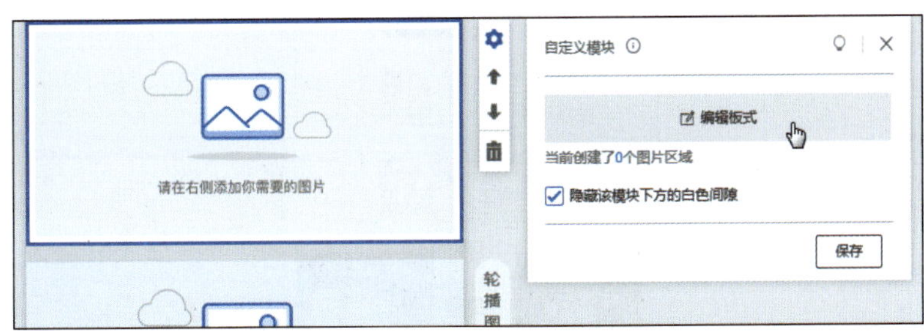

图9-64 分类导航上传

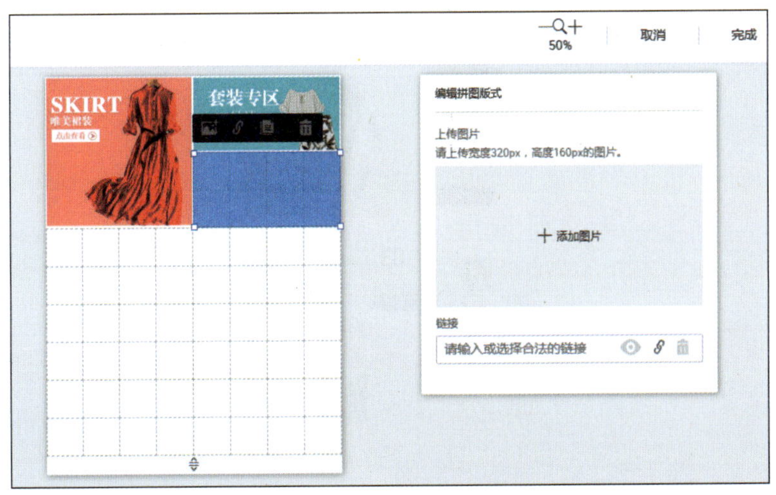

图9-65 上传分类导航

图9-66 无线端店铺首页装修效果

2. 宝贝分类

宝贝分类即展示在无线端首页底部的宝贝分类导航，无线端宝贝分类与 PC 端宝贝分类设置位置和方法相同，若需要修改，直接进入宝贝分类装修页面重新进行设置，这里不再赘述。

3. 微淘

微淘是宣传店铺的品牌文化、发布促销活动、管理新老客户、定向推送优秀内容的平台，在微淘上发布的内容可以被粉丝即时收到。该部分内容主要属于后期营销运营的内容，这里不再赘述。

4. 全局设置与自定义页

全局设置主要设置“店招 & 标志设置”“店铺印象”“店铺搜索”，该部分内容与手淘首页的设置内容相同，所以不再进行介绍。自定义页主要是一些二级页面的添加，可根据需求自行进行设置。

9.4 本章小结

本章主要介绍了淘宝店铺装修的相关知识，其中包括认识店铺装修工具、PC 端店铺装修以及无线端店铺装修。

通过本章内容的学习，读者应当了解旺铺的功能，熟悉 PC 端与无线端装修的基本设置，掌握 PC 端与无线端店铺装修的流程及操作方式，学会对店铺 PC 端和无线端进行装修。